U0907634

图书在版编目（CIP）数据

艰难的路上不会拥挤 / 张刚，焦晶著 . -- 北京：台海出版社，2023.6
ISBN 978-7-5168-3557-9

Ⅰ . ①艰… Ⅱ . ①张… ②焦… Ⅲ . ①企业管理—通俗读物 Ⅳ . ① F272-49

中国国家版本馆 CIP 数据核字 (2023) 第 079812 号

艰难的路上不会拥挤

著　　者：张刚　焦晶

出 版 人：蔡旭　　责任编辑：曹任云

出版发行：台海出版社
地　　址：北京市东城区景山东街 20 号　　邮政编码：100009
电　　话：010-64041652（发行，邮购）
传　　真：010-84045799（总编室）
网　　址：www.taimeng.org.cn/thcbs/default.htm
E-mail：thcbs@126.com

经　　销：全国各地新华书店
印　　刷：天津联城印刷有限公司
本书如有破损、缺页、装订错误，请与本社联系调换

开　　本：710 毫米 × 1000 毫米　　1/16
字　　数：217 千字　　印　张：16
版　　次：2023 年 6 月第 1 版　　印　次：2023 年 6 月第 1 次印刷
书　　号：ISBN 978-7-5168-3557-9

定　　价：69.00 元

艰难的路上不会拥挤

陈向东“名师高途”启示录

张刚 焦晶 著

台海出版社

序言/企业家精神的生动实践

这本细节丛生的传记，讲述了一个企业家的人生起伏与漫长思考。

陈向东热爱读书，却绝无读书人的优柔，事业的每个拐点干净利落。

目标坚定，不屈不挠。相信方法，屡超预期。在陈向东身上，能感受到方法论的魅力，让人感慨企业家的九死一生。

从新东方到跟谁学，从战功赫赫到急流勇退，能读懂移动互联网，超越 O2O，陈向东创业水到渠成。

被 16 次做空，经受过华尔街的惊涛骇浪，陈向东的高途对直播和大班课的坚持，是典型的 all in，力出一孔，终究大力出奇迹。

如今重新理解直播，谋定而后动，对抖音，对电商都有了更加深刻的认知，陈向东依靠直觉和信念的坚持，开始拥抱新时代。

张维迎在《重新理解企业家精神》一书中把企业家的职能归结为套利和创新。所谓套利，就是利用成熟技术，找到市场机会并赚取利润。所谓创新，是指要做出原来没有的产品或技术，并且去创造新的市场。创新型企业家要比套利型企业家有更大的耐心和更长远的预期。陈向东正是这样的创新型企业家，明势、取道、优术，不断向组织输出结构化的思考，团队的战略定力和战术执行力因此同样突出。授人以鱼不如授人以渔，在陈向东身上，专注产品和专注人永远是底层能力，是他的长期主义。

陈向东喜欢两本书，《从优秀到卓越》《道德经》。前者克服路径依赖，是认知持续刷新的进化典范。后者专注无为，道法自然而更加接近事物本原。以此理解陈向东的敢为天下先和敢为天下后，看上去矛盾的决策，其实顺理成章。这本书里大量的故事背后都蕴含有类似的理念。

天道酬勤。读懂陈向东，感悟数字时代的创业家，从他身上，我们懂得：困难用来克服，问题拿来解决。这份豪迈便是企业家精神，往前走，别回头。

是为序。

吴声（场景实验室创始人）

2023 年 5 月 4 日

图书在版编目（CIP）数据

艰难的路上不会拥挤 / 张刚，焦晶著 . -- 北京 : 台海出版社，2023.6

ISBN 978-7-5168-3557-9

Ⅰ . ①艰… Ⅱ . ①张… ②焦… Ⅲ . ①企业管理—通俗读物 Ⅳ . ① F272-49

中国国家版本馆 CIP 数据核字 (2023) 第 079812 号

艰难的路上不会拥挤

著　　者：张刚　焦晶

出 版 人：蔡旭　　责任编辑：曹任云

出版发行：台海出版社
地　　址：北京市东城区景山东街 20 号　　邮政编码：100009
电　　话：010-64041652（发行，邮购）
传　　真：010-84045799（总编室）
网　　址：www.taimeng.org.cn/thcbs/default.htm
E-mail：thcbs@126.com

经　　销：全国各地新华书店
印　　刷：天津联城印刷有限公司
本书如有破损、缺页、装订错误，请与本社联系调换

开　　本：710 毫米 ×1000 毫米　　1/16
字　　数：217 千字　　印　　张：16
版　　次：2023 年 6 月第 1 版　　印　　次：2023 年 6 月第 1 次印刷
书　　号：ISBN 978-7-5168-3557-9

定　　价：69.00 元

艰难的路上不会拥挤

陈向东
“名师高途”
启示录

张刚 焦晶 著

台海出版社

序言/企业家精神的生动实践

这本细节丛生的传记，讲述了一个企业家的人生起伏与漫长思考。

陈向东热爱读书，却绝无读书人的优柔，事业的每个拐点干净利落。

目标坚定，不屈不挠。相信方法，屡超预期。在陈向东身上，能感受到方法论的魅力，让人感慨企业家的九死一生。

从新东方到跟谁学，从战功赫赫到急流勇退，能读懂移动互联网，超越 O2O，陈向东创业水到渠成。

被 16 次做空，经受过华尔街的惊涛骇浪，陈向东的高途对直播和大班课的坚持，是典型的 all in，力出一孔，终究大力出奇迹。

如今重新理解直播，谋定而后动，对抖音，对电商都有了更加深刻的认知，陈向东依靠直觉和信念的坚持，开始拥抱新时代。

张维迎在《重新理解企业家精神》一书中把企业家的职能归结为套利和创新。所谓套利，就是利用成熟技术，找到市场机会并赚取利润。所谓创新，是指要做出原来没有的产品或技术，并且去创造新的市场。创新型企业家要比套利型企业家有更大的耐心和更长远的预期。陈向东正是这样的创新型企业家，明势、取道、优术，不断向组织输出结构化的思考，团队的战略定力和战术执行力因此同样突出。授人以鱼不如授人以渔，在陈向东身上，专注产品和专注人永远是底层能力，是他的长期主义。

陈向东喜欢两本书，《从优秀到卓越》《道德经》。前者克服路径依赖，是认知持续刷新的进化典范。后者专注无为，道法自然而更加接近事物本原。以此理解陈向东的敢为天下先和敢为天下后，看上去矛盾的决策，其实顺理成章。这本书里大量的故事背后都蕴含有类似的理念。

天道酬勤。读懂陈向东，感悟数字时代的创业家，从他身上，我们懂得：困难用来克服，问题拿来解决。这份豪迈便是企业家精神，往前走，别回头。

是为序。

吴声（场景实验室创始人）

2023 年 5 月 4 日

目录

Contents

引子

高途“永动机”

第一章

溯源：为什么初心如此重要

第二章

非典型创业：至暗总在高光后

第三章

大转型，如何让飞轮转起来

第四章

修炼内功：唯有组织能力不可复制

第五章

企业再造：每个糟糕的日子都是黄金般的运气

第六章

不是尾声：面向未来做决策

引子

高途“永动机”

不断地重复决绝，

又重复幸福，

终有绿洲摇曳在沙漠。

——拉宾德拉纳特·泰戈尔

所谓希望，终究是自我馈赠的礼物。

从山沟沟里的石井乡潭上村到熙熙攘攘的新安县城，要穿过46公里的蜿蜒山路，少年陈向东为之奋斗了8年；

从车水马龙的新东方中关村总部到创办位于上地的高途总部，物理距离不过12公里，中年陈向东拼搏了15年。

从17岁开始工作算起，到27岁考入中国人民大学国际经济系攻读硕士，这10年闻鸡起舞、不断向上求学的历程，构成了陈向东人生蛰伏的“第一个10年”修炼；

从2003年底成为新东方名副其实的“二号人物”到2014年初离开新东方，努力操盘一间3万人的大公司，成为他甘于寂寞、无可替代的“第二个10年”修炼。

两组简单的数据并不能展现陈向东人生的全貌，仅仅算是不同人生阶段的轮廓勾勒，此中艰辛与磨砺难以名状，但他仍像一架“永动机”一样，雷打不动地努力向未知延伸。无论当年求学、教书，还是创业，自律如“苦行僧”的他，永远保持着每天只睡四五个小时的节奏，做题——看书，工作——看书，周而复始。

他图什么？

到今年（2023年）6月16日，他创办的高途（原“跟谁学”）[①]就满9年了。

---

① 高途前身“跟谁学”既是品牌名称也是产品名称。2021年4月，“跟谁学”宣布公司名称和品牌名称统一更名为“高途”。本书使用“高途”作为公司名称。特此说明。

创业这9年，足以把一个激情澎湃、满头黑发的陈向东，变成一个略显矜持、半头华发的陈向东。其中大多的白发，都是在被他称为“至暗时刻”的2016年添上的。

不过，哪一位创业者不曾经历“过山车”般的煎熬？硅谷资深创业者本·霍洛维茨曾如此总结自己的创业史：“在担任CEO的8年多时间里，只有3天是顺境，剩下的8年几乎全是举步维艰。”他撰写的《创业维艰》一书，曾登上《纽约时报》的畅销书榜——这本书也曾深深打动过陈向东。

创业最初的一年半，陈向东及高途熠熠生辉，纵横驰骋，整个业界为之侧目。尤其在高途创办9个月之际，他们就拿到5000万美元的A轮融资。如此重磅的资本聚焦像一块天外飞来的巨石砸进平静的湖水中，迅速引发了海内外资本对于中国在线教育的强烈关注。“我是特别骄傲的。”每每回忆及此，陈向东的自豪之情溢于言表，他认为自己和伙伴们一起，把整个中国的在线教育真正推向了一个新高度：一是资本可以助力教育，二是科技可以改变教育。早在融资宣布之时，高途就已有了3000多人的在线直播互动大班课，和当时知名大型教育机构五六百人的线下大课相比，可谓势头强劲。

不过，跟几年前的目光如炬、谈吐自如相比，如今的他经常凝神而视——长期熬夜及休息不足，让他的眼睛看起来像是“三眼皮”——半是思索，半是寻觅。他善于在聊天对象的话语间找到突破口，然后滔滔不绝地表达自己的观点，言语间仍旧是气势如虹、妙语连珠的一大串排比句——当年他的“牛排”（“巨牛的排比句”的戏称）曾让诸多新东方老师及学子津津乐道，只是现在，说得久了，你会明显感觉到他需要缓缓气儿，但他不，他会坚持说完，然后继续微笑着守候，并寻找下一个突破口。

如今，他的同事经常私下调侃他：“Larry（陈向东的英文名）说‘今天我讲三点’，伸出两根手指头，结果讲了五点，其中还漏了第四点。”一如多年前在新东方大家调侃他唱歌，并无贬义，只是为了增加某种欢乐氛围。

变化的不仅仅是外在形象,还有他愿意在短视频时代施展自我的心态。为什么?“抖音是一个划时代的机会。”面对诸多粉丝的追问,他自问自答。

2023年1月6日，他开始推出自己的抖音号。如果说他做抖音跟别人有什么区别的话，或可归纳为“一推出就全力以赴”。当然效果也是立竿见影——他的粉丝数从0到突破180万，仅仅用了31天——一个月。至本书截稿的4月16日，他的粉丝数已达到276.8万。2月下旬，他还自我挑战，开启连续15天的直播，一路精进，从第一天的略显紧张、矜持、不自然、疲于应对，直至坦然、自在、流畅、滔滔不绝。

跟他自己的抖音号相对应，他自封高途佳品“陈经理”，试图在直播带货领域迅速开辟“第二战场”。

不得不说，这并不是一个拍脑瓜的决定。他也早就过了拍脑瓜的年龄——到今年6月28日，陈向东就满52岁了。

52岁，在陈向东看来，是一个恰好的年龄——深沉，厚重，保有资历，人生足够练达，担得起大任，承得起前、启得了后。另一个在他看来比较厚重的年龄是47岁，他会列举一串企业家的名字，譬如阿里巴巴现任董事局主席张勇，意在说明他们在这个年纪已经开始担当重任。而他自己47岁的时候，也为创办4年的高途找准了方向——确立了“在线直播双师大班课”的模式。此后高途异军突起，并于一年后的6月6日在美上市，陈向东也再次敲钟纽交所——他第一次在纽交所敲钟是在新东方创始人俞敏洪的带领下跟徐小平、沙云龙等一起，时间是2006年9月7日。

奇特的是，跟他的同乡，辛亥革命元老张钫先生一样，陈向东对数字“6”特别痴迷，他自己也承认这一点。

前者生于1886年，卒于1966年。张钫墓被迁回新安县铁门镇，恰巧在1986年6月，时值张钫百年诞辰。

陈向东的生日是6月28日，他颇为自得地说，自己跟特斯拉创始人马斯克是同年同月同日生。高途创办于2014年6月16日；IPO则是2019年6月6日；被陈向东认为是“第三次转型”的高途佳品，则创办于2022年11月16日——29年前的1993年11月16日俞敏洪终于拿到“新东方”的执照，至于陈向东与之的交集，则发生在6年之后。

不过，陈向东第一次近距离观摩张钫的千唐志斋博物馆，已经是他工作第一年的事情了。步入这所静谧的院落，绕过一座挂有“谁非过客，花是主人”对联的雅致书房，迎面即是康有为所书的“蛰庐”。这两个字笔力隽永，字体飘逸。如此听香读画之境深深打动了青少年时期的陈向东，那个下午的寂静时光，给他的人生打开了另一扇大门。

陈向东内心深处是孤独的，他自称尤其喜欢“独处”。

不过，为了梦想，他表现出了强大的交际能力，甚至堪称“社牛”。典型如高途初创期，2014年6月至2016年底。我们翻阅了他2016年全年的微博，其中记录着他至少参加了43场外部各类峰会、论坛、沙龙、对话、直播，另有约20场由跟谁学商学院等组织的与数百位甚至上千位校长的见面会。

但这一切，在2017年年初戛然而止，甚至180度大转弯，他自此几乎销声匿迹于公众视野。但恰恰在这一年，确切地说是2017年9月，公司实现了单月盈利。“心量大，福报就大。”——那一年的9月17日，他在微博上写道。如今旧事重提，他笑笑，说：“其实那就代表着我的心境。”

经过一年的艰苦探索，2018年，高途终于在行业内找到了自己的位置。2月20日（*农历正月初五*），他又在微博上写下了这样的心境：“敢于梦想！一个大梦想！敢于有一个好大好大的梦想！”

那段时间，他经常跟团队讲起的梦想是做一家“千亿美元的公司”。这是长于数学的他精心测算的，这个梦想至少延续到2021年1月24日。

在跟好友小聚时，他依然痴迷于此。那时候，他和高途刚刚经历过包括浑水、香橼等做空机构多达16轮的做空——即便被做空时，高途的股价仍然不断创新高，市值最高达到380亿美元，甚至一度超过新东方。但挑战一直存在，半年后，“双减”政策出炉。

不过，高途几乎在第一时间做出了裁撤外地运营中心、进行人员及业务模式等优化调整的决定。一时间，地方运营中心砍掉了11个，人员更是从3万多人（这也是陈向东在担任新东方执行总裁时管理的人数）缩减到不到1万人。2023年2月28日，高途发布财报显示，已经实现2022年全年盈利，收入方面则实现连续三个季度环比稳健增长。

像是某种“补偿”。2022年10月19日，高途收到了美国证监会的调查终止信函，表示美国证监会对其的相关调查已经结束，且基于已经获取的信息，不会对高途进行指控。高途CFO沈楠如释重负，她说，美国证监会不轻易出具类似终止函。在被调查期间，她和陈向东的手机、电脑都被收走进行检查，让她一度感叹“今年（2020年）真是兵荒马乱！”

过山车一样的经历，并没有改变陈向东的意志，他也不会躺平，他于逆境中的自我调整能力堪称一流。他说自己读过至少3000本书，其中与华为相关的有100多本，还有相当多的知名企业家的传记。2022年初，他认真读完的第一本书是《统一行动——跨界CEO穆拉利让福特起死回生的经典管理传奇》，至于原因，不言而喻。

这本书的推荐序如此写道：穆拉利的领导力风格，非常符合吉姆·柯林斯在《从优秀到卓越》和《基业长青》中提出的第五级经理人的特质：个人的谦逊品质和职业化的坚定意志的完美结合。

这两者，陈向东无疑兼备。

第一章

溯源：为什么初心如此重要

只要你从天上人间接受美好、希望、欢乐、勇气和力量的信号，
你就青春永驻，风华常存。
——塞缪尔·厄尔曼

从少年期到2014年创业，
我的成长故事中，
没有任何一个片段可以被剪掉。
它们无不塑造了今天的我。
——陈向东

01/ 正反馈，向上力量的源泉

天气正好，微风不燥。

9岁的陈向东把《三国演义》揣在怀里，敏捷地踩着梯子爬到房顶，为避免踪迹被父母发现，他还不忘俯下身把梯子小心地推倒，然后才找了个舒适的位置坐下来，贪婪地静享属于自己的阅读时光。

书是他偷了家里的馍馍作为交换，向村里人借来的。因为被传阅了太多次，前后几页大幅残缺，导致好长一段开头和结尾都需要自行脑补，但这丝毫不影响他的兴致。他自小便展现出极强的阅读和联想天赋，加上总看到父亲伏案读书，耳濡目染，每每开卷都沉浸其中，如痴如醉，以至于忽略了腹中饥饿，也常常会忘记去干农活儿。

村庄四周，群山绵延，静静矗立，犹如一群忠实的伴读，又如同一张巨大的襁褓温柔地包裹着他，构成一幅颇为静谧美好的图画。

坐在房顶的小小少年心里其实藏着自己的小秘密：他如此痴迷于读书，不仅是发自内心的喜好，也为获得更多的“学问”，因为他发现有学问的人会得到周边人的夸奖——就像父亲一样。所以，尽管那时村里能找到的书不多，但只要得知谁家有，他总会想方设法搜罗过来。这使得他在整个童年和少年时期拥有远超同龄人的阅读量，阅读范围更是广泛，既有大量连环画，也有《三国演义》《水浒传》《西游记》这样的名著。

对每本得来不易的书，陈向东都爱不释手，反复翻阅，直到看得滚瓜烂熟。那时的他还并不曾想到，这种从小养成的勤读苦读的习惯，将帮助他获得大多数人所无法匹敌的学习能力，并在未来将他这个“特别特别农村的孩子”托举出大山，送往首都北京，送到更广阔的国际舞台。

“特别特别农村的孩子”是陈向东成年后演讲时常用的开场白，他习惯称自己出生在“河南省最穷的一个县、最穷的一个镇、最穷的一个村子、最穷的一户人家”。

此言虽略显夸张，但并不完全是自嘲。

陈向东家位于河南西部山区的一个小县城，名为新安县，细细追溯起来，历史可谓源远流长。该县始自秦时，是历史上东出洛阳、西进长安的必经之地，因而向来有“中州锁钥”之誉，文化底蕴深厚。据称，黄帝曾在此营建密都，老子也曾骑青牛从这里的函谷关悠然而过，“诗圣”杜甫路经此地更是写下著名诗篇“三吏三别”之一的《新安吏》。而在多年之后，这里凭借开发出的20余种矿产资源成为中国工业百强县，同时因壮阔的山川峡谷一跃成为旅游名地。

但沉浸在自己世界里的少年显然既无法感知到历史，更无法想象到未来。在那个当下，“山高岭多沟谷碎，七岭两山一分川”的新安，因地处山区丘陵，人均耕地少，土地贫瘠且十年九旱，是多年来切切实实的贫困县，其位于县城西北部的石井乡更因太过偏僻，几乎为穷中之最。在这个乡镇上一个名叫潭上村的山洼里，就有陈向东的家。

村子很小，大约只有30户人家。左邻右舍都不富裕，陈向东家则比别人家更穷。那时，农民靠参加生产队的集体劳作来挣工分，再将工分折合成粮食和钱，家家户户的壮劳力都是种田能手。但陈向东的父亲不同，他读完高中后没法考大学，一度在村里做了民办小学老师，月工资4块钱。

多年的求学经历让他对田里的劳作并不在行，不管种地还是收割粮食，挑水还是背化肥，样样比不过别人。这直接导致陈家长期处于艰难状态。后来父亲考上大学，离家读书长达 3 年之久，这让家里的境况雪上加霜，近乎断粮。

在这种穷得看不见头的情况下，陈向东的父母仍一致坚持让 3 个孩子都读书。即便是对最年长的姐姐，也绝不差别对待。村里别人家的女孩常常读上一两年书，能简单识字后就会辍学回家，帮忙干农活、挣工分，但陈向东的父母坚信读书才能改变命运，他们宁肯自己吃苦受累，也舍不得孩子们将来吃苦。

当然，不吃将来的苦，就要忍当下的苦。吃不饱肚子是常有的事，不知有多少个夜晚，小小的陈向东因饥肠辘辘无法入眠。因为饥饿和贫穷，肚里的蛔虫、头上的虱子也是孩子们的“标配”。更难挨的是寒冬季节，别的孩子都有棉衣棉裤，陈家姐弟是没有的，陈向东只能在下课后，忍着脚上冻疮的疼痒，如旋风般拼命奔跑，以便“从一个温暖跑向另一个温暖”。到了晚上，简陋的房屋四面透风，冻得人瑟瑟发抖。尤其有一年冬天房屋塌了一角却没钱修，西北风狂灌而来的彻骨寒冷，令陈向东终生难忘。

好在，穷人家的孩子也可以有丰富多彩的童年。对陈向东而言尤其如此。他的小脑袋瓜聪明灵活，手脚动作快，胆子又极大，特别爱搞恶作剧。论调皮程度，无论在小家庭还是大家族，乃至整个村里，都格外出挑。

一直到 40 多年后，陈向东还记得，他上小学时有一次去同学家里玩儿，看到同学的妈妈梳头时用的镜子又圆又亮，于是回家问母亲为什么总用破碎的镜片凑合。母亲的回答让他震惊，家里不是没买过完整的镜子，但都被他摔破了。至此，幼小的陈向东第一次感受到了内疚，体会到了伤感。

不过，淘气的习惯一时间还是改不掉的。经常是老师正上着课，陈向东就悄悄从桌子下边钻出来，跑到学校后边的山上，找棵树爬上去，把大枝杈旁边的枝条压一压，树叶拢一拢，给自己做张小床，躺上去睡觉。还有的时候，他就在空旷的校园里舞胳膊弄腿，或者反复折腾乒乓球台。啪！跳上去，四下里看看。兴尽，再“啪”的一声跳下来。以至于学校的校长、老师们有时候路过陈向东家，就会把他的母亲喊出来，告上一状。

课余时间，陈向东也没闲着。在他12岁时，黄元申版的《大侠霍元甲》登陆内地，迅速刮起一阵旋风。当时周边只有3公里外的一户人家有电视，陈向东每天晚上都兴奋地跑去看，回来后就模仿电视里的动作练“铁砂掌”：找棵小树，用手掌使劲儿拍打树皮。这使得不少小树遭了殃，又引来一波告状潮。但那时候，陈向东感到的不是害怕，而是得意，因为能把树打坏，才证明自己的“武功”厉害呀！

除了“铁砂掌”，陈向东还练“飞檐走壁”。山区没有大片的田地，靠的是依山开垦的梯田，形状大小不一。陈向东找那种大约两米宽的梯田，从山顶往下，快速起跑，大幅跳跃，层层跨越，从远处看上去真的像在飞，因而总能引来一众伙伴赞叹的尖叫声，那感觉美妙极了。

父亲开明且包容，总能给予陈向东最大的自由，但母亲可没少揍他。陈家三姐弟中，姐姐是典型的“别人家的孩子”，聪明努力且自律。弟弟乖巧内敛，也不怎么折腾。唯独陈向东最不让人省心，所以挨打简直是家常便饭。有段时间，他都怀疑自己是“捡来的孩子”——恰好村里有一家的孩子就是捡来的。

其实母亲所不能理解的是，陈向东的调皮是真的，但很多时候也是好强所致。在农村，家里穷多多少少会被看不起，加上父亲不善劳作，因而他虽是当地少有的高中生，满肚子学问，但也常因文弱被取笑。所以从很小的时候起，陈向东内心就有撑起门户的冲动，他常常告诉自己，一定要争口气，做事情一定要做第一。那时的他已经表现出只要锚定目标便反复琢磨，不惜下苦功也一定要做成的特质。

四五岁时，陈向东就开始奋斗了。第一个目标是练口才，为的是补足父亲不善吵架的劣势。他本是那种开口很晚的孩子，但这一重大决定让他说话越来越溜，甚至显得太过聒噪，因为他不但话多，而且还碰到谁就要跟谁辩论，有时甚至会站到房顶去和人一争高下。母亲气得时不时揍他一顿，但没多大用处，因为他已在心里笃信——表达是一种重要的能力。

学习上，陈向东没有敌手。小学时他上的是复式班，四个年级同时在一个教室里上课。高年级同学听讲时，低年级同学转身背对黑板做作业。但也正是这个特殊的环境让陈向东获得了一个特殊的机遇——能跨级听课。上小学一年级时，他就学会了二年级的课程。等上二、三年级时，他已经能给四年级的同学讲题了。尤其数学，更是陈向东强项中的强项。小学五年级时，数学老师发现他太调皮，治不住，就别出心裁地让他每天利用中午休息时间，帮老师把数学课外题抄写到黑板上，并监督同学们做题。这让他感受到莫大的责任和自豪。

巧合的是，当年春节，在上海当兵的舅舅回来，给陈向东带来的礼物中，恰好就有老师让他抄写的那本数学竞赛题册。兴奋的他手不释卷，每天放学回家都做题做到天黑，花了两个多月时间，把书上200多页的题全部做完了。其中有的题目连当时已经上高中的堂哥都不会，他愣是给琢磨了出来。这进一步激发了他对数学的痴迷，几年后他正是凭借在数学上的优势，成功完成自己的第一次创业。当然，这是后话。

即便在玩耍中，这个看似顽皮的孩子，一旦认准目标，也会投入百分之百的专注。那时男孩儿最看重的是爬树，陈向东是真的下功夫。只要一离开父母的视野，他就练爬树，尤其等到晚上四下没人的时候，还偷偷跑出去练习。大约是因为缺水，村里的树木普遍树冠较小，也并不粗壮，但都细高细高的，以孩子的视角看，更是高耸入云。陈向东一点儿都不害怕，苦练到后来，别人爬不了的树他能爬，别人能爬的他爬得最高。到最后，就连光秃秃的电线杆，他也能徒手爬到顶。

这项高超的技艺给陈向东带来了难以想象的成就感，而且还让他练就了自己的绝招。那时家家的孩子都要负责割草喂牛，别的孩子割一筐草要花四五个小时，而陈向东一个小时就能搞定。因为他可以爬到树上，砍那些非主干的枝丫，镰刀左右挥舞一通，很快就能弄满一大筐。当然，容易爬的树早被人砍完了，留下来的往往是满身是刺的槐树，不过陈向东也绝不怵头，对他而言，快速完成目标远比受点儿小伤更重要。这导致他小小的手上常年结着厚厚的老茧，胳膊上总布满血痂。有时为了割到更肥美的草，他还会跑到没人去的地方，那里往往有蛇或黄蜂。他不怕，把上衣脱下来往头上一罩就往前冲，常常被蜇得鼻青脸肿满头包。但比起能早早回家看书或玩耍，这又算什么呢？

渐渐地，就连村里的大人们也发现不能小看这个捣蛋包了。因为陈向东的五步棋技艺在不知不觉间成了全村第一。五步棋是村里人最热衷的一种休闲方式，在石头上画上棋盘，捡起石子就能对弈。陈向东发现，五步棋水平高的人在村里特别受尊敬，于是每当看到别人下棋，他就在旁边观摩，回家找姐姐练、找堂哥练，打败家里小范围的对手后，再斗胆找到村里水平最高的人，结果一战成名。

“我小时候是一个特别不安分的人，但我又是一个特别习惯在一个领域深耕的人……要是说我有什么成功密码的话，其实就是极度专注，超越任何人的专注。”多年后，陈向东如此描述自己。

爬上村里最高的那棵树时，伙伴们激动崇拜地尖叫；轻松赢得棋局时，大人们眼神中溢出难以言表的欣赏……这样的事积累多了，便成为一个个小小的成功，为年少的陈向东构筑起强大的内生自信。所以，尽管常常挨饿，常常挨打，但陈向东从来都没有自我贬低，相反，他觉得自己很厉害。这种强大的自信为他日后走上创业之路打下了坚实的基础，更决定了他每每经历跌宕起伏时总能迅速调整。一个跟随他多年的下属曾评价他“心力极强”，其秘密正在于此。

与之相似，刘强东小时候每天傍晚则是带领十几个兄弟“战斗”，他们常常埋伏在大树上，以芦苇当箭，箭头是泥巴。当另一支队伍出现时，泥箭如雨，树下那群孩子几无还手之力，只得仓皇逃窜回村。打完胜仗，孩子们班师回营——草垛，将一辆平板车倒扣在草垛上，“大强”（刘强东的昵称）坐在中间最高的车梁上，其他人先后就座，听他训话。多年后，已是京东集团董事局主席的刘强东仍对当时的场景记忆犹新。他由此内生自信，并构筑起了京东的“兄弟文化”。

一个人的内在力量从量变到质变，少不了来自外部力量蓄积后产生的推动力——这是陈向东的能量观。在他看来，一个人越感恩这个世界，就会从中得到越多，进而就会有力量源源不断地注入内心里去，最终形成一种能量场。而能量是一种魅力、引力、影响力，是别人愿意跟随你的感召力，是一个人将自己置于低处去拥抱和接纳世界，同时燃烧自己的生命试图给予世界温暖的能力。

从这个角度看，童年时那一场场历历在目的画面，无不构成了陈向东而今能量的一部分。身边的亲人们，更是他心中永不枯竭的能量源泉。

父亲性格内向，看似懦弱，但骨子里坚韧又乐观，谦逊又踏实。他任劳任怨，白天在学校讲课，放学后再赶到山上梯田，常常要干到天色彻底黑透才回家。尽管生活艰难，但他不忘日日和孩子们念叨：一定要上大学。

也许每个父亲在孩子眼中都会留下一个背影，父亲留给陈向东的背影便是挑着担子往山上走的样子。成年之后，每次看到挑山工，陈向东都会瞬间想到父亲。他知道，父亲的担子里挑的不是化肥农具，而是一个家庭对美好的向往。正如多年后广为流传的那句话：生活不止眼前的苟且，还有诗和远方——陈向东在很小的时候便懂了。尽管他并不知道远方具体在哪里，但父亲叮嘱的“上大学”扎扎实实地刻进了他的脑海里。

母亲是一位只上了两年学的农村妇女，但她却有着无比长远的眼光。

她不但坚定地支持3个孩子读书，而且在恢复高考后，也同样坚定地支持丈夫考大学。夏日的午后酷暑难耐，陈向东的父亲抓紧时间备考，母亲怕他中暑，总会叮嘱孩子们安静，再去挑来沁凉的井水，泡好毛巾，给他擦背。她不在意短期的苦难，而更着眼于日子的“奔头”。同样地，她也不在意一时的得失，她在做人做事方面有着非常清晰明确的个人准则。

那时候，农村大多数人家只有在过年时才舍得吃一次肉，馋嘴的孩子平时想吃肉，只能盼着村里有人办喜事时去吃宴席。按习俗每家只能去一个人。有的人家会厚着脸皮，偷偷让好几个孩子一起去，但母亲从不这样做。幼小的陈向东曾问母亲为什么，母亲回答说，诚实很重要，再缺吃少喝也要有骨气。

而在招待客人时，母亲又是极其大方的。当时最高的招待规格是用白面做一碗面条，碗底再埋上两个荷包蛋。哪怕在家里最穷的时候，只要有客人来，母亲也会按这个规格招待。有时鸡蛋不够只能去邻居家借，借了之后母亲通常不着急还，而是要等积攒到有十几个鸡蛋后，再从中挑选最大的两个来还；如果借的是一瓢白面，那么还的时候一定要压了又压，再理出一个尖儿来。这便是母亲所理解的“实诚”。也正因为实诚，母亲每次出去借东西都能借得到。借一还二也在无形中成为陈向东奉行的人生法则，乃至“仗义”成为其从小到大，直至创业后的鲜明标签之一。

相较于父母潜移默化的影响，爷爷更是陈向东明晃晃的标杆。

爷爷是村里的说事人，也就是最德高望重的人物。他是村里的大队长，还做得一手好木匠活儿。村里很多人家的柜子、桌椅，都是爷爷免费给做的。非但如此，爷爷还给家族立下了重视教育的家风。他把3个儿子都培养成才——两位老师，一位会计。反倒是他的木匠手艺无人继承。在几十年前的农村，有这样的前瞻思维非常难得。

因为调皮，小时候的陈向东觉得自己并不受爷爷待见。但长大后他才慢慢发现，脑海中关于爷爷的场景是那么温暖，那么鲜活。爷爷总叫陈向东“兔崽子”，但他喜欢给“兔崽子”讲他那唯一的一本书，那里有孔子和他弟子的故事。夏天的晚上，他带着陈向东和堂哥一起到院子里睡，祖孙三人躺在塑料布铺就的地面上，仰望璀璨的星空，爷爷将北斗星指给两个孩子看，又给他们出谜语。聪明的陈向东总能第一个答对，这时，爷爷会伸出大手，紧紧地握住他的小手，手心里传递的是骄傲，更是力量。

一个人的个性和价值观，甚至于视野和格局，最终往往都能溯源到儿时。它们未必是清晰的，未必能总结成条理分明的道理，但却又那么真实地存储在那里。

是的，此后无论在遭遇坎坷时，还是在取得人们眼中的成功时，陈向东都会不由自主地想起小时候。他记得冬天时那漫山遍野的皑皑白雪，夏天时村边那条青河的流水；记得在被母亲打了一顿后，认为自己没犯错的他满脸的泪，被父亲扛在肩膀上，带到学校去睡的那个夜晚；记得舅舅听说他家田里长满荒草后特意跑来帮忙，拉着他一起去锄草时那黎明前的黑暗与满天繁星。

当然，他更记得那些在冒险和尝试中不断得到的正面反馈，也正因如此，于他而言，儿时的那些苦化成了最重要的营养，练就了他向上的力量。

“它隐藏在我的身体里，只要想唤醒它的时候，它就醒来了。”

02 梦想重塑，有了目标就全力以赴

14岁时，陈向东临近初中毕业。这意味着他即将告别恣意于山间地头的日子，奔赴下一个旅程——去县城读高中，然后上大学。

但规划得再清晰的人生路也有改道的时候。陈向东过早地体验到了这一点。

他原本信心满怀地将中考志愿填报了高中，但就在中考前4天，准考证发下来时，才震惊地发现，自己的志愿居然变成了师范中专。困惑的他问了老师，得知是父亲自作主张给改了，于是怀着满腔怒火的他一路哭着跑回家去找父亲理论。

家里很快便乱成一团。母亲心疼儿子，哭着要求父亲再把志愿改回来，还罕见地抓住父亲，捶打了几拳。姐姐在前一年已经被保送到高中，得知此事也特意赶回家为弟弟鸣不平。面对全家人的指责，父亲流泪了。这时的他虽已转成公办教师，工资提升了不少，但往年积累下的旧债数目庞大，实在无力承担几个孩子都上高中的费用。师范是免费的，唯有如此，才能保住姐弟三个都能继续学业。

那个时刻，陈向东绝望到了极点，他第一次感受到人生的坍塌。他不明白，从小父亲给他点燃了上大学的梦想，现在为何却又亲手扼杀了它？

那种觉得自己是捡来的孩子的委屈再次涌了上来，他的心底各种滋味翻腾着，眼泪如决了堤的洪水，喷涌不尽。

泪水中，他也清楚地看到了父亲眼中的自责，朦胧地理解到人生是有局限的。因为父亲自己就曾经历过梦想的幻灭啊！谁不曾有过少年时？当父亲还是少年时，也曾背着干粮和咸菜，更背负着全家人的希望，从凌晨走到黄昏，穿过田间沟壑，走过黄河边，穿过熙熙攘攘的小镇，在山村的家和县城的学校间独自往返，每月两次，周而复始。因为时代原因，少年的梦想被阻断，饱尝生活疾苦，而今，人到中年又要亲手掐灭儿子的梦想，那该是怎样的一种心理煎熬！

不过，陈向东并没有让自己的求学梦幻灭太久。既然事已至此，不如一路向前。凭借自小养成的强大心力，他在当天就调整好了状态，全力投入到备考中去。

成绩揭晓，陈向东考上了洛阳市第一师范学校，在新安分校就读。他还是那么瘦小，身高刚刚 1.44 米，差点因此在入学面试时被淘汰。但比照父亲，他坚信，梦想被击碎照样可以重拾，重新出发依然可以慢慢变得更好。更何况，入校第一天，校长就宣布了一个好消息，3 年师范，谁能考到全年级的第一名，谁毕业时就能被保送上大学。

这简直成了陈向东的人生灯塔。经历过失去的少年，此时已经明白要对每个机会都倍加珍惜，他暗暗对自己说：陈向东，你一定要考第一名，你必须成为不可代替的那一个。

目标一旦确定，剩下的就是全力以赴。曾经那个贪玩调皮的孩子，自此迎来了脱胎换骨的蜕变。

师范学校要培养的是老师，对学生的口才锻炼极其重视。开学不久，语文老师就在课堂上发出倡导，鼓励大家练习演讲，讲自己的心得体会。陈向东听得两眼放光，当天晚上就写好了讲稿，伴着对讲稿的背诵不知不觉进入了睡梦中。第二天早自习，他偷偷拿着小纸条继续背，早饭后到操场找个角落还是背。快上课时，他按照自己预先的设计，先冲到了隔壁班的教室演练——这里没人认识他，可以放开胆量。可惜教室里乱哄哄的，他个子又太矮，尽管大喊了好几遍“同学们请安静”，依然没引起注意。没办法，他站到讲台的凳子上，自顾自地讲起来。演讲结束时，教室依然喧闹，掌声稀稀拉拉，偶有一两句“这是哪个神经病”的嘀咕，陈向东跳下凳子，狼狈地跑回了自己班。

第一节就是语文课，快下课时，老师果然又提到了演讲，问有没有人今天要讲。坐在第一排的陈向东“唰”地举起手，然后他吃惊地听到了暴风般的掌声。回头看时才发现，原来全班只有他一个人举手。他硬着头皮，战战兢兢走上讲台，紧张得心都快跳出来了。最开始同学们听得也并不专注，但一两分钟后，全班便安静得连一根针掉到地上都能听到了。等逐渐放松的他完成演讲，得到的回馈是再一次暴风般的掌声。

这次演讲让陈向东信心大增，他发现，就连班里的漂亮女生看他的眼神，从那天起都不一样了。

但陈向东也清醒地知道，这种高光时刻转瞬即逝，平日的勤学苦练才是根本。师范学校地处小县城，学生们视野相对闭塞，大多数人只求“60分万岁”，而心怀大学梦的陈向东，显然不满足于此。

3年师范，陈向东成了同学中起得最早、睡得最晚的人，且视午休为堕落——这一习惯伴随他至今。而且，在学习师范课程的同时，他还自学高中课本。因为除了要在师范生中考年级第一，他还为自己设定了一个假想的竞争对手，就是正在上高中的姐姐。他和姐姐打赌，立志要在学习上一决高下。或许在内心深处，赢了姐姐才代表着他有足够的资格上高中、上大学。

师范课程不开设英语课，陈向东就去借英文教材，自己抄写下来，然后把单词和句子自制成卡片，用最笨的方法死记硬背。寒风凛冽的冬天，他故意在室外背，学习一个小时的数学后，就跑出去背15分钟单词，必须背会才回去；再学一小时物理，再出去背。就这样逼着自己把那些单词和句子乃至课文硬生生地刻到脑海中。

与此同时，他还和小时候一样，视看书为长学问的捷径，保持着阅读的习惯。那次相当成功的演讲首秀后，陈向东在虚荣心的驱使下借来了老师推荐的《文心雕龙》，并鼓动另一个同学，一起把整本书都抄写下来，每天背诵。平时图书馆也数他去得最勤，这 3 年成为他阅读文学类书籍最多的一个时期。

“人在确定目标后，其他的东西其实就不重要了。世界是公平的，你在一个阶段只能有一个目标，然后专注这个目标，投入全部精力，最终你就会有收获。”多年后，陈向东这样劝导公司里年轻的小伙伴们。

他的收获确实很多。第一次全校数学竞赛，陈向东就拿到了第一名。此后 3 年间，他的名字一次又一次出现在学校的黑板报上，几近霸屏。他是班里当之无愧的学习委员，全校唯一一个三好学生的指标也非他莫属。而且，早在师范一年级时，14 岁的陈向东就在当时的数学老师的指导下，代师出战，给县里的小学数学老师做培训了。那一次，他用了一个小时的时间，让台下几十位原本没把这个毛孩子放在眼里的“中年学生们”心悦诚服。

可以说，整个师范求学期间，陈向东是光芒四射的。他聪明刻苦成绩好，语速极快，连走路都带风，同时又并不自傲，相反，他待人宽厚真诚，办事干脆大气，而且还心细如发。每次一到下课，同学们都风一样跑出去玩儿，他看到同桌的桌面太过杂乱，就会利用这个时间耐心地帮同桌一一整理。

也大概是从这时起，陈向东形成了一个颇具个人特色的口头禅——忘掉。以后每提起已经过去或者不值得关注的事情，他总会说“忘掉它”，诸如：忘掉不快、忘掉竞争对手、忘掉股票价格……这源于当年被迫放弃上高中时那种刻骨铭心的痛苦。因为不忘记就无法走出来，但也是在这样的忘记中，他小小年纪便形成了心胸开阔，不念过往，更重未来的心性。

他还将这一理念传递给了身边更多的人。就在上师范期间，十几岁的陈向东居然调停了父母和伯伯家多年的积怨，撮合一家人忘掉过去恩怨，坐下来深入地聊一聊。那次聊天最终以长辈们抱头痛哭、释怀恩怨而告终。

更大的收获是他碰到了来自大城市的老师。

师范学校原本都是本地老师执教，但极为巧合的是，陈向东上师范那年，恰逢教育改革，一批“中央讲师团”成员被派往各地支教，他的老师中就有几位是来自北京的大学老师。这批老师的到来让原本平静的校园生活荡起圈圈涟漪，在从未走出过大山的孩子们眼中，他们气质高雅，谈吐不凡，从内到外都散发着独特的气息，简直是如偶像般的存在。

面对这些老师，陈向东的眼睛中闪动着好奇和向往。老师说的每一句话他都不想错过，关于老师的一切对他而言都是新鲜的。他甚至还努力表现以赢得去老师宿舍参观的机会，并发现跟自己家四壁空白完全不同，老师的宿舍布置得温馨且有格调。更重要的是，老师们带来了北京甚至国外的故事，那么遥远，那么令人向往，给陈向东的人生打开了一扇明亮的窗。

课上课下，这些老师都同样活跃。他们利用自己的优势资源，给洛阳市及师范学校捐献图书。每逢周末，他们还会带着学生们去学校附近的山山水水走走，用自带的彩色相机给大家拍照。陈向东保存的第一张真正的户外照片，就是那时老师给拍的。

自此以后，“一定要去北京上大学”，成为陈向东的下一个目标。懵懂中，他把这些来自北京的老师当成了自己的新标杆，他想：未来有一天我如果成为大学生，能去全国支教该多好。

同样的故事也发生在阿里巴巴创始人马云身上。1980 年夏，16 岁的马云经常到西湖边练习英语并给外国游客当导游。有一天，他遇到来自澳大利亚的莫利一家。那几天，莫利父子经常找马云聊天，还帮他学习英语。

这次偶遇，深深地影响了少年马云。后来，马云和莫利一家成为笔友，经常通信，老莫利也会纠正他的语法错误。1985 年，经历三次高考的马云因为英语成绩突出（虽然数学不及格），被杭州师范学院外语专业破格录取。那年夏天，在老莫利的担保下，马云还专程飞往澳大利亚，在莫利家里住了 29 天。回忆起这段经历，马云曾在一次演讲中说："世界那么大，你们不妨出去看一看。那段旅程使我首次发现了中国以外的世界，是我的人生转折点。"

说回陈向东。除了美好的憧憬，还有一些东西也是从这一时期开始逐步呈现的，比如创业潜能。

某种意义上，正是在这期间，陈向东启动了人生中第一次创业。那时他穿着带补丁的棉衣棉裤，同学们穿的都是流行的毛衣毛裤，买一套需要 9 块钱，家里无力支援，陈向东只能自己想办法。他想到要运用自己的优势，而他最大的优势就是数学好。于是，他自编数学题，诸如"1 张桌子 4 个角，砍掉 1 个角，还剩几个角"，写满一页就印下来，每页题卖 5 分到 1 毛钱。

去哪里卖呢？当然得找有钱人。坐火车的人就是有钱人。沿着这个思路，陈向东跑到县城的火车站，爬上火车，专门找年龄大、有孩子的人。他先让对方试做一下题目——十有八九会错，然后告诉别人对的答案，接下来就能说服对方买一页。除了火车站，他还去离县城不远的铁门镇工人村，那里工厂较多，相对热闹，有钱人也多。

就这样，陈向东赚到了人生中第一笔 10 块钱，顺利买到毛衣毛裤。但难能可贵的是，他明白自己的小目标只是买毛衣毛裤，而不是赚更多的钱。所以一旦目标实现，他绝不再耽误时间，而是迅速回归到抓学业这条主线上去。从小父母的身体力行，以及父亲讲过无数次的那个挖井的故事，早已让他形成了潜意识：无论何时，一定要明白什么是最重要的，一心一意，方得始终。

很多年以后，回顾起当年的师范生活，陈向东认为，他那时便得到了很好的滋养和驯养，不断收到的正反馈进一步强化了他的自信。打击当然也有，比如上第一节音乐课时，大家一起对着乐谱唱“来哆哆来咪”，从没学过音乐的陈向东唱的是“21123”，那一瞬间，同学们哄堂大笑，他只觉得好像有一千座大山扑面而来，糗到恨不能在地上挖个缝儿钻进去。自那以后，他有好多年都没敢在别人面前唱歌。还有一次，长跑比赛战况正酣，他的腰带——一条麻绳——突然断了，他只好马上趴到地上，还撒谎说突然肚子疼，由此形成的心理阴影让他自此以后告别了田径比赛。

但和人生主线相比，这些都是插曲而已。

师范毕业时，陈向东实现了他 3 年来为之奋斗的目标——考了年级第一名，但却突然得知保送大学的名额给了别人。这一次，他尽管失落但心态基本平和。17 岁的年龄，他已经懂得了一些人情世故，懂得了人生总有无奈。

临别之际，一向欣赏陈向东的陈明杰老师特意把他叫到办公室，叮嘱他务必要记住“抗压力、担责任、下苦功”这九个字。鼓励他不要甘于教小学,而是要争取教初中;不要满足于只当一个普通老师,而是要当班主任。

后来回想起来，陈向东无数次地感慨，觉得做教育就是自己的宿命。父亲当年因时代原因成为本村的小学老师，让他得以在父亲的教导下，接受了非常好的小学教育。这也在日后被他归为人生中撞上的第一大运气。他后来甚至对父亲说：“爹，老天把你派过来教小学，可能就是为教你儿子的。”中考时，他又被命运推进了师范。但也正因如此，他学会了珍惜自己拥有的，碰到了人生中的第二大运气——来自北京的老师，这让他在 14 岁时就“看”到了同龄人看不到的北京和世界，这才有了他后来自 17 岁便开始当老师，又到北京上大学，进入新东方，继而创办高途的故事。

陈向东属于那种有了目标就不放弃，铆足劲头越挫越勇的类型。在日后，这种特质将体现得更为明显。**他笃信：“人生经历拉长来看，在某一个阶段你的低点或者悲惨遭遇，恰恰是一个外在的大运气酝酿的开始。”**

03/十年修炼，优秀的老师让人充满希望

1988年，17岁的陈向东从洛阳第一师范学校毕业了。他牢记陈明杰老师的叮嘱，哭着求着，终于当上了初中老师，在新安县的一个镇级中学——铁门一中，开始了自己的执教生涯。

进学校报到后，陈向东做的第一件事情是找校长，要求当班主任。但这次怎么死缠烂打都不管用。学校里不少初二初三的孩子都十六七岁了，陈向东几乎和他们同龄，校长认定他不可能管得了学生，让他等到25岁再说。

没办法，陈向东唯有潜下心来研究教学。

很快他便发现，标杆就在眼前，那就是校长。当年的校长正值壮年，妻子也在同校任教，同教数学。夫妻俩直接把家安在学校，一心抓教学质量。每当校长去班里上课的时候，陈向东就偷偷站到教室门口听，认真观察校长的每个姿态、动作，有时甚至能入迷。因为校长讲起课来，全情投入，激情四射，格外引人，甚至讲到嘴泛白沫、嗓音沙哑，生怕学生听不懂，偌大校园里到处都能听到他讲课的声音。

陈向东如法炮制，讲课也讲到嘴泛白沫、嗓音沙哑，拿出自己全部的激情，而且每堂课都特别注重和学生的互动，在教室里边走边讲，从不坐

在讲台上。他同时还借鉴了另外一位老师的方法，提前把每节课的每个知识点都背下来。最初他教的是初二语文，上课中途几乎不看讲义，大段大段的课文总能脱口而出，让学生目瞪口呆。

一个月后，在学校组织的月考中，陈向东教的班语文平均分比另外一个班高了 20 分，第二个月月考又高出十几分。第三个月，他终于如愿当上了班主任。

这次为目标而奋斗的历程让陈向东受用终身。“不要想那么大，把当下做到极致，做到最佳状态，然后不断地去找下一个点，最终你会找到一个绝好的路径，获得非凡的成长。”他后来总结说。

达成第一个小目标后，陈向东没有止步。他和校长比赛，也同样住在学校里。校长本来就早起晚睡，陈向东比他起得更早、睡得更晚。他听校长的课，向他学习，憋着劲儿地要去超越校长，如竹子拔节般噌噌地成长。

虽初为人师，但彼时的陈向东已经朦胧地掌握了教育的真谛，那就是对待学生最重要的是用心、用爱。因为他一辈子都忘不了，初三时一位姓陈的老师带他去参加数学竞赛的情景。那是个大雪纷飞的冬日，陈老师凌晨 3 点就从家里出发，走了十几里山路，赶到陈向东家带他去镇上赶公共汽车。但因为雪大路滑，老师摔伤了腿，导致两人错过了头班车。等赶到考场，已经开考半小时了。这场竞赛，陈向东最终没能入选，但老师跌跌撞撞地拉他赶路，满脸泪水哀求监考官让他进考场，因自责而一遍一遍地对他说“对不起”的画面，永远刻在他的脑海中，给予他终生温暖的力量。这也让他明白，能不能和学生建立有效连接，就看老师用心不用心。

当上班主任后，陈向东改教英语，接手的是一个成绩最差的班，同时还给另外一个班上课，两个班级一共 140 多个孩子。他先做出座位表，再找每个学生谈话，把每个人的情况密密麻麻地记录到座位表上。在接手第一天，他就掌握了所有孩子的大概情况，包括姓名、年龄、爱好、优劣势学科、家庭地址，以及父母从事什么工作。一周之后，他已经能把每个学生的画像做得清清楚楚，也把上课时每个人的状态看得清清楚楚。每天早晨一进教室，他就会拉住那些前一天上课不认真的学生提问。有时候在校园里迎面碰到班里的学生，他会直接喊出学生的名字，顺便提个问题。

学生们对陈老师又敬又怕，因为他是为数不多能正确叫出他们名字的老师，但同时也是唯一一个随时会向他们提问的老师。

他们不知道，陈老师还准备了两个专门的记录本：一个是纸质的，记录每个学生每天的成长和困惑；一个是他的大脑，储存和学生之间丰富的情感连接，他的脑海中总有数不尽的学生画面，有些是过去的，有些是为学生构想的未来。换言之，他在自己脑海中构建起一组独特的密码，每个密码对应不同的孩子，包括他们的喜怒哀乐、学科优缺点，甚至对每个学科知识点的掌握。

最初只是顺应初心去做，后来回想，陈向东才明白，那其实就是把每个学生当作一个个值得尊重的生命。

如今在洛阳创业的李元星，是陈向东师范时的同学和好友，同时也是他在铁门一中的同事。那时，陈向东是班主任兼英语老师，李元星则教化学。他评价陈向东：雷厉风行，敢说敢干，勇于创新。

每天早上 5 点 20 分，学生还没到，陈向东就早早地等在教室门口了。他陪学生一起跑早操，早读时则在教室来回走动监督，自己也和学生一起学习。每节英语课开始时，他都会先把该节课的学习目标写在黑板的左上角，然后让学生全体起立，齐读三遍，牢记当堂要完成的任务。讲课过程中每讲完一个知识点，必定会提问，确定大家都掌握了，再讲解下一个。

为激发学生记单词的兴趣，陈向东还创编了各种顺口溜，甚至会别出心裁地提“离奇”的问题。比如：世界上最长的单词是什么？学生们议论纷纷，有的说是这个，有的说是那个。然后在大家求知若渴的时候，他揭晓答案——smiles（微笑）。“这个单词从头一个字母 s 到末尾一个字母 s，中间隔了一英里（mile），难道不是最长的吗？”这样的解释，引得同学们惊叫连连。

和许多老师会不自觉地放弃差生不同，陈向东反而愿意在差生身上下更多功夫。为把所谓的差生调动起来，他会不断琢磨。那时在这个乡镇中学里，真正能自主学习的学生不过三分之一，调皮捣蛋的孩子特别多。但陈向东知道，越是捣蛋厌学的孩子，越是特别重视自己心目中所谓的情义，老师与学生连接的关键在于老师要走进学生的内心世界。

按照惯例，班里每次考试后都会重新排座位，学生对此也很是关心。陈向东巧妙地利用这个机会。他规定，以学生这次考试比上次考试的进步大小为标准排序，让学生依次来挑选自己的位置。这样一来，基础薄弱的学生也有机会崭露头角，积极性大增，从而推动整个班级形成了后进赶先进、先进更先进的学习竞争模式。

效果是可预期的。早在第一次做班主任两个月后，陈向东所带的班级，英语成绩就发生了翻天覆地的变化，从此前比年级平均分低 20 多分，跃升为比平均线高近 20 分。此后凡是他带的班级总是能创造奇迹。而且作为班主任，他擅长统筹大局，不仅关注自己教的英语，同时也非常关注其他学科，甚至会每周让出一两节自己的英语课给班级的弱势学科，所以其他科目的老师都喜欢和他搭班，班级的整体成绩也有了保证。当时家长们无不盼着孩子能进陈向东的班级。

如今已难以统计究竟有多少学生在陈向东的影响下，改变了自己的命运。农村的家长不善表达，但总会送上自家的萝卜白菜，或是面条鸡蛋，任他万般推辞都不听。这些质朴的礼物，蕴含着家长无限的信任和感激。学生们也把感激深深埋藏进心里。有一年，因为班级成绩特别好，学校破例给每个学生奖励了一个笔记本，在发给学生之前，陈向东在每个笔记本前面都写了一段话。他没想到的是，几十年后，师生相聚，不少学生随身带着这个笔记本给陈老师看，说这段话记了一辈子。

很多年后，陈向东看到了《美国最优秀的教师自白》一书，书中有句话：优秀的老师让人充满希望，让人相信有1000个拥抱生活的理由。

“教”的同时，陈向东也一直在“学”。那时他每个月的工资只有80多块钱，却在买书上从不吝啬。工作仅半年，他就自学了十几本教育学和心理学方面的书，这些思想营养无论对他当时还是日后的教育理念的塑造，都起到了无比重要的作用。除了买书，他还订杂志，比如《演讲与口才》《半月谈》等。在每本书刊上，他都会留下自己的笔名“流泉”——流动代表着改变，泉水代表着清澈。这是他对生活的态度，亦是对未来的期许。

他才刚刚成年，对未来的想象还只有个隐隐的轮廓，但去北京上学，是他的执念。

1991年，陈向东通过成人高招考取了当时在职教师可以考的最好的学校——河南教育学院，就读电子技术专业。两年后他再次回到新安县，成为新安一高的高中英语老师兼班主任，再现带领班级冲刺第一的故事。周末的时候，他也会像当年师范的老师那样，带领学生们去周边的山上赏风景，还拉上摄影技术好的李元星一起来帮学生拍照。

但其实在内心中，这位年轻的老师是苦闷迷茫的。他在此期间又攻读了郑州大学的本科，但北京仍是尚未触及的梦。没人知道，每天早晨5点多就起床的他，其实经常晚上两三点才睡觉，因为他需要太多的时间学习备考，考研究生，到北京去！

在当时，这已经超越了身边人的认知。学校的一帮老教师都看好这个好苗子，建议他来做学校的副校长，陈向东不干。有个女孩特别喜欢他，但陈向东告诉人家自己要到北京去，将来买带泳池的大房子。女孩留下一句“你就吹吧”，慢慢疏远了他。

陈向东只能偷偷学。轮到晚上他值班的时候，他就去学校教务处看《人民日报》《光明日报》，背社论和经济专栏。有人觉得不可思议，背后说他精神出了问题。他们不知道，陈向东背诵当时著名经济学家们写的文章，为他后来考取中国人民大学国际经济系起到了极其关键的作用。

但对一个身在小县城的中学老师来说，前往北京的考研之路注定不会太顺利。陈向东数度落榜，父母心疼儿子，劝他别考了，但他尽管屡屡受挫，却丝毫不泄气。他激励自己：天将降大任于是人也，必先苦其心志、劳其筋骨……

困惑迷茫的时候，陈向东会去千唐志斋走一走。这里离铁门一中咫尺之遥，是辛亥革命元老张钫先生的故居。张钫酷爱金石字画，曾在晚年广泛搜罗墓志石刻，于故居“蛰庐”西隅，辟地建斋，将罗致而来的大部分志石镶嵌于十五孔窑洞和三大天井及一道走廊的里外墙壁间，形成如今享誉全国的千唐志斋博物馆，也是中国唯一的墓志铭博物馆。

早在工作的第一年，陈向东便去参观过。当时千唐志斋还未对外开放，正值秋季，满目肃杀。一块块薄薄的正方形青石，汇聚起来是沉重而悠长的历史，是一部无声的巨著，分拆来看又是一个个人生，任你曾如何辉煌或平庸，任你曾指点江山或云游四方，一生终将浓缩成几句评价。这给陈向东的内心带来了极大的触动。他自那时便已明白，人生短暂，应该做点大事，才能留给自己一点点纪念。

30 多年后，陈向东想起这些往事，还感觉就像昨天一般。正如汪曾祺所说“静思往事，如在目底”。在高途，有一间核心管理层开会常会用到的会议室，陈向东将之命名为“初心”。其实，每个人在出发时都会有一颗初心，但当慢慢长大，就会逐渐忘却它，某天回头时才发现，自己变成的样子并非曾经期待的那样，并没有变成一个让自己都热泪盈眶的人。

1998 年，在师范毕业 10 年后，陈向东终于以专业第一名的成绩，考入了中国人民大学经济学院国际经济系，攻读硕士研究生学位。

这一年，陈向东 27 岁了。他之所以选择考取经济学院，很大一个原因是这里难考。当时中国人民大学经济学专业排名全国第一，国际经济系和国际金融系并称两大“神系”，这两个系的学生在校园里走路都会不由自主地昂着头。陈向东读的就是国际经济系。面试他的是时任中国人民大学副校长的杜厚文教授，当听说陈向东之前是老师时，杜厚文非常激动：“中学老师能够考到中国人民大学国际经济系的，你是第一个！”

梦圆北京，陈向东比任何同学都珍惜。他还是像以前一样上课时喜欢坐第一排——这是他在上师范时养成的习惯。当时他因为在班里个头最矮，无论上课、开会还是跑步，始终都在第一排。形成习惯后，日后当他去听讲座、参加活动的时候，他都喜欢坐第一排。后来他想想才发现，坐在第一排能让人更专注，对信息的汲取更为快速和聚焦，这甚至为他后来的思考模式奠定了基础。

中午大家午休时，陈向东拿着课本出去学习，对数学痴迷到一看一下午的程度，短短半年间听了 90 多场讲座。他还是像以前一样考试永远第一名，连第二都不曾有过。10 年蛰伏历练，训练出他强大的背诵能力，也让他形成了更强大的意志——大冬天的，晚上他一个人到操场上跑步，回去后到卫生间冲个凉水澡，享受极了！

在这里，他还撞上自己的又一个运气——遇到了导师高成兴。高老师为人无比善良，对待学生格外关爱，善于激发学生的勇气，而且最让陈向东佩服的是，他极其乐观。因早年经历过许多挫折，高老师身体不好，住过很多次医院，做过血管搭桥，每次吃饭前都要先吃一把药，但他心态极好，师生聚会时最喜欢带大家唱《三套车》，每次唱都万般陶醉。

正因如此，日后想起人大，总让陈向东感到温暖，感到有依靠。后来当他在面对人生痛苦的时候，常常会一个人默默地到人大遛个弯，有时还会到 800 人的大教室坐一坐。

“当你不断地去探索自己的人生边界，不断地在约束条件下追求自己

的最优的时候，表象是你通过自己跟自己的人生对话来寻求突破，而本质是你对于你自己，对于周边的人，对于整个时代、整个国家乃至整个世界的深度思考。”2019年6月，在作为校友受邀为人大的毕业生致辞时，陈向东如是说。

10年面壁图破壁。也是在后来，陈向东才发现，自己在小镇和县城的这段时光构成了他人生中第一个沉寂的10年。但这10年太宝贵了！因为没有更多的机会可选择，他才得以专注于唯一的选择，倾注自己所有的精力，享受专注带来的安静与平和，由此构建起韧性、乐观等最强大的精神力量和能量场。

“很多人觉得10年是不是浪费？一点儿都没浪费，不浮躁，现在想想好精彩。”

04 激情岁月，新东方的“事业经理人”

其实，在到人大上学之前，陈向东就曾为了上培训班，来过北京。

那也是他第一次被北京的物价震惊到。因为找地方住的时候，他发现宾馆一晚居然要 40 块钱。太贵了！要知道，那时，他在县城的月工资是 200 块。

最终陈向东住进了 5 块钱一天的地下室。为节省餐费，他每天都去路边摊吃饭，只要最便宜的刀削面，再问摊主要上一碗免费的面汤，又或者买几个馒头，再来一棵葱，边走边吃。大街上来来往往走过的人，也许偶尔会抛来同情的目光，但他们一定想不到，这个年轻人正满心幸福、踌躇满志：陈向东有一天会来北京的，在北京会有大房子的！

等正式入学人大，更大的“刺激”来了。教师节时，同学们相约一起出去吃饭，买单时，陈向东才发现那顿饭吃了 1000 多块钱。他克制着内心的紧张与不安，默默去了一趟厕所，回到座位后一言不发，看着同学把钱付了。

要能够请得起别人吃饭，这个想法瞬间成为一个无比明晰的新目标。

回到学校后，陈向东立刻四处打听怎么才能赚到钱。师兄师姐们推荐了三种路径，分别是攒书、做高端家教、去民办大学代课。

陈向东最感兴趣的是第三种。

人大西门旁边，恰好有个中国科技经营管理大学，是做自考和学历培训的。陈向东连忙跑去看，发现许多专业都属于经济类范畴，正是他的强项。其实那时他不过刚上研究生一个月，但 10 年中学老师的历练让他太懂学生了，而且早在备考研究生时，相关的知识早就已经印在了他的脑子里，每本书的架构都像随时可调取的图画，每个章节、每个片段他都烂熟于胸。

带着这样强大的自信，陈向东找到这个学校的办公室，张口就要求副教授的待遇，并承诺如果讲得不好可以再降。学校负责人半信半疑，让他去试讲国际贸易，陈向东连备课都不用，只用了一堂课，就赢得了满堂彩。两周后，另外两个班级的学生“造反”，也被合并到他的班。他的课时费从每小时 45 块钱翻了一番。到第二个月时，他已经能赚到 6000 多块钱了，是在县城时月薪的 30 倍！

这真让人兴奋。但陈向东思考更多的是下一步该怎么走。那时，国内高校早就兴起了出国潮，陈向东发现，周边的同学都在忙着准备出国留学，一时间寝室里形成了狂背单词的热潮，每天晚上都互相 PK。也是在这时，他第一次知道了新东方。

那时的新东方已成立 6 年，虽未达到巅峰时刻，但已形成强劲势头，尤以 GRE 和托福培训名噪京城，在北京的出国语言培训市场中所占的份额高达 80%，每个班的学生人数能达到 500 人。陈向东简单地算了一笔账，觉得课时费会比当时他能拿到的高不少。想要出国，就要攒更多的钱，新东方或许是个更好的选择。

但陈向东也知道，如果想拿到更多的钱，首先一定要有配得上挣这个钱的能力，那就意味着一定要比任何人都付出更多。当时的新东方学生大多是北大清华等名校的骄子，不少优秀人才也争先恐后想去任职，怎样才能胜出呢？

那时，陈向东的弟弟正在中国科学院攻读博士，于是，他派弟弟到新东方报辅导班，以便听课时录下磁带，供他偷师学艺。然后，他按照新东方每次的课时——两个半小时，逐字写出了备课稿，整整20多页，用3天时间反复背诵了下来，尤其对前30分钟的内容，背到了烂熟于胸。趁午休时间，他又把弟弟叫来，给弟弟讲课。讲上一段，“停停，哥，这地方讲得不行……这个地方的语音好像不对。”弟弟说。

经过哥俩的一番演练和修改之后，陈向东拿着简历，直接冲到新东方去找俞敏洪。第一次去时俞敏洪不在，他问好日期后又去。知己知彼，百战不殆。他早就了解到，在新东方，俞敏洪什么课都能讲，唯独GRE数学逻辑课不行，原因正如俞敏洪一向自称的那样“我的数学相当于零分水平”。而且当时恰好赶上新东方的数学逻辑老师欠缺，俞敏洪正为此苦恼。所以，陈向东打定主意，就应聘GRE数学逻辑课的老师。

俞敏洪接待了他。听完陈向东的来意后，他直接从书桌里拿出一本GRE的书，指着其中的一道题让陈向东开讲。陈向东可不上当。他嘴上应着，却迅速切换到自己的开场模式：新东方在过去的几年之内已经成为中国最知名的教育品牌之一，已经成为每年培训10万人的教育机构……一大串排比句井然有序、气势磅礴。只讲了一小会儿，俞敏洪便兴奋地叫停，带他去见徐小平。“来，见识个人才，陈向东，人大硕士。这哥们儿刚才跟我讲了3分钟，特别有激情，我一个字都没听懂。”徐小平闻言走上前，给了陈向东一个西式的大大拥抱。“向东，我爱死你了！”——陈向东当时并不知道，这其实是徐小平“载歌载舞会见每一个人”的习惯动作（出自《东方马车》，卢跃刚著）。

这是1999年12月，陈向东长达14年的新东方生涯开始了。

在新的工作岗位上，陈向东并没有像之前那样旗开得胜。新东方对老师的考评，采用的是全体学生直接给老师打分的方法。最初，陈向东的得分并不高。他讲课尽管激情澎湃，但口音较重，而且是仓促上马，在当时新东方的三剑客之一——同样讲 GRE 的钱永强的映衬下，显得尤其不好。第一次上课时，甚至有学生中途“叛逃”，跑到隔壁钱永强的班里去了。

陈向东没有气馁，他继续采用自己那个屡试不爽的办法——找标杆。每天晚上下课，他都会找几个讲课最好的老师，请他们到人大小西门去吃烧烤，虚心请教，然后自己再苦练。但练习普通话确实让他作难。他的视觉能力极强，记忆力也好，但艺术和语言天赋欠佳，开始接触普通话又太晚。

那也得硬着头皮练。父母早在多年前就已经被陈向东接到了身边。他回家先向母亲宣布：“妈，咱们家从现在开始都说普通话。”一头雾水的母亲表示不知道该怎么学，陈向东不忘指导：多看电视，跟着电视学。犹如邯郸学步，为练普通话，陈向东一度都不知道到底该怎么说话了，回家乡时，邻居们忍不住打趣：“向东，你说的是什么话，怎么连家乡话都不会说了？”他答：“我现在争分夺秒学普通话，不然在北京没法生活了。”

时间很快来到 2000 年 2 月。当年的寒假班结束，俞敏洪召集 20 多位老师开会，为了制造会场氛围，他专门选了一个能坐 600 多人的大教室，手持话筒，讲述新东方的梦想。讲话的最后，他号召大家写书。那时俞敏洪写的《GRE 词汇精选》已成为 GRE 考生的“圣经”，版税可观。“讲课赚钱是加法，写书赚钱可能是乘法。”他说。

这句话瞬间钻进了陈向东的大脑里。会议刚结束，他就骑着自行车把周边的 5 个书店全转了一遍，搜集了所有讲 GRE、GMAT、LSAT 的书，一共 20 多本。接下来，他用 3 天的时间细细梳理这些书的架构，写出了自己的书稿框架，去找俞敏洪。听到这个刚刚讲课不过三四个月的新老师要写书，俞敏洪很是吃惊，要知道，那时的陈向东自己还从来没考过 GMAT 和 LSAT，而且连打字都不会。等看到他的书稿框架，俞敏洪就更吃惊了。还从来没有人想到把 GRE、GMAT、LSAT 放到一起，去进行比较、归纳、推演和分析。但他已经答应了帮另外两人出书，有些为难，于是对陈向东说：“这样吧，如果 3 个月内你能拿出书稿，就帮你出书。”

出乎俞敏洪意料的是，不到3个月，陈向东交稿了。

这本名为《GRE GMAT LSAT逻辑推理》的书，在第一年就售出3万多册，为陈向东带来几十万元的版税，这是他真正意义上的第一桶金，比过去十几年工作赚的钱都多。更重要的是，这次尝试为他的人生拉开了新篇章的序幕。

但陈向东很明确地告诉自己不能再去写书了。正如他在14岁时卖数学题，卖到能买毛衣毛裤就不卖了；也如他在18岁时开英语培训班，赚到300块钱能帮家里修好坍塌的房子也不再办了。他知道他的人生使命不是写书，而是去寻求更大的舞台、更多的可能。

由此，他可以更专注地做一件事情。

陈向东把家安在离新东方办公地点只有7分钟车程的地方，保证每天早晨7点多能到公司。他没日没夜地备课、批改、磨课，真正做到了将心注入、全力以赴。在讲课半年后，他的课，已经冲到学生打分的第一名。最忙的时候，他要讲7个班的课，一天讲10个小时，连续讲20天。因为喜欢用超长的排比句，他获得一个绰号"牛排"，意为"巨牛无比的排比句"。每次讲课时，他的排比句气势排山倒海，语速如疾风骤雨，语调神态更是激情无比，总能震撼全场！有的学生因为太喜欢他，甚至会反复报他的课，导致他在课堂上讲老段子时，难免有些小紧张。这真是一种甜蜜的负担。

接下来，他迎来了自己的又一个转折点。

2000年年底，俞敏洪想找一个助理，询问谁愿意做。大多数人都不愿意。因为做俞敏洪的助理要全天坐班，月工资只有3000块，只相当于大班课老师的两次课时费。

陈向东愿意，而且完全没打听工资。不少人好心地提醒他，太太得知后也说他傻。陈向东摆摆手：你们都不懂，讲课虽是我喜欢的，但给俞老师当助理却不一样，能学到更多东西。

他说得完全正确。上班第一天，俞敏洪带他见的人就是联想集团的CEO。后来新东方引入普华永道做咨询，成立新东方改革小组时，陈向东也是小组7位成员之一，每天和咨询师、律师们一起研究公司的改革，研究公司的税务、法务，远超一名老师所能接触到的资源，极大地拓宽了视野。

这之后，因为要对未来的发展方向进行选择和对公司做战略布局，新东方启动了外地分校的建设。2000年上海和广州的新东方学校一经开设便大获成功，2001年秋，公司开始考虑将触角探伸到更多大城市去。

还是没人愿意去。而时年30岁的陈向东迫切地渴望有新的成长和突破，他又一次不假思索地说“我去”。备选城市有4个：成都、武汉、沈阳、西安。陈向东都去转了转，站在武汉宽阔的东湖边上，直觉告诉他：“天啊，就是这里了！”

分校校长的薪酬并不具有吸引力。有人暗示他留在北京能挣更多的钱，陈向东不为所动。既然承诺了就要践行，更何况，他知道当校长和当老师不是一个概念，如果能成为一名校长，培养出更多名师，教育更多学生，人生意义才更大。“很多人往往会看重钱，却很少有人会看重未来的机会。”他向太太解释自己如此选择的理由，“你要做和别人不一样的，你最终才能成为不一样的。”

只有勇气并不足够。正式组建武汉新东方学校之前，陈向东带上小本子，先去了上海和广州的新东方学校，观察每一处细节，甚至是教学区的一盆花：这是租的还是买的，大概多少钱，多长时间换一次。对于一切自己认为重要的事情，他都会拆分再拆分，直至拆到别人拆不到的最小颗粒为止。每所学校，他大约记了600多个细节点，两所学校共汇总了1200多个点。到达武汉后，他又迅速跑到当地的几个头部教育机构取经，每个机构都去五六次，细细琢磨。

但学习并不代表照搬。最终，陈向东给武汉新东方学校构建的，是一套与众不同的，甚至是极具颠覆性的新模式：首先是和当地政府谈合作，由他们牵头为武汉新东方学校专门建造了一座楼，陈向东亲自设计，这显然开了先河；其次是作为一个新创办的学校，一开始就把新东方国外、国内等业务线悉数开出，这在新东方历史上亦从未有过；最后也是最重要的，迅速组建中学教研团队，全面开设本地化中学培训。不仅如此，新东方泡泡少儿英语更是自武汉开创的。

新东方做出国留学考试培训出身，主要目标人群是大学生。在很长时间里，新东方管理层的整体认知都是中学和少儿不可做，也不愿意做。那时在新东方内部，教 GRE 和托福的老师荣耀感最强，在公司内部的地位也最高，其次是雅思。北京新东方学校也做过中学部，但也是刚刚起步，并且中学地域属性非常显著。至于少儿，哪怕俞敏洪本人都承认，这原来不在他的考虑范围内。

但陈向东不这么想。在武汉布局完所有面对大学生和中学生的教学体系后，进行教学楼装修的时候，陈向东在大教室之外，又紧接着装修了一些小教室。俞敏洪看到后问他要用这些小教室干什么，他说要做少儿英语培训。

“少儿英语培训？一个班最多才能招十几到 20 个学生，又不能向家长收太多钱，这项业务貌似有点吃力不讨好。”俞敏洪不解。

“俞老师，别的机构都在做少儿英语，这些孩子长大了以后，就会认别的品牌，不认新东方的品牌，那我们上游的品牌就会受到伤害，所以业务线的下游就变成了一个必然要做的事情。要在总部做的话，全国一铺开，做不好就收不拢了，你就让我在武汉做，即使失败了，对总部也没有任何伤害。”①

没有教材，没有教学队伍，更没有教研体系，但陈向东认为只要找到最好的老师，就能办一所最好的学校。他直接把其他机构有经验的人挖过来，培养他们新东方的精神和思想，把他们变成新东方人。尽管有人认为

① 《我曾走在崩溃的边缘》，俞敏洪著。

他在搞“大跃进”，无法管控教学质量，但他坚持排除杂音。武汉新东方少儿英语培训试点旗开得胜。在前后不到两年的时间里，几乎占据了当地少儿英语培训市场的半壁江山。这才有了 2006 年新东方少儿英语子品牌——泡泡少儿英语的诞生。

就这样，武汉新东方学校自 2002 年年初，由陈向东带着 30 万元单枪匹马起步，一年后团队扩充到 300 多人。2002 年当年开课 4 个月，就有 200 多万元利润。到了 2003 年，一个完整的财年结束后，武汉新东方更是创造了纪录：首先是全年营收 4000 多万元，其次是利润达到 1500 多万元，占当年集团总利润的近 1/4。

耕耘两年后，武汉新东方学校的利润比新东方同时期所有新办学校的利润总和还多，而且这种情况一直持续了四年之久。

武汉新东方学校由此成为新东方各地新校长的圣地，大家纷纷涌来学习。有人说他们也要在第一年做到武汉的规模，陈向东笑笑说：“不可能的。”他不是自傲，而是自信，恐怕很难有人做到如他那样投入和勤奋，更难以做到如他般执着于细节。

初到武汉时，陈向东月薪很低，只有一万块。俞敏洪得知后过意不去，曾建议他同时在北京代课，用课时费弥补。但陈向东拒绝了，他也因此成为新东方第一个不代课的校长。而那时他讲一次课可以拿 2500 元，一天下来就是一万块。这不免让人诧异。其实他不但不在北京代课，即便在武汉，也会排除一切与工作无关因素的干扰。刚到武汉他便在离校区 2 分钟路程的小区租了个小房子，每天的时间，几乎每分每秒都经过测算。只因为他要确保把全部精力都投入到工作中去。

完全从零开始，难度超乎想象。最初，陈向东从教研到运营、推广一肩挑，甚至亲自示范如何发海报：把整个手臂架起来，一叠传单从手臂到手全部摊开，这样发的速度会快很多。贴海报时，他叮嘱一定要检查，看到海报被撕就立刻再贴。招生简章上的每个字，都是陈向东亲自修改的，乘车路线他也会亲自走一遍，反复打磨怎么才能最快。教务设班每个班怎么设，设到周六上午还是周日下午，该做怎样的组合更是穷尽了他的想象力，仅凭巧妙的设班，武汉新东方就比同行多产生 40% 的收益。

与此同时，陈向东对客户反馈的关注细致到了极点。并不是借助课程调查表之类的，他直接深入到现场中去。比如到报名处去排队，一排两个小时，听报名的学生家长怎么想，报名的学生怎么说。学生下课或放学时，他就冲到男洗手间，去听学生怎么议论老师。午饭和晚饭时间，他则到附近大学的食堂门口，学生们通常会在那里的海报栏前聚集，评价各个机构，一旦听到学生提到某个机构有什么好老师，陈向东就赶快记下来，告诉人力资源找到这个老师。

“我在那么多年的工作中，从来没觉得我是打工的……我特别讨厌‘职业经理人’的说法。”陈向东说，“我特别喜欢‘事业经理人’。”

05 时不我待的新东方“2号”：《赢》的激励

武汉新东方学校一战成名！

2003年10月，陈向东被提拔为新东方教育科技集团副总裁兼人力资源总监，全面负责集团的人力资源、市场推广及公共关系工作。也是从这时候起，在当时的董事会上，陈向东被认定为集团的“二号人物”。后又升任集团高级副总裁，主管新东方90%以上的业务。2010年升任新东方执行总裁，全面负责新东方的日常运营和管理工作。

自2003年10月至2014年1月离开，陈向东迎来了他第二个“沉寂的10年”。放眼当时的知名企业，他大概称得上是最低调的“二号人物”。

上任伊始，陈向东便召集市场部开会，提出个人不接受访谈，尽量不参加活动，不出现在报道中。并不是刻意低调，而是他笃定内在的自我提升比外在的浮华更重要。曾经的小镇及县城里“沉寂的10年”，早已让他知道面对未来时自己到底想要什么。

也因此，陈向东在集团外部几乎没人知晓，但这也为他赢得了大量的时间和精力向内探求。他在新东方是从讲出国留学课程开始的，但其实那时候他自己还没出过国，站在讲台上常常因底气不足而忐忑。所以没多久，他就开始疯狂“补课”——利用一切休假时间争分夺秒去国外旅游，去观察和感知国外到底是什么样的。但每次和别人同行时，陈向东总是掉队，因为他随时随地都会“闭关”，无论去景区还是博物馆。在法国卢浮宫，当其他人忙于拍照时，他会停留在那幅著名的《蒙娜丽莎》前，摒弃周围的一切杂音，静静和自己的心灵做一场对话。

2005年，陈向东还做了一件当时少有人做的事情，就是申请去哈佛商学院总裁班读书。犹如当年一心想到北京，去哈佛读书是他内心新的渴望。那时美国签证很难拿，他就先去日本再去欧洲，做了两三年准备才成行。

学费高达50万元，算得上天文数字。俞敏洪告诉他签个合同，承诺能继续留任工作3年，公司就可以报销学费，陈向东婉拒：“俞老师，不用报销，这是我自己想学习的。”

等到上课时，陈向东发现，全班只有他一个人是自费生。效果也的确不一样。他简单计算了一下，一堂课80分钟，大约合3000元，所以每次上课都竖起耳朵听，打死都不逃课。

课程对学员所在企业的营收和个人工作年限都有严格要求。时年34岁的陈向东得益于17岁就开始工作，恰好满足15年以上工作经验，是班上年龄最小的学生，也是仅有的两名中国学生之一。他的同学大多都比他大10岁以上，其中好多人是世界500强企业的区域级CEO，和他们的交流常能给陈向东带来新的认知。

有些影响是难以诉诸语言或文字的。直到今天，陈向东还清楚地记得，有一次，一个同学送给他一张橄榄球比赛的门票，对战方分别是哈佛大学和布朗大学。到了现场，尽管气氛热烈，但陈向东一开始还保持着理性。他和自己左边的老先生打招呼，得知对方是哈佛大学肯尼迪政府学院的教授，吓了一跳；再和右边的老太太寒暄，发现她是哈佛医学院的教授，于是又吓了一跳，不敢再问了。

那场比赛哈佛大学连连得分，再度得分时，突然一只手搭在了陈向东的左肩上，又一只手搭在他的右肩上，陈向东被迫站起来，和左右两位老人一起蹦跳。当时全场已经完全进入疯狂状态了。

这次学习打开了陈向东新世界的大门。在他看来，从某种角度上说，哈佛商学院就是全世界顶级的培训公司，它通过一百多年的打磨，形成了自己的理念、流程、模式，只要能学到1%，便是足够大的收获。在这里，他学到的不仅是未来的商业管理究竟是什么样子的，还包括对自己生命的不断解读，对自己真正走向何方的思考。可以说，在这里，他找到了一种非常愉悦的状态，一种真正能够让自己兴奋、让自己觉得有意义、让自己疯狂生长的状态。

此后每年，陈向东都会利用休假时间去国外学习一到两次。

是学习，同时也是自我放空和闭关修炼。作为一位极具自驱力和目标感的人，作为一位在高峰期要掌管五六十所分校和十几个业务部门的年轻二把手，压力之大其实是超乎想象的。因此，学习成为陈向东重要的排解方法之一。另外一个方法则是看书。多年以来，他还是和小时候一样享受安静的阅读，只不过工作后更喜欢读经管类书籍。在新东方超过14年的时间里，他读了上千本书。

2005年，陈向东在机场的书店里看到了杰克·韦尔奇（Jack Welch）的著作《赢》。韦尔奇有“全球第一CEO”之称，曾在执掌通用电气公司的短短20年间，使公司的排名从世界第十提升到第一。他所推行的“六西格玛”标准、全球化和电子商务，几乎重新定义了现代企业。这样的商业传奇人物，是陈向东当时的偶像，以至于在刚拿到《赢》的那一刻，他伫立良久，迟迟不敢打开。

在归途中，陈向东虔诚地翻开书封，看到第一句话，他就被击中了。“Before you are a leader, success is all about growing yourself. When you become a leader, success is all about growing others.”（在你成为领导之前，成功的标准就是让你自己成长；在你成为领导之后，成功的标准就是让别人成长。）他一口气读完了这本书，逢人就推荐。

那时候，年轻的陈向东确实很想“赢”。

他基本每天都工作到凌晨两三点，早上6点多又准时起床，7点到公司，坚持了十几年。睡眠极少的他却做到了从没当着别人的面打哈欠，只是“三眼皮”常常会出卖他。

每次出差，他都坐早班飞机，因为通常早班飞机不会晚点。而且去机场的途中看着太阳升起，看着漫天朝霞，一路畅通，心情好极了。当时和他共事的新东方人力资源负责人张如国，对他最深的印象就是精力充沛，休息质量也特别高。

因为无比用力、用心、用情，陈向东给新东方带来了抹不去的烙印，他自己也在那14年中，收获良多。

在2000年加入新东方，先后任合肥新东方校长、哈尔滨新东方校长的屈建民看来，新东方的职业化是从陈向东开始的。

一个最小的例证是，以前校长们开会，通知9点开始，能一直拖拉到10点人还不齐，不时有人趿拉着拖鞋，手里端着咖啡，晃悠悠走进来。但等到陈向东“主内”，一切就不同了。凡迟到一分钟，罚款100元，封顶是2000元。这一制度对所有人都不例外，就连俞敏洪有一次已到会场外面，却因临时接电话迟到，也照罚不误。陈向东不怕得罪人，他开诚布公：“谁都不愿意被制度束缚，束缚人就把人得罪了，但当你把所有人都得罪了，也就没有人可得罪了，因为你就是这样的人。”

或许是牢牢记住了韦尔奇的那句话，作为管理者，陈向东知人善任，格外重视挖掘培养人，而且不拘一格，其提拔人的方式被戏称为“平地拔”。一度新东方40%的校长，大约十几个人，都是被陈向东这么“拔”出来的。他特别擅长识别自驱自燃、追求上进、具有极大潜质的人，不拘泥年龄，因而命中率极高，这批人后来都成长为新东方的奇才良将。与此同时，他也极力督促大家成长。屈建民还记得，包括自己在内的好几位校长，当年去武汉大学深造，都是被陈向东推动的。每次开会他都会不断敲打下属。

"现在一片树叶掉下来就能砸到两个硕士，一个小本科出去怎么给别人讲课呢？""回头再想，你的人生就是这样被他改变的。"屈建民说。

让2003年加盟武汉新东方学校，曾任南京新东方校长、新东方助理副总裁的罗沫鸣记忆犹新的，是当时陈向东的选人标准。"他那时候选人的标尺是要高学历、年轻，就这两个标准。"罗沫鸣回忆，当时陈向东选拔的邓弘、屈建民、谢琴、李杜，都是年轻有朝气，而且能力超强的人。2005年，陈向东还专门成立"企业发展办公室"，储备了一批年轻人才，然后分派到全国各地，做地方新东方校长的助理。

对于下属，陈向东兼具铁腕柔情。工作中，他相当强势，连布置预算这种在多数公司都会扯皮的问题，到他这里也不过是聊两分钟，干一杯酒就能推进的事。他布置的事情没人敢不做。而且，他真的身体力行，把"以身作则不是领导团队的最高方法，而是唯一方法"挂在嘴上。

但他又并不完全以自己的高标准去要求别人，而是极具包容力。陈向东还很讲究"扬善于公庭，规过于私室"。下属犯错，私下里他一定会批评，说话直接、不加掩饰。但在公开的场合，则会首先把责任揽到自己身上。这种担当让不少人挂怀多年，也是多年后陈向东创办高途时，能陆续引来一众老下属追随的重要原因，有些人甚至连薪水待遇都不谈。

在工作之外，陈向东对人也是真好。不同于那些高高在上的管理者，他朴实近人，而且几乎从未展现出烦躁郁闷的样子。在武汉时，陈向东带团队去武汉大学看樱花，去看魔术表演，去蹦迪，虽然蹦得像老年迪斯科，但照样开心。等到了总部后管理各地学校，他还经常带校长们去爬山、唱歌，关注每个人的精神气儿。有时候，一帮校长会在景区集体放声高歌，引来路人纷纷侧目，但大家自得其乐。开会的时候，大家段子横飞，掌声笑声不断。尤其编排陈向东的段子，更是大家的一种娱乐方式，当然，也是陈向东和大家拉近距离的方式。

那时，陈向东的蹩脚普通话，是段子的重要主题之一。比如，有一次陈向东去一个大学做讲座，学生们听得很认真，还纷纷做笔记。演讲结束，有位学生站起来表示有一点儿没听清，其他人连忙解释："陈老师是河南人，可能口音重一点儿。"那个学生不解地说："我也是河南人啊。"

还有一次，陈向东以猴子和人的对比示例，说二者的基因仅有 0.3% 不同，结论是一定要努力。因为讲得妙趣横生，其他校长纷纷模仿后再创造，最后创编出四五个版本。每次开会前只要陈向东还没来，大家就会模仿他的腔调，把每个版本都依次说上一遍。陈向东一进门，全体哄堂大笑，只留下他一头雾水。

那真是一段快意的青春年华。在很长一段时间里，俞敏洪对外，陈向东对内，二人配合默契，新东方一路扩张。

在这个过程中，陈向东自己也收获了巨大的成就感。他最初来新东方，是为了赚钱出国留学。但在新东方的一路成长慢慢打开了他的视野，让他专注于此，享受于此，并通过一次又一次的海外学习，变相地圆了出国留学的梦。

也是在这里，陈向东突破了多年的心理障碍，敢于开口唱歌了。在师范求学时那次"21123"后，很长时间里，谁让他唱歌，他就跟谁急。但唱歌是新东方的文化之一。新东方人人都唱歌，而且很多人唱得还很难听。俞敏洪更是如此，早期他唱起歌来，声音细而高，还经常跑调，但照唱不误。他告诉陈向东："不唱说明你没有面对自己脆弱的勇气。"

陈向东琢磨再琢磨，觉得俞老师说得有道理。一个人放不下自己的短板，放不下自己的卑微，什么时候才能够强大？于是他开始打开自己。在一次内部晚会上，他勇敢地唱了一首《妈妈》，但唱到一半跑调了，怎么也绕不回来，所以又从头开始唱。学生们很开心，纷纷鼓掌。其中一名学生还打趣他："陈老师，您刚才唱那两首歌都很好听，歌名是什么？"

这之后，备受打击的陈向东决定要彻底练会一首歌。他选的是《大海》，每天一上车就让司机放。过了半年，司机会唱了，陈向东还是没学会。但有一次聚会他硬着头皮唱完，全场却一片欢呼尖叫，有位女老师冲过来激动地拥抱他：“陈老师，我人生受到了鼓舞！”因为听了陈老师唱得那么难听都敢唱，她终于也有了唱歌的勇气。

“人生当中，不就是通过牺牲自己成就他人吗？瞬间我突然发现自己太有价值了，所以后来我唱歌就不再扭扭捏捏了。”提起此事陈向东忍不住笑，“并且我唱歌的时候不用看歌词，因为我只会那一首歌，所以优势就是劣势，劣势就是优势。”

这就是陈向东，被新东方同事们称为“破瓦落地”“男走音歌唱家”的人。

在新东方后期，不断有人鼓动陈向东出去创业，说愿意给他提供资金，但陈向东连想都不想。他认为，做教育这件事，新东方是最好的，没必要也不可能再做一个机构来超过新东方，不如踏踏实实，孜孜以求。

但想法总会随着环境的变化悄然改变。

从 2005 年起，陈向东就在哈佛商学院的学习中，认识到了 IT 的重要性。他上大专时学过电子技术和信号系统，对新技术一向敏感。回来后，陈向东不断地宣称应该把新东方建成一家“科技教育公司”。其实，新东方集团在注册时是有“科技”二字的，全称是“新东方教育科技集团”，但俞敏洪在真正布局新东方在线教育时，很长时间里一直将其作为从属业务。2011 年，陈向东曾主导新东方做整体的线上改造。但对源于线下且已取得巨大成就的新东方来说，这意味着推倒重来，显然是不可能的。

到 2012 年，科技和教育之间会有一种结合的想法在陈向东心中已酝酿发酵多年。那时智能手机刚刚兴起，一次会议上，北京新东方学校的一个部门负责人，带了一款三星新推出的手机，其面板尺寸达 5.5 吋，极为引人注目。陈向东看到的第一眼，瞬间想到的就是，技术革命要发生了。

当年 12 月，陈向东再次前往哈佛商学院，参加真诚领导力课程，导师比尔·乔治（Bill George）当时已经70多岁了。比尔曾是美国医药公司美敦力的CEO，在花费10年时间将公司市值从11亿美元做到600亿美元后，于57岁时辞职。他在课堂上提问："当你有了5000万美元后，你还会做现在的工作吗？"全班86人，大多数都举了手。陈向东犹豫着没举。他已经隐隐觉得自己可能会选择做一件不同的事情。

下课后，陈向东迫切地问比尔："你辞职10多年了，后悔吗？"

"还是会有些后悔。"教授说，"我后悔的是离开得太晚了。一个职业经理人如果65岁离开，别人认为你已经彻底老了。但如果45岁离开，别人会认为你还有无限多的可能。"

这一年，陈向东41岁。那天晚上，他沿着哈佛大学的查尔斯河畔走了几个小时。往事一幕幕浮现在他的脑海里，仔细回顾曾经的经历，他发现自己是个冒险主义者，骨子里烙刻着从0到1的印记，只待一个触发点而已。领导力模型测试也显示，他的模型特点是创新的、果敢的、能够快速推动一个事物的。这与俞敏洪对他的评价"陈向东是一个非常有开拓精神的人，也是一个很有勇气的人"正相印证。

即便如此，在思考辞职创业的时候，陈向东内心还是充满了紧张、恐惧和担忧。他不知道自己是否真正敢于放弃所拥有的一切，走出舒适区，去挑战未知。最终，给予他勇气的是多年来从他人那里获取的被托付、被欣赏和被信任。一种想要服务他人的强大力量，使他下定了决心。

自2012年12月决定，至正式离职，陈向东给自己留出了整整一年的交接期。他明白身为一位集团执行总裁的责任。在这期间，他依然用心工作，甚至刻意不让自己去想以后具体要做什么，因为分心对他而言是对工作岗位的亵渎和对自己心灵的侮辱，这不符合他的做人准则。但同时他也笃定，凭借此前多年的历练和强大的自信、自驱，无论未来创业选择何种方向，自己想做的事情一定能做成，只是做大和做小的区别而已。

除了俞敏洪，他也做到了没向任何人透露自己的决定。

只是在 2013 年年底，去哈尔滨新东方学校检查工作时，正逢周末。他罕见地主动让屈建民带他去周边的一个大峡谷转转。面对壮观的景色，他自言自语地感叹：“自然界太伟大了，人能做的事情和人的时间很有限。”

2014 年 1 月，陈向东宣布离职。俞敏洪在全员信中写下：“一只长好了翅膀的鹰，飞向他应该有的更加广阔的天空。”

此时回顾过往的 14 年：1999 年底，陈向东入职新东方时，公司只有不到 200 人，到他离开时，人员规模已达 3 万多人。他对新东方的感情无比深厚，并将遇到了俞敏洪归为自己的又一个运气。在那个伟大的时代里，在那艘巨舰上，在那个优秀的教育群体中，他度过了自己 28 岁到 42 岁的时光，每天如饥似渴，斗志昂扬，每一天都收获横向开拓和纵向成长。更重要的是，在这里，他如学生时代和师范毕业后的头 10 年一样，继续在一个又一个小胜仗中夯实自信，收获信任。这一切，都为他的未来铸下了坚实的基础。

2019 年 6 月高途上市，很多人都来恭喜陈向东。他则说：“如果从 2003 年开始算起，那我的创业历程已经 16 年了。所以，我认为高途 5 年就上市跟我在新东方获得那么多的滋养密不可分。”

因为对新东方的感情太深，宣布离开两个月后，陈向东抛售了自己所有的新东方股票，以彻底切断和新东方的连接，让自己走出来——在新东方的很多年里，他都坚持只拿基本工资，把奖金都换成了股票，这种长期眼光显然让他在经济上获得了巨大的收益——他不考虑收益的损失，只为了防止黑天鹅出现时能够接得住。因为，他特别喜欢巴菲特说过的一句话：当机会到来的时候，需要拿着盆去接，而不是茶勺。

盆，他已经准备好了。

第二章

非典型创业：至暗总在高光后

所有命运馈赠的礼物，
早已暗中标好了价格。
——斯蒂芬·茨威格

我们唯一能做的就是面对黑暗，
只要待的时间足够长，
先让自己的眼睛适应黑暗，
然后慢慢等待黎明，
天总会亮的。
——陈向东

01／捕捉风口，为梦想而创

在收到素昧平生的苏伟的微博留言之前，身在美国休假的陈向东，尽管早已确定了要将科技与教育连接的方向，但坦白说，他的想法还不是那么清晰。

不过，互联网教育的大潮已经初露峥嵘了。

早在2012年，YY直播便已大火，这是一个源自YY语音（一款游戏沟通的即时通信软件），并逐步演变为UGC的视频直播内容平台。当年11月，YY直播总公司欢聚时代在美国纳斯达克上市，轰动一时。2013年，YY直播平台营收由两年前的约5000万元猛增至8.5亿元。也是在这一年，他们从新东方挖走不少头部老师，启动教育直播。

做教育的核心要素就是好老师，YY直播有了。同时作为互联网平台，它具有线下无法比拟的便利性，且可以靠免费达成规模化。时任深圳新东方校长的周斌，至今还记得自己当时受到的冲击之大。

而屈建民的观察，则看似和教育无关却又有关。2014年，屈建民还在哈尔滨新东方学校当校长，一位哈尔滨远大购物商城的前高管去应聘，作为面试官，屈建民从他的口中得知，在当地赫赫有名的远大购物商城，年营业额已腰斩。他得出结论：“世界正在被互联网改变。”

与他们相比，当年30岁的苏伟则对新浪潮感受得更早一些，而且，他已勇敢地付诸行动。

虽然年轻，苏伟却算教育行业的“老人”。早在北京理工大学攻读研究生期间，他便在巨人教育兼职做奥数老师，毕业后去了学而思，继续教奥数。这个年轻人怀有一颗滚烫的创业心，只工作了一年，他便辞职创办了自己的教育培训机构。

苏伟性格内向，不太擅长表达，但他喜欢观察和思考，对新事物拥有敏锐的感知。他的小公司做的是传统的线下教育，但他同时也一直在关注家教网站。经过长期跟踪，他发现，不少家教网站每天都能接到很多订单，这证明家长有在网站上找老师的需求。但这些网站的模式普遍简单。“如果我来做，肯定比他们做得更好。”他想。

说干就干。2013年下半年，苏伟把创业3年积攒的收入投进去，招聘了一个5人小团队，开始按照自己的思路打造一个对接学生和老师的线上平台，他将之命名为“名师网”。到2014年年初，经过几个月的忙活，名师网已初具雏形。

彼时，陈向东正在美国享受他十几年来最长的一次假期。以前，他习惯每天晚上处理邮件，到一两点才睡觉，现在终于没了邮件，晚上11点就能睡了。但如此一个月后，他发现自己似乎突然间“死亡”了，而他一直以来是如此渴望走遍全世界。

半夜，睡不着的陈向东爬起来冲到小镇的咖啡馆，他的大脑习惯性地高速运转。正在那段时间，微信红包火了。春节期间，800万人领取的微信红包总额度高达4000万元。几乎与此同时，打车软件也在国内兴起，并迅速改变了人们的出行方式。这让陈向东感受到移动互联网的威力。他想，颠覆性创新往往是从行业外部来推动的，通过科技，将教育连通到线上一定是正确的方向。在此期间，他还注意到美国一家名为TakeLessons的公司。这家公司做的正是线上教育，当时发展不错，还收购了一家视频公司，这让陈向东更加坚定了自己的判断。

恰在此时，苏伟冒出来了。

于苏伟而言，陈向东是名师网最佳的投资人人选——陈向东从新东方离职是教育行业内的重磅消息，苏伟在第一时间便关注到了。他知道离开新东方那么好的平台，陈向东一定是想自己做点儿什么。而他的名师网非常需要一个懂教育的人来投资。

苏伟没有陈向东的联系方式，他试着找到其微博，通过私信留言大致说了项目的情况，询问是否可以将商业计划书发过去。其实，苏伟当时并没有抱多大希望，以至于发完消息后自己都忘了。但两周后当他再次打开微博时，看到了消息提醒，陈向东把自己的微信和邮箱都留给了他。

2014 年 3 月 30 日，陈向东落地北京。4 月 6 日，苏伟如约来到位于北京紫竹桥的香格里拉饭店的咖啡厅，展示了当时名师网做的网页。

并没有发生传奇中一拍即合的故事，但苏伟的想法唤醒了陈向东储存的记忆：瑞峰资本创始人李丰，早年间曾在新东方任职，在 2006 年或者更早，他就在总裁办公会上，提议做 O2O 模式。这一建议在当时没有引起重视，但新东方原高级副总裁沙云龙对此很是着迷。2013 年，沙云龙在长江商学院读书时，选取的毕业论文主题就是 O2O 模式，陈向东曾就此和他做过很深入的交流。

诸此种种，让陈向东觉得，这个事情非常靠谱。

第一次和苏伟见面，他虽然没明确表态，但在心里已经准备促成此事——这也是他的惯常风格，决定前不动声色，一旦决定则动作迅速。但那时他自己并没想深度参与，而只是打算攒个局。

这之后，陈向东开始频繁约苏伟见面沟通，连续见了不下 20 次。最频繁的时候，两人一天内早中晚各见了一次。陈向东找来自己各种各样的人脉资源，介绍给这位在教育领域尚显稚嫩的年轻人。他认为，名师网不应只局限在 PC 端，而应向移动端倾斜，另外，苏伟虽然懂教育，可要做线上业务，还需要一位有强悍技术能力的合伙人。

他们连续见了三四拨人，可惜都没谈成。有人觉得这个市场太小，有人觉得苏伟资历太浅，不愿意和他搭伙。

直到 4 月 30 日，苏伟和陈向东一起，在海淀的五彩城见到了应约而来的张怀亭。张怀亭于 2005 年加入百度，在此后的 9 年间专注于流量变现的研究。他是百度第一大商业产品——“凤巢”系统创始团队的成员，2012 年曾和团队一起获得过“百度最高奖”。2014 年 3 月 30 日，他从百度离职。那一天，也恰是陈向东落地北京，准备创业的日子。

这样的技术人才，对太多创业企业来说都是香饽饽，在短短的一个月里，对张怀亭围追堵截的人来了一拨又一拨。此时，他已经拿到了美丽说的 offer，连办公电脑都领了，预定“五一”假期一过就正式入职。但这次见面，陈向东还是让张怀亭“有一点儿动心”。他成功说服了陷入纠结的张怀亭，把入职时间往后推一两周，再详细了解一下这个项目。

利用这个短暂的空档，张怀亭迅速找人进行了调研，他们发现，国外有不少同类型的网站，其中有的做得还不错，估值也较高。这让张怀亭心里有了一点儿底。然后，苏伟带他去了北京公主坟附近的天行健大厦。这座 20 多层的大楼里教育机构众多，苏伟想让他亲眼看看教育市场大概是怎样的状态。

两人先坐电梯来到顶层，再一层一层往下走。目之所及，只能用火爆来形容：每家教育机构门内门外都熙熙攘攘，所有的等候区位置都是满的。张怀亭震惊了。此前他对这个行业没有任何认知，这次亲眼所见颠覆了他的想象——多年后，苏伟对我们透露，自己其实前一天已经“踩过点儿了”，心里有数。

5 月 5 日，3 人进行了第二次深聊。这一次，张怀亭明确表态，他希望陈向东深入参与：“要做咱们就一起做，你要是不做，我就算了。”

事已至此，陈向东只好亲自下场。不过即便如此，他事后承认，当时自己的主导思想仍是“攒个局”，想着自己来当董事长，主要提供资金和人脉，慢慢再找个CEO。因为他已经在新东方做了十几年操盘手，不想再重复一遍，而希望能站得更高，也更洒脱。当然，后来他才发现这个想法完全错了，故事的发展方向完全偏离了自己的预想。

“现在想来，那时我也很稚嫩，不成熟。”他说。

不管怎样，大幕拉开了。

2014年5月16日，在名师网的办公地——北京五道口唐宁ONE小区的地下室，公司开始筹建。在公司注册和找新的办公场地的同时，陈向东和张怀亭密集地出去见人。一个月后，也就是6月16日，已扩充到30多人的团队搬到了中关村软件园一期孵化器2号楼A座2308室，一个大约800多平方米的空间。当晚，在北京一家名为九十九顶毡房的餐厅，团队宣布公司正式成立，并郑重地确定了公司的使命、愿景、价值观。

7月底，6位核心创始团队成员基本到位。苏伟负责师资，张怀亭负责产品与运营，宋欲晓负责财务、法务、行政后勤等一大摊，罗斌在前期先负责技术，并成功搭起了一个小团队，几个月后交给了后续加入的李钢江，自己去抓个人更感兴趣的市场，陈向东则负责整体布局和把握方向。

宋欲晓在新东方上市前曾任财务管理负责人，此前已离职，专心照顾家庭。在接到陈向东的邀请时，他哭着喊着“下定决心不跟你干了，因为我非常了解你，除了拼命还是拼命”，但他最终还是来了。罗斌是张怀亭的同事，同为百度“凤巢”系统奠基成员，他本是给张怀亭参谋参谋的，自己并无离职打算，但和陈向东认识后，对陈的朴实平和印象深刻，觉得“人”靠谱，所以在还只知道“事”的大概时，就决定加入了。

李钢江离职过程较为困难。他同样是张怀亭的同事，此前还先后在微软、英特尔、谷歌等赫赫有名的大型科技企业任职过。2014年年初，李钢江刚被任命为百度大数据部门总监，管理着四五百人的技术团队，正踌躇满志，所以在接到邀请后多次拒绝。但陈向东和张怀亭最终用真诚打动了他，也唤醒了他自大学毕业后便不曾熄灭的创业梦想。

这个团队后来被形容为拥有豪华的“明星阵容”：平均年龄37.7岁，且无论在背景还是性格上都具有很强的互补性。这让陈向东感到兴奋。他一向注重队伍的多元化，希望拥有不同成长认知和思维体系的伙伴经由共振后，能形成一种化学反应，给公司带来独特的DNA。

这一年，陈向东43岁。和那些20多岁创业的年轻人不同，他已经有了成熟的人生观、价值观，对自己有着清醒的认知。他也完全无须背负财务方面的压力，并不为了赚钱而创业，只是，他急切地想去拥抱一个新的时代，以及尝试一种技术改变教育的可能。

那一年，整个神州大地都涌动着一股巨大的创业创新力量。2014年9月，李克强总理在夏季达沃斯论坛上提出“大众创业、万众创新”。他指出，要在960万平方公里土地上掀起“大众创业”“草根创业”的新浪潮，形成“万众创新”“人人创新”的新势态。

2015年3月，“大众创业，万众创新”更被写入《政府工作报告》。千千万万人的创业梦想因之喷薄而出。自此，这股发端于2013年年底、2014年年初的最新创业风潮席卷全国，继“84派”“92派”“99派”之后，带有移动互联网成熟应用标签的“15派”隆重登场。作为新一代的创业者，他们普遍学历更高，更为新潮新锐，他们推崇“技术改变生活”，他们的创业目的也不再是改善自身生活水平，他们是真正“为梦想而创”的一代。这其中既包括年轻的创客、创二代，也包括想带领传统企业转型的企业家，以及学术界人士。高级经理人也是其中的重要构成，陈向东即为典型的大龄精英创业者。

这也决定了陈向东的创业独具特色。事后回顾会发现，他将谦卑好学与狂妄自大这对完全相反的特质毫不违和地兼容到了一起。

创业伊始，陈向东便决意放下“偶像包袱”。他公开表示，自己过去的成功经验只属于过去的时代，如今要一切清零，从头开始。

他没有自己独立的办公室，而且还坐到了墙角那个最狭窄的工位上。以至于不管以前认识不认识他的人，第一次来办公区见他时都大为吃惊。但他调侃：“当你拥有一个办公室的时候，你的世界就是那个办公室；而当你拥有一个工位的时候，你的世界就是整个公司。”着装习惯上，他也迅速向互联网风看齐，摒弃穿了十几年的西装和皮鞋，代之以文化衫和凉鞋。来自互联网公司的伙伴相互之间都直呼其名，却唯独喊他“陈老师”，于是他迅速给自己起了一个英文名字“Larry”，以拉近和大家的距离。

他坚信真正的领导是要让别人能从心里走近你、亲近你、接纳你、信任你，所以在很多细节方面，自己都率先垂范。有一次开会，陈向东看到一个核心创始团队成员进会议室比较晚，有人自觉地站起来让座，其他人并未觉得不妥，之后陈向东便特意晚去了一次，并在有人想起身让座时按住了他，自己搬了一个小马扎坐在最后边。这就是陈向东所认为的平等。

他依然如在新东方时期一样，每天早晨六七点钟就来到公司，对团队其他成员发给他的每篇文章都认真阅读，生怕自己跟不上伙伴们的节奏。平时，他则经常俯身与产品经理们围成一圈，大到产品策略，小到产品交互，无所不聊。

对待应聘者，陈向东也愈发谦恭。每次面试完，无论应聘者是否适合，他都坚持把人送出办公区，一直送到对方上车的地方。他觉得，哪怕此人不合适，也许他能推荐其他合适的人来。

对外，创业后的陈向东更是勇于放下自己。他加入了很多教育微信群，每当进入一个新群，做的第一件事就是介绍自己，推广高途。有人戏谑地说：“哎呀，陈老师，你这样做太掉价啦！”陈向东马上回复：“我现在创业啦，我就是个‘90后’。”

但对于投资人，陈向东可谓“狂妄”到了极点。

带着新东方“二号人物”的光环创业，他其实抱着极高的期待与野心。创业伊始，陈向东便对内宣布：任何人不准主动找投资人，除非对方上门，而且来人必须是合伙人级别。第二次必须全体决策层来见，否则不谈。

即便这样，融资也极为顺利。陈向东第一次去中关村找办公室，就偶遇启赋资本合伙人顾凯。顾凯问他估值，他张口就是6000万美元。这样的强硬态度甚至让顾凯以为他是为拒绝自己随口喊的价。

但彼时O2O大行其道，新兴理念、新潮项目层出不穷，资本也为之疯狂。

比如创办于2013年的青年菜君项目。这是一家试图将“半成品净菜”和“电商”打通的公司，由3位大学同学任牧、陈文、黄炽威创办，在熬过四处借钱，举步维艰的初创期后，2014年5月起，青年菜君迅速成长为明星项目。一年内，先后获梅花天使、真格基金、策源创投、平安创投等的3轮投资，还被《人民日报》和中央电视台《新闻联播》多次报道。一时间在生鲜领域风光无两。那时候，类似于青年菜君这样的O2O项目，人们随便就能列举上百家。

高途也正是“风口上的猪”，更何况高途在短时间内就聚集了一堆“牛人”，是当之无愧的明星创始团队。

所以，没有尽调，没有对赌，连合作协议都是顾凯手写的，尚未注册，高途就拿到了200万美元的天使轮融资。

02 豪赌 O2O，寻找万千名师

相较于苏伟此前的设想，高途的摊子铺得可大太多了。

公司被定位为找好老师的学习服务平台，连接学习的两端：帮学生找老师，帮老师找学生。而老师可以是一切有知识、技能、才华的人。换言之，高途希望做到，不管学生想学什么，都能找到教的人。因此，雄心勃勃的高途喊出“万千名师，一搜即得”的口号，自定义为“教育界的淘宝”。陈向东反复说：“就像人们想买东西就想到淘宝，想到搜索就想到百度，想到沟通就想到微信一样，未来人们想到学习就一定会想到跟谁学。”

2014 年 9 月 22 日，跟谁学网站测试版上线。团队充分发挥在教育行业内的人脉资源优势，迅速将一批个体老师带上了平台，再通过转介绍层层扩充。当年年底，便聚拢来数千名老师入驻。其中包括年仅 10 岁的英语老师胡一衍——他曾获央视希望之星北京市金奖，以及 84 岁的声乐老师张祖武。科目涵盖全品类，不仅有传统的 K12，还有瑜伽、茶道、武术、绘画、陶艺，甚至如修下水道、做 Excel 表格等。平台促成的第一单，是任谁都没想到的皮雕课。接单老师兴奋异常，因为他已经多年没接触到对皮雕感兴趣的学生了。

做传统教育出身的陈向东，这次打定主意要做一家科技公司。公司的注册名称是“北京百家互联科技有限公司”，甚至连“教育”二字都没出现。核心团队中，有技术背景的人占了半壁江山；发展到两年后，公司里80% 都是互联网人。

后来陆续加入的老教育人，无不在刚入职时受到强烈的震撼。因为一切都和以前不同，这让他们略感困惑，但更多的是惊喜和兴奋。

比如周斌。周斌是 2015 年 4 月加入公司的。他于 2014 年下半年离开新东方，此后曾短暂地在好学网工作过一段时间。好学网是新东方期待借由外部力量推动自我改革的产物，其使命在于建立一个线上平台，将老师和学生直接对接起来。以往在新东方，如果学生对老师不满意，要先反馈给教务处，后者往往会先对学生进行安抚，而不是直接给他换课。这让学生的体验不够好。而借助好学网，学生可以在线上选择自己喜欢的课，反过来，老师也可以根据学生的诉求去设计新的课程，双方更能相得益彰。

新东方对好学网寄予厚望，俞敏洪亲自启动，且把具体运营放到了体外，新东方的另一干将邓弘为此离职，牵头创办好学网——正如《创新者的窘境》一书作者克莱顿·克里斯坦森（Clayton M. Christensen）所说，创新常常发生在企业外部。但事实证明，即便如此依然困难重重。2015 年 4 月，决心要走互联网之路的周斌转场高途。

入职后，周斌惊讶地发现，这里不像自己以往熟悉的那般周边都是老师，取而代之的是产研人员。这些人的思维模式、语言体系、行为习惯，都是那么不同，比如他们的产品视角、客户视角，以及他们对科技的系统化应用。一千人、一万人同时上课，而且还能有各种互动，让千万人体会到不亚于现场的美妙感觉，他感到，自己的认知边界骤然打开。

比周斌略早一点儿加入的蔡卫星亦有同感。蔡卫星也是校长出身，在正式入职前，蔡卫星就来北京旁听过高途骨干团队的会议，对大家口中SKU（Stock Keeping Unit，最小存货单位）、CPS（Commodity Promotion Solution，商品推广解决方案）这样的词汇闻所未闻。他在心里默默感慨：

“一个非常不一样的时代到来了！”而看到伙伴们脸上洋溢的兴奋感、工作中的投入感，看到陈向东的工位，他更加心潮澎湃，因为“一种新的公司文化也到来了”。

彼时，移动互联网催生的创业浪潮正在顶峰。早在找办公区时，几位核心创始团队成员甚至讨论过，到底要将办公场地放在中关村还是后厂村路。前者离教育公司如新东方更近，后者则毗邻如百度这样的互联网公司。最后大家一致选择了后者。因为初创公司必然要四处猎人。这里无疑是近水楼台，可先得月。

事实证明的确如此。每到晚上，高途的各层管理者们就把周围公司的人拉过来聊天，尤其是原本就已经有离职想法或正处于离职交接期的人。他们中的有些人甚至尚未正式入职，便已经开始为高途写代码。还有些人只是某个员工的朋友，此时也被拉来帮忙救急。

公司早期以大力发展技术团队为主，张怀亭和李钢江是找人的主力。张怀亭最多时一天见十几个人，“北京城大对角地跑，嘴巴说干了，喉咙讲哑了，眼睛都睁不开了，还在条件反射地介绍公司，讲述愿景……”有的人是他半夜 12 点冲到人家公司的会议室谈下的；有的人是他给“忽悠”到马路边的私家车里搞定的；还有的人是即将入职其他公司，被他半路拦截的。李钢江作为 CTO 入职后，更是将一半以上的时间和精力都花在了技术人员的招聘上。“基本上是使出了吃奶的力，求贤若渴。”

创业两年，高途已经组建起一支接近 300 人的产品技术团队，而且这支团队基本达到了一线互联网公司的水平。对一个创业公司来说，已是超配了。而且，全公司上下都知道，技术高管有很大的招人和用钱权限，就连技术团队的办公区，都是公司内视野最好的楼层。管中窥豹，可见当时公司对技术的重视。

也正因为拥有这样超配的技术实力，高途在产品原型设计和底层数据架构的搭建上，做到了大型互联网公司的深度，在产品迭代上，更是一路“快快快”。

按照原定计划，跟谁学测试版本打算在 2014 年 10 月中旬推出。但 9 月 21 日的用户体验会，反响之热烈超出预期。激动的陈向东临时拍板，要求第二天就正式上线 PC 测试版。当天晚上，大家在 2308 室围出一片区域，陈向东和张怀亭站到中心位置，开始宣讲上线的必要性——那时陈向东经常站在桌椅板凳上宣讲。产品负责人卢佳和设计人员条件反射地看了一眼，发现服务器恰好宕机。直到次日晚上 9 点，技术团队才搞定最后一个 bug。

跟谁学 PC 测试版如期上线。

产品经理钱杨亲历了整个早期技术迭代的过程。“快”也是他记忆中的关键词。

钱杨是个“80 后”，表面看上去沉稳、保守，实则内心充满好奇，总想尝试新事物。他在杭州新东方学校工作过，后参与了组建宁波新东方学校，还做过新东方高级副总裁秘书。但早在 2012 年他便对线下教育失去了新奇感，因而跨行去了一家金融公司。

得知高途创办，钱杨很是兴奋，很快便加入进来，做的也不是老本行，而是产品经理。

曾经 6 年浸淫教育行业，他对流程和各环节都了如指掌。这给他的新工作带来了相当大的裨益。做高途最早的一对一约课系统时，他只花了两天就完成了流程的原型图，这在其他公司通常需要一到两周的时间。而强悍的技术团队在一周后就将其推到了线上，远远快于钱杨预计的一个月——那时，只要产品经理能把想法说明白，技术团队就能快速实现。

如此高速推进的结果是，自 2014 年 7 月到 2015 年 5 月，高途在不到 10 个月的时间内，上线了 PC 网站、移动网站、老师版 App、学生版 App、机构版 App 等近 20 个产品，一位资深互联网人评价他们：“用 300 天的时间完成了别人 1000 天的工作。”

陈向东不懂技术，但他给自己封了一个头衔——首席产品体验官。他在跟谁学网站上公开了自己的私人邮箱，欢迎所有人“拍砖”。产研团队开会讨论时，他也去听，但不随便插话。有一次大家争执得极其热烈，恨不能吵起来，他在旁边听了半天，就在大家以为他要做结论性发言时，他却默默走出了房间，还不忘把门关上。为了不影响用户的体验，各种产品的上线时间通常都是在凌晨，产研团队晚上加班时，陈向东会给大家买来夜宵，汉堡、比萨等摆满了桌子，他自己不吃，但会开心地看着大家吃。

当然，陈向东的首席产品体验官也并非虚名。他经常点开网站体验查看，一旦发现问题便迅速提出来。2015年国庆节，产研团队征集内部对实际产品的反馈意见，一共收到了100多篇体验报告。其中，一名伙伴把此事交代给了其女朋友，他的女朋友在报告中把他们数落得一无是处。结果陈向东跑过来找他：“哎呀，写得很好啊！我看了3遍，大家都一定要读一读啊！”

作为一名“成功人士”，陈向东从来不惧怕表现出自己的无知和好奇。凡是他没见过的，他一定会不耻下问，而且会刨根究底地追问，甚至小到这个地方要用什么颜色，那个按钮是大了还是小了，该在左边还是右边，都会涉及。

在技术上发力的同时，高途在找老师上也倾尽全力。不过，在踢开头三脚后，苏伟很快便遇到了瓶颈。跟谁学网定位于找名师，但要把握好衡量尺度并不容易。真正的名师通常不缺学生，平台对他们的吸引力未必很大，于是有的师资拓展人员开始造假。团队发现后，立即便将造假人员开除，并进一步严格了审核要求，但这又导致师资拓展的难度进一步加大。

2014年国庆节后，高途急迫地决定将主攻方向从找个体老师转为找教培机构。因为只有入驻老师的体量足够庞大，团队才能将自己的故事讲述得更为宏大和丰满。而机构中老师众多，只要达成合作便可“一网打尽”。同时，相较于个体老师，机构也拥有更多资源，双方可以探索更多合作的可能。

苏伟起初特别担心。他自己做过教培机构，深知机构负责人的心理。

老师一旦上了平台，就很容易脱离机构单独作业，机构负责人不可能不担忧。

但实际效果超越苏伟的预期。

除却那些知名的大型机构，多数线下教培机构招生其实很难，规模越小则越甚。当时跟谁学平台已经有了一定的知名度，且在移动互联网的大浪冲击下，线下机构对线上也怀有好奇和期待，愿意做些尝试。周斌在入职后就专门负责过这项工作。他知道，任何一个教培机构都逃不过空间和时间这两大痛点。再好的教培机构能触达的范围也不过周边几公里，上课时间还做不到随心所欲。而入驻跟谁学平台，显然可以帮助机构在时空上达成突破。更何况，机构入驻不但不需要花费任何费用，还能免费享受平台给予的系统支持；不但可以在平台上获得展示机会，还能享受包括诸如提供教学资料等方面的附加服务。

当然，这次转向在后来被陈向东界定为“早期的错误之一”。原本，他要求只找个体老师，而且只找优秀老师，同时要强化运营，但后来没扛住周围人的劝说，他接受了互联网的逻辑：大规模找老师，并通过数据打标签，再把优秀的老师慢慢筛出来。这实际上已经脱离了教育必须要“重品质、重服务”的内核。

当时的错误何止这一个。超配的技术团队犹如停不下来的马达，早早就开发出各种各样的功能，就连邮件系统也不肯用第三方的，非要自己另行开发，客服系统也是，越做越复杂。自行开发周期长、成本高，而且容易沦为“豆腐渣工程”，很多功能不但在当时没用上，日后也没用上。但大家全然不顾，反正有人、有钱、有劲儿，只管往前冲。

在最小单元点尚未跑通之际就铺开摊子，成为陈向东日后反思中最痛心的一点。

在北京站稳脚跟后，2014 年下半年，高途先后进入合肥、武汉、成都等城市。次年春天起，更是进一步加大了拓展的步伐。各城市分公司的负责人，有些是早在之前便因各种原因离开了新东方，听说陈向东创业后，也跑来参与的；有些则是慕名而来，主动请缨；也有从北京总部派驻的。那时，只要自己愿意，就可以找核心创始团队成员沟通，得到允许后便可开拔。总体原则是，谁对哪个城市熟悉，谁就到哪个城市去。各自发挥自己的过往资源，负责一方业务。

包括屈建民、刘彤、全娟等诸多日后高途的中坚力量，大约都是在这个时期，陆续加入的。

早在2003年就追随陈向东的屈建民，加入过程可谓干脆利落。待遇没谈，干啥也没谈，他就直接辞职跑过来了，这让陈向东多年后仍然觉得欠了屈建民一笔“感情债”。不过，屈建民对筹建城市分公司经验丰富，是负责给分公司提供基础性支持的最佳人选。他一入职便跑到福州、宁波、兰州、哈尔滨这4个城市，同时进行分公司选址、装修、前期团队招聘和培训等一系列事宜，把这些事情都办好后，再交接给各个分公司的负责人。

刘彤选了宁波。他和其他老教育人都略有不同，毕业后曾在北京市属机关单位工作过6年。因综合能力强，在机关里两级连跳，当年是单位里第一个“80后”处级干部。他也是高途团队中少有的语速偏慢的人，心态平和，比较稳重，但同时又很愿意接受新挑战。也是因为这个，他才转向他认为是“朝阳产业”的教培行业。

2015年5月，刘彤先在北京集训3天，内容包括在线教育行业状况，O2O模式分公司该怎么建设等。集训结束后，他和其他几个候选的分公司负责人一起，被派到几个老分公司去学习。

万事开头难。不少分公司都历经过坎坷，全娟对此印象最深。

全娟是河南人，皮肤白净，自称“内心住着一个少女”，但实际上，她却是个雷厉风行、快人快语的“女汉子”。

和苏伟一样，她也是上大学就开始在郑州一家教培机构兼职做老师，此后加入郑州新东方学校，一直做到校长助理。不过，那时她尽管和陈向东有过交集，但二人并不熟悉。到2015年，已经在线下做了多年的全娟有点厌倦，渴望突破。此时恰逢陈向东到郑州做宣讲，她连忙和同事们一起跑去听。这是她第一次知道高途到底在做什么。宣讲现场，当听到高途的使命是要“让教与学更平等、更便捷、更高效”时，她感到自己在瞬间被点燃了，当即便决定加入进来。

全娟被派到的是洛阳，这可让她大吃苦头。以往她在工作中颇受学生和家长尊重，有着很强的职业自豪感和优越感。但组建洛阳分公司时，为了找到各行各业的优秀老师，她不但要和团队一起去步行“扫楼”，而且常常被认为是骗子。“你这个 App 不需要花钱就可以注册，你还帮我包装，还培训我，天下哪有这样的好事？”常有人会如此质疑。最初的两个月，遭受极大心理挑战的全娟几近崩溃。在和家人聊天时，她说：“现在别人就觉得我是阿猫阿狗。”

“从 0 到 1 难，从 1 到 0 其实更难。”事后回忆，全娟无比感慨。当然也正是在这个过程中，她的心性彻底得到磨炼。而通过先找寻那种自驱力较强的种子选手，再将他们包装出来，打造成标杆，洛阳的星星之火最终得以燎原。

对初创团队的任何一个人来说，这显然都是一段热血激昂的岁月。陈向东和在武汉时一样，又在公司旁边租了一个小房子，经常晚上 12 点以后才回家。伙伴们的拼搏程度不亚于他。自创立第一天起，高途就形成了强大的执行力，业务战略一旦明确，便全速推进。那正是 O2O 模式最受热捧的时期，所有人都信心满满，工作起来嗷嗷叫，完全不知疲倦。

甚至，陈向东曾经的“拼命三郎”称号都被抢走了。新的“拼命三郎”有不少，其中钱杨是最为突出的一个。从入职到年底，他在办公室总共住了 48 天。身为产品经理，但凡是他提的核心需求上线，他都确保在场，一忙起来，不觉间就到了天明。

不只钱杨，还有太多年轻人，他们因为深切体会到偏远地区孩子们那种急切获得优质教育的渴望而自驱自燃，在公司那宽大又拥挤的办公室里，几乎每一个小伙伴都透过窗户，看到过黎明的朝阳。奔波在外做师资拓展的伙伴也不例外，他们被机构校长质疑，甚至被大厦保安赶出来，为抢时间，当路遇大雨被困时，他们赶着在垃圾处理站的石阶上录入资料。他们熟知自己所负责区域的每一条街道的名字，熟知每条街道上的每一家培训机构……大家在奋斗中收获着满足感和成就感。所有人都想着怎么才能让流程更顺、效率更高。

只不过，没有人去考虑怎么赚钱。

有记者当时曾问过陈向东公司靠什么盈利，陈向东回答："现在我只考虑一件事：产品做得是不是足够好，用户是不是足够多……百度凤巢团队的核心变现专家都在这里，他们有很多办法可以赚钱。"

看上去，公司确实也不差钱。继 200 万美元的天使融资之后，2015 年年初，公司顺利地敲定了 A 轮融资协议，拿到 5000 万美元，由高榕资本领投，公司估值达 2.5 亿美元，打破了当时创业公司的 A 轮融资纪录。当年 3 月，公司在北京国家会议中心召开了一场声势浩大的发布会，PPT 和视频风格都参照了当年的苹果发布会。

那是属于高途的高光时刻！

发布会后，更多各行各业的优秀人才被吸引进来——他们中的很多人在后来都成长为高途的高级干部。这些人普遍为公司的愿景所驱使，每天都琢磨着怎么才能在组织中将自己的才华发挥出来。"方向没问题，钱没问题，人没问题，"当年 9 月，伍新春加入公司，出任支付部门技术负责人，在解释为什么离开耕耘了 10 年的金山公司选择高途时，他说，"一切都很完美，这事肯定成。"

截至 2015 年 6 月，跟谁学平台入驻老师 15 万多人，入驻机构 1 万多家，开设近 900 个课程品类，16 万多门课程，有 45 家运营中心，在 300 多座城市开通了服务。6 月 16 日，公司在创建一周年之际举办"616 学习狂欢节"，当日总交易量达到 5832 万元，创造了在线教育市场单日交易量的最高金额。

次日，高途在办公楼的天台上举办庆功会。那天下午，北京下起了暴雨，但到傍晚天气放晴，夕阳美极了。负责组织活动的人问陈向东：“万一晚上雨没停，怎么办？”“创业赌的是什么？是晴天。你心里总是阴雨就变味了，你得充满阳光，才有晴空万里。”陈向东回答。

03 大潮退去，团队才是最大的对手

时隔6年，2021年4月，陈向东和伙伴们一起又看了一遍当年融资发布会的视频。很多人看得热泪盈眶，陈向东也潸然泪下。让他感怀的是，作为一家新创的公司，他们曾在没有借助任何外部资源的情况下，拿到了当时创业公司最大的A轮融资，但那时他们并不懂得如何去创办一家公司，不懂得什么是一款好产品，对于创业，对于教育行业，更没有足够的敬畏心。

真正的懂得，是从风向突变开始的。

万事皆辩证。事后看，正是高途的融资，打响了在线教育融资的第一枪。在这之后，2015年3月31日，小站教育宣布获得雷军旗下顺为资本和纪源资本2900万美元的B轮融资；4月1日，猿题库宣布获得IDG、经纬中国、华人文化产业投资基金、新天域资本6000万美元的D轮融资；然后，腾讯给疯狂老师投了几千万美元；好未来、IDG、红杉资本前后投了轻轻家教一亿多美元……

2015年之后，全世界的教育投资中有一半以上都投到了中国。

这一方面在很大程度上推动了中国在线教育的蓬勃发展，另一方面也使竞争白热化。陈向东开始坐不住了。

其实早在2014年公司创办之初，陈向东就希望聚拢头部老师，做重

服务。多年教育经验告诉他，孩子的生命是不可逆的，孩子的时间是有限的，所以，必须要找到好老师，还要把老师管好，如果这样，O2O 模式大有可为，非但不用烧钱，还能快速赚钱。但核心团队认为应该快速抢占市场，陈向东选择了妥协。

到 2015 年 3 月，陈向东再次提出全力变现，又被否决。团队再次强调互联网行业的规则，先跑马圈地，等最后自己一股独大，再独享收益。陈向东环顾四周，确实，那时整个行业都在烧钱，他决定再等等。

但当团队提议效仿行业通行做法做补贴时，陈向东没再让步。当年 4 月，在核心团队的会议上，他宣布“忘掉独家，忘掉补贴，忘掉价格战”。有人质疑，如此会失去市场机会，陈向东不为所动：先让别人投，让别人抢先教育市场，我们等着就行了。

虽然他是所谓的“互联网新兵”，但那么多年“带兵打仗”，他早就形成了自己的商业智慧和商业直觉：做教育，应该是用户给我钱啊，我提供了这么多服务，还去补贴，这哪是商业？而且，教育是用心用爱去感染人，做补贴不是自毁口碑吗？

难点在于说服伙伴们，并让他们信任自己。“说什么竞争对手，最大的对手是自己的团队！”后来他总结说。

争论很激烈。总共 6 个人，其他 5 个人都主张做补贴，市场会被抢走的担忧令大家焦灼不安。当时行业中大多数公司给老师和家长共计补贴成交额的 30%，于是有人提议怎么也得补贴 10%，争来争去，后来就连当时最保守的财务负责人宋欲晓都说“要不给 3% 吧”。陈向东无法说服所有人，他只有不断地重复着“你们疯了”。这场以 1 对 5 的拉锯战最终形成的决议是，可以按照成交额的 1%，支持公司和老师双方联合做广告。

至今回忆，陈向东都觉得自己当时的坚持“挺牛”。类似场景还将在 2020 年的“营销大战”中上演，不过，陈向东最终也选择跟投资人妥协，成为在线教育机构最后一个下场者。

后来，老师来了、请他教、轻轻家教等公司纷纷在当时的补贴大战中元气大伤，上千亿甚至更多的融资化为泡影，而高途是行业内少见的没被竞争态势冲昏头脑的公司。

能坚持不做补贴，确实也是因为高途在一众同行中做得足够好。高途从起步起就跑得够快，聚拢了大量老师。而补贴只能刷高交易额，却很难把老师的数量提升上去。所以依靠补贴，短期内数据确实好看，但不持久，而且，这是个不折不扣的无底洞，谁有那么多钱持续做呢？

至此，对补贴的争论告一段落。但变现问题还是没解决。面对陈向东，张怀亭和罗斌这两位出身互联网大厂的变现专家总劝他，竞争正处于激烈的时候，这个阶段先不能考虑挣钱。

当时罗斌抓市场，干得很带劲儿。但是那时，他更多考虑的是怎么扩大影响力。衡量投入成本时，也只看过程指标，比如赢得了多少用户，取得了多少传播量、曝光量，最后到底是不是真能形成转化，变成公司实实在在的收入和利润，尚无从检验。说到底，当时他还没能从商业闭环的角度考虑问题。后来他总结了人生和职场的两大悲剧：前者是“万念俱灰”和“踌躇满志”，后者是信息壁垒和认知偏差。

他的总结无疑受到文学大师乔治·伯纳德·萧（George Bernard Shaw，国人较常简称为“萧伯纳”）这句“人生有两大悲剧：一是万念俱灰，一是踌躇满志”的启发，陈向东也非常喜欢这句话。

但问题是，核心团队几乎一致地在偏差的认知上达成了共识。即便苏伟这个“教育人”也认为，早期公司的核心在于抢夺优质资源。那时公司刚拿到A轮融资，在资金上尚无压力，投资人也处在观望阶段，并没有着急，毕竟行业内还没有谁形成了清晰的商业模式。

陈向东成了核心团队中的“另类”。他对这种所谓互联网打法心存疑问，但一时也并不能确定怎样就是对的，所以选择了尊重大家的意见，变现的事情继续拖了下去。

在创业之初组建核心团队时，陈向东曾那么兴奋于团队背景的多元化。但即便经验丰厚如他，也要为团队的多元化付出代价，这便是，当自己对大方向不够笃定时，统一团队思想会成为一个太大的难题。为此，他不知道有多少个晚上和张怀亭、苏伟、李钢江、罗斌、宋欲晓等人待在一起，开会、讨论，甚至争论到半夜，为的是磨合各自对事物的认知。

后来在复盘时，陈向东承认，过于“互联网”，是公司在头两年踩的一个大坑。而他一度宣称“不考虑变现，有懂变现的专家”，其实是偷懒了。

不但偷懒，那时候，陈向东还放弃了他一贯的果敢和铁腕之风。他照顾每个人的情绪和承受力，想通过一种新的方式来塑造团队，后来发现并不成功。而且客观地说，“不识庐山真面目，只缘身在此山中”，所有人都身处局中难以跳脱，由此造成了公司那段时间里必然的历史局限性。

“后来我才发现问题在于，当时的团队能力还没达到能变现的程度。”如今回顾，陈向东总结说。换成今天，他不会再听那么多理由，而是会要求点明问题，给出解决方案，再把数据拿出来。除此之外，一切都没有价值和意义。

不过，回想起来，陈向东又觉得一切都是最好的安排。“公司经历过那么多磨难，犯过那么多错误，最后还活了下来。就像有的孩子，很早就经历了该经历的，后面只要长点记性，日子就会很好。”

2015年下半年，高途开始遭遇第一次“该经历的”。

在中国“互联网+”井喷式发展了大约3年之后，新一轮的资本寒冬隐约浮现。其深层原因在于，井喷式发展背后恰恰隐藏着资源过剩的风险。而市场为保自身健康，必然要启动自我代谢功能，淘汰掉一部分企业。

早在这之前，O2O市场变局已见端倪。2015年2月14日，情人节这天，当时最火的两家打车软件公司成了一家人；10月8日，两大生活服务网站敲定合并；又过了短短 18 天，10 月 26 日，两家旅游服务热门网合二为一。各大巨头于寒冬季的抱团取暖举动，使得他们所在的市场，从原本两强对峙、多头发展，转变为一头独大的格局。

在线教育市场却颇有些例外。因迟迟未跑出成熟的商业模式，教育 O2O 企业遭遇资本的唱衰。2015 年 10 月前后，主流的 O2O 教育公司均停止了对教师端的补贴，由此也使得交易额大幅度下滑。还有更多的 O2O 企业则在此次寒潮中落幕。但在线教育并没有如出行服务、本地信息与交易服务，以及旅游服务行业那样，促成巨头的合并，而是只留下各自在奋力挣扎。

这时候，公司的收入少到几乎可以忽略的程度，陈向东心里发慌。同时，团队又普遍觉得自己比对手做得好，难免流露出骄傲感，这更让他感到紧张。“还没赚到钱呢！”他反复和团队强调，用跑马拉松举例：开始跑得最快的人并不一定就能取得最终的胜利，重要的是要有长跑的能力。

“磨耳朵”多多少少总能有些成效。更何况，资本寒冬下，O2O 模式开始受到投资人的普遍质疑，高途融资受阻，给了团队重重一击。陈向东放下身段，主动去见一些投资人，期望按 3.5 亿美元估值融 B 轮——比 A 轮高 1 亿美元，但就是拿不到。参与了 A 轮投资的启赋资本也介绍过一些新的投资人来看，但所有人都说，如果投资，除非高途降低估值，比 A 轮时还低。直至此时，核心团队才猛然醒悟：“之前太高调，把自己架的位置太高了！”

“小门小户出身”的苏伟比其他人更早地体会到了“失控感”。他于 2015 年 3 月前往上海，负责组建上海分公司，当年 7 月才返回北京——那正是高途大力发展分公司的时期。苏伟离开北京时，公司还只有四五百人。回来后，这个数字已过千。“这么多人，该怎么变现呢？”他专门给陈向东写了封邮件，表达了对变现的不看好，赚钱遥遥无期，让他焦虑得睡不着觉。陈向东内心当然也充斥着痛苦与煎熬。但他认真看过很多公司的创业史，明白这一切都是必然。

到2015年第四季度，公司已经明显感受到财务压力。成本最高的时候，月支出达到2000多万元，照这个速度运转，账上的钱撑不了多久。

加强自身造血能力，养活自己，成为摆在所有人面前最为紧迫的问题。陈向东再次提出全面变现，这一次，他没有遇到任何阻力。

有些事情，他早就埋下了伏笔。在2015年3月再次提出变现被否定后，陈向东并没有彻底放下，而是开始逼迫技术团队为变现做准备。因为，一个成熟的互联网产品要经由创意、成型、不断地测试迭代，这个过程至少要四五个月时间。而在这个过程中，团队已经意识到，短时间内的快速扩张导致了分公司的开销猛增，因此开始对费用加以控制。同时，经过陈向东的不断吹风，总部和分公司也开始各自探索，希望通过一些变现产品，最终使分公司自负盈亏。

比如，支付团队的任务不仅是确保平台支付系统的稳定性，甚至还包括研究如何有效地利用平台上短期聚集的资金，让钱生钱。

所有这一切，都为高途自2016年3月起，单月营收达到千万元奠定了基础。

04 钱“烧”光了，压力下的变现探索

但凡在公司内部提出要求，陈向东总是身先士卒，绝不限于口头说说，一如他的口头禅：“以身作则不是领导团队的最高方法，而是唯一方法。”

2015 年 11 月 7 日，北京财视传媒组织了一场峰会，邀请了几十位知名企业家及“15 派创客”参加，陈向东也受邀前去演讲。他发现现场聚集了不少知名人物，演讲效果还都不错，于是和主办方提议说，是否可以把当天的视频剪成片段，放到跟谁学平台上来卖，双方分成？

那时，高途内部已经宣布全面变现，要求每个业务的最小单元都必须有毛利。每个业务线的员工都背上了变现指标，如果连续两个月完不成，排名靠后的人必须离开。

此后，长达一年多的时间里，公司有不少伙伴主动或被动离职。

很多人在离开时充满遗憾，他们曾每天去找老师上平台，拼命地做产品开发，干劲儿那么足！留下来的管理者也满心煎熬，因为他们曾亲手把伙伴召唤进来，又要亲手再把伙伴送出去。这些离开的伙伴中不乏优秀人才，只是他们善于做商务拓展和运营，并不擅长做销售。“后来我只能不断安慰自己创业总有变数，那段时间真是蛮难的。”至今提起，屈建民都满心伤感。

2016年后来被称为“互联网教育元年”。因为行业内对变现和营收路径的尝试，正是从这一年开始的，而高途无疑起跑得更早一些。

方向虽有所变化，但高途依然是那个具有强大执行力的高途。2015年11月，产研团队只花了一个月，就推出了跟谁学平台的会员产品。为照顾到不同群体的需求，整个会员体系共分为会员、高级会员、超级会员3级，对应不同的权益。会员可以获得更多流量和生源推荐，以及会员标签、页面装扮等服务；高级会员在此基础上，还可以享有照片、视频拍摄，页面诊断包装等服务；对超级会员，公司额外匹配一对一顾问服务。

那时，跟谁学平台经过一年多的积累，已经拥有巨大的用户基数。各分公司的主要任务，便是说服平台上的头部机构和老师成为会员。他们已经接到命令，截至2016年6月，必须做到自负盈亏，否则就会被关停。

不少分公司负责人是老师或校长出身，综合管理能力很强，但并不了解销售细节。他们每天在朝会和晚会上都要具体去指导伙伴如何做销售，压力巨大。屈建民的好多销售类书籍就是那个时候买的。不然又能怎么办呢？没有理由抱怨，唯有全力以赴。

还好在过去，高途已经积累了不少客户的信任。全面变现的第一个月，屈建民负责的北京大区在重重压力中达成了百万收入。他因此成为标杆，奖品是一部苹果手机，那是陈向东自己花钱从美国买回来的，屈建民至今还保留着。

高福厚则成为分公司负责人中少有的例外。高福厚也是老师出身，但开拓能力和销售能力都很出众，为人高度自驱，做起事来很有些不管不顾的劲头，常把“选择相信，相信选择”“要敢打大仗，敢打硬仗”挂在嘴边。来高途之前，他便在山西大同创办了自己的教培机构，一年之内就开设了7个校区，做到了上千万元的营收。但此后在前往上海、鄂尔多斯等地闯荡时，高福厚遭遇“滑铁卢”。壮志未酬之时，经由一个朋友的推荐，他和陈向东建立起联系，并由此成为高途全国第一家代理商。彼时是2014年8月。

其实跟陈向东谈合作的时候，高福厚根本就没听明白，也没想清楚，那时高途刚创办，还处于平台积累期，毫无盈利模式可言，但他还是大胆地领了任务指标。因为之前的创业经历让他认识到单打独斗很难成功，跟对人、做对事很重要。“陈向东是教育行业的标杆人物，跟着他总不会差。”

回到大同，团队都反对做这么虚无缥缈的生意，高福厚就亲自干。每天从凌晨起，他就盼着天亮，打了鸡血似的，挨家挨户拜访当地各个领域的人才，讲解为什么互联网教育才是未来。强烈而炙热的感染力，让他很快打开了局面，当地不少顶尖人物都在他的介绍下入驻跟谁学平台。一年后的 2015 年 8 月，高福厚索性正式加入高途，成为太原分公司的负责人。

在收到分公司要自负盈亏的消息时，高福厚比其他人更着急。“好不容易加入进来，要是把分公司撤销了可咋办？”天无绝人之路，一次偶然的机会，他和太原的一位名叫续智贤的英语老师交流时，提起跟谁学平台上的万人直播课，续老师也看过，他觉得自己的教学水平不逊于那位万人课的主讲老师。高福厚突然来了灵感：“那你交 20 万，我们来帮你运营推广？”对方爽快地同意了。由这笔订单开始，公司发起“城市英雄”项目，即在每个城市为每个科目都寻找一名优秀老师，进行全国的推广运营。山西分公司在 2016 年打造了十几位“城市英雄”，在全国分公司中做到了利润第一。当年，“城市英雄”项目占到了高途营收的三分之一左右。

除了各种形式的平台会员，其他部门的更多探索也在紧锣密鼓地展开。

后来因负责高途课堂高中部而大放异彩的许翔，当时正担任留学及社区项目的负责人。这是个帅帅的小伙子，低调而有雄心，为节约早起整理发型的时间，一年四季总是一头短发，穿着简单，同时也散发着些许“清高”的气质。许翔此前也在线下传统教育公司任职，2015 年 3 月，高途融资消息发布后，他深受震动：“当时行业内都在创新，但能融到 1000 万美元已经非常厉害了，他一下就融了 5000 万美元！”3 月 30 日，他特意跑到发布会现场看了看，次日就入职了。

和许多为梦想而驱动的伙伴一样，许翔也为公司变现思索良久。他想的点子是做大咖课，就是请很多企业界的“牛人”来跟谁学平台上讲课，售卖后双方分成。做了一段时间，他又想，既然都把企业老板请来了，不如索性变成求职面试项目。就这样，他带着两个实习生，最高时做到了五六十万元的月收入。

周斌那时负责视频运营部，原本是免费帮助跟谁学平台上的老师做推广视频，吸引更多的学生找老师约课。公司进入变现期后，他开始更多地考虑场景的商业化。在做视频运营时，他就接触过考研这个类目，也帮助一些老师积累起一些流量。考研的学生需求刚性，群体也集中，于是周斌决定做考研项目。由辅助老师在平台上运营，转为深入介入，团队全面负责老师课程的开设、前期流量的获取以及课程转化，取得收益后和老师分成。还有的小团队则更看好 K12 或成人领域，也在用和周斌团队类似的方法尝试。

没有统一的规划和规范，大家八仙过海，脑洞大开，每个人都想方设法发挥自己的才华来赚钱。蔡卫星至今还记得当年他所负责的杭州分公司第一笔赚了 800 块钱时的兴奋，那是伙伴们去给人拍照，给人设计活动方案赚来的。

招数多了，当然也不免有昏着。当时易企秀很是流行，这是一款企业海报产品，已经很是成熟。但有的人却非要“人肉”再做，他们跑去和教培机构谈：你一年给我 1000 块钱，我帮你做海报。更有甚者，筹划着如何把陈向东“卖出去”，比如组织一场千人的教育峰会，广邀教育界名人，向来听会的教培机构人员收费的同时，再拍卖晚宴座位，交钱才能安排和陈向东坐一桌，像“与巴菲特共进午餐”一样；再譬如，安排陈向东去做讲座，谁要跟他合影，就收谁的钱。这样的昏着自然没有真正付诸行动。总之，为了活下来，所有人都急于抓住每一个机会。一时间，各种新项目层出不穷。

正是在这样的背景下，高途在平台之外，逐渐“长出”一个又一个B2B产品。

比如天校。跟谁学平台上本来就设有为老师和教培机构提供服务的后台系统。渐渐地，后台团队发现中小培训机构和优秀老师有一个痛点，就是他们往往在招生、排课、续班、课消、数据统计、财务结算等环节存在问题，大公司每年可以花费大笔费用来开发各种系统，但中小教培机构没有这个能力。于是，天校便应运而生，其核心功能是提供学员全生命周期管理系统解决方案，为机构和优秀老师赋能。

市场上其实有类似产品，但天校卖到了行业“天价”。其他产品年费大约一两千元，天校则25800元起，定制系统收费则更高。在操盘手邓弘看来，这是因为，一个产品的灵魂在于背后隐藏的管理思路，很多竞品只是一些零碎功能的拼凑，看上去什么都有，实则没有统一的思路。而天校不同，靠“灵魂”加之完备的运营服务，天校总能给中小教培机构带来明显的提升。也因此，天校一经推出便广受欢迎。其NPS（Net Promoter Score，净推荐值）始终保持高位，每个月的新增客户里有一半都来自老客户的转介绍。因为口碑太好，天校在后来还吸引了钉钉的注意，他们一度希望能将天校并入到自己的体系中去。

和天校类似，李钢江当时负责技术，其中包括直播技术，他们依托于此做成SaaS，形成了百家云产品，为没有自研直播工具能力的机构提供云视频直播服务。

针对教培机构产品进行分销的“U盟”也于2016年6月15日成功上线。这是罗斌团队也就是公司营销服务业务线延展出来的产品。很多中小教育培训机构在渠道管理、营销手段，特别是微信场景抑或其他场景上，无法适应移动互联网时代用户的消费和学习习惯，所以，U盟分销专注于教育行业的全渠道分销招生，提供工具、服务和培训三位一体的解决方案。

必须交代一句，就在U盟上线之时，曾经的生鲜O2O明星项目青年莱君因融资失利，不足一个月的时间就迅速倒闭，速度之快令人咂舌。

接下来，蔡卫星带领杭州分公司探索出了商学院产品。作为分公司的负责人，蔡卫星和屈建民、高福厚等人一样，为自负盈亏绞尽脑汁。他那时在教培行业已有十几年经验，富有教育情怀，同时还很能钻研，颇具韧性。在和众多教培机构负责人沟通时，他发现对方经常会咨询有关学校管理的问题，这让他忽然意识到，帮助中小教培机构在思想、意识、管理和方法论上进行全面提升，可能隐藏着巨大的商机。他迅速组织团队，完成了一整套的流程、物料准备，很快便做了第一次试水。

效果非常好。蔡卫星邀请了当地两家龙头教培机构参加，原本只为给这场培训的影响力做背书，没想到，两家机构各派出 5 人前来听讲，而且都坚持付费。这给了蔡卫星底气。他亲自起草了宣传文案，布置团队在统一时间一起往微信朋友圈发。很快，40 人的招生名额就满员了。

这次试水，给杭州分公司带来十五六万元的收入。陈向东对此也很是关注，几次致电询问，问题聚焦在 3 点：第一，能赚钱吗？第二，能持续赚钱吗？第三，能赚大钱吗？

很快，蔡卫星就用第二次试水给了他答案。这一次，通过客户的自发宣传和转介绍，他们的招生范围突破了杭州，辐射到上海甚至贵州去了。两期培训下来，杭州分公司营收 30 多万元，一下子就能养活自己了。

确定商学院模式可行后，高途开始将其作为公司的又一个核心 B2B 产品，由当时的全国分公司总负责人吕伟胜牵头，组织各分公司在全国推广。

至此，高途形成了一个平台产品，4 个 B2B 产品。除了平台会员外，还通过天校给予系统赋能；通过商学院给予管理赋能；通过 U 盟分销给予渠道赋能；通过百家云给予空间赋能。当然，也有许多业务在实践中被验证不可行，逐步被砍掉，数量有十几个之多。

总体来说，高途 B2B 业务的诞生，可理解为公司把整个平台能力进行了拆解和包装。

“当时我们在主赛道没有找到商业模式，但急需挣钱。”提及这些B2B产品时，罗斌解释道，“我们没找到别的方式，所以想法比较朴素，觉得把跟谁学平台里一些能力剥离出来可以曲线救自己，操作上也比较简单。”

当然后来团队发现，那时的认知过于肤浅。事实证明，对一个创业公司来说，在主业未捋顺之前，又同时开辟多个新战场，大大分散了公司的战略资源。

但在特定时期，求生存是必然选择，也是唯一选择。正如华为在成立早期，曾卖过减肥药和火灾报警器，任正非甚至想过卖墓碑，还为此认真地调研过；阿里巴巴“七口锅五个盖”的故事就更广为人知了。历史总是惊人的相似，伟大真是熬出来的，但前提是要能活下去。高途也一样。

所以即便到了今天，陈向东依然觉得当时别无选择。他坦承：“这些B2B项目是我让做的，不是他们要做的，怨不得别人。这5个事就是天经地义的，再做一次还是会这么做。”

这段时间里，陈向东一直在给大家鼓劲儿，与此同时，他也在密集地找人。在团队组建上，陈向东惯常瞄准“最好的人”，正如之前找技术专家就锚定百度，这一次，他专门找有阿里巴巴背景的人。因为做B2B业务的核心是销售，而在他看来，线上产品销售能力最强的公司就是阿里巴巴。2015年年底到2016年年初，他集中见了几十个曾在阿里做过“省长”“区长”的销售管理者，但都没找到合适的。

直到有人引荐了祁秀平。

祁秀平为人赤诚率真，有某种程度的英雄情结，同时也有着20多年互联网行业从业经验。他曾任阿里巴巴国际事业部北方大区总经理，2014年从阿里巴巴辞职后选择了创业，是去哪儿网智能住宿事业部联合创始人。2015年下半年去哪儿网与携程合并后，他也开始寻觅新去向。

聊了几次后，两人一拍即合。2016年5月，祁秀平正式加入公司，负责主抓商业化变现。一个月后，他接手了全国分公司。

作为一名成熟的经理人，祁秀平只需简单计算，便知道公司处于巨亏状态。2016年3月，在他入职之前，财务就给他看过当月收入，数目不算少，有900多万元。但祁秀平更关注收入结构，他发现，其中有三分之一都并非稳定的常规性收入，从经营上讲是不可持续的。

而留给公司烧钱的时间已经不多了。在接手全国分公司后，祁秀平立即启动降本增效计划，包括裁撤人手，以及调整薪酬结构。

当时高途有近30个直营分公司。早期做师资拓展和运营时，不少人每月光底薪就能拿到近万元，再加上可观的激励，月薪可达3万元甚至更多。祁秀平觉得这是互联网狂热时代带来的后遗症，并不符合商业规则。他直接将一线员工底薪降到四五千元，并将薪酬结构改为明确的绩效导向。这样一来，很多人发现，自己一个月即便拉来七八个付费的客户，可能还达不到以前的收入。这显然构成了极大的挑战。

但此举也让分公司的方向更加明确，而且，祁秀平同时还带来了阿里铁军的精神和标准化作业方法。他明白，要让一部分愿意从事教育行业，并依然愿意相信公司的伙伴尽快有业绩产出，大家只有看到标杆，才能看到新的希望。在他的指导下，很快，有人做出了一个月十几万元的业绩，收入也相应保持了高水准。在祁秀平看来，这是真正的成长。

一系列动作下来，分公司军心大稳。

刘彤还记得那时受到的震撼："阿里巴巴当年可更难，都被狗撵，我们至少比他们好多了。"所以，团队很自然地接受了"要在水泥地上种出麦子来"的理念，火力全开，勇猛上阵。

"当年的教培行业地推铁军，绝对是我们。"提起当年勇，刘彤自信且骄傲。他和其他分公司负责人一样，深知自己就代表公司，只有自己相信并认可这个事业，才能带动团队。面试的时候，刘彤会和候选人强调公司的价值观，描绘行业的机会，带领伙伴一起在工作中感受公司的文化，不断学习。

2016年10月之后，祁秀平又陆续关停了一些小型的分公司，确保将力量聚焦到核心城市去。

留下来的分公司果然不负众望。刘彤的宁波分公司因为不断地充实销售能手，发展相当快。刚刚从洛阳跑到郑州，又组建起一个新的分公司的全娟终于也找到了工作的抓手。在2016年年底的全国分公司大评比中，这两个分公司都进入TOP3。

杭州分公司做得也不错，早期B2B产品没有实物，最初连在电脑上演示都做不到。大家出去跑销售，纯靠体力和嘴。蔡卫星还记得，那时伙伴们不断地训练话术，我讲给你听、你讲给我听，每天傍晚回到公司后就抓紧复盘。团队在什么都看不见的情况下，靠口头表达配合手脚并用，把产品“演示”得活灵活现，业绩连连突破。

2016年，高途宣布从教育平台走向教育生态，号称要依托天校系统、跟谁学商学院、U盟分销、百家云这四大重点业务，重新定义学习服务。到年底，削减成本的同时，公司的月度营收达到了一千三四百万元，其中超过90%的营收来自B2B业务。

事后回顾，陈向东说：“高途有3个坑没掉进去，一是没有做补贴；二是没有盲目扩张；三是商业变现启动得比一般对手要早至少半年。”

05 至暗时刻，跑不通的商业模式

B2B 项目确实给公司赢得了喘息之机。

不过，陈向东仍然置身于事后多年他所形容的“至暗时刻”之中。

在 2016 年 10 月 11 日晚上一次小型企业家聚会上，很多老朋友发现，陈向东一改往日激情澎湃的做派，显得有些落寞。他坦承，刚刚不得不让 200 多位伙伴离开，那段时间很是难过和伤感。

即便如此，他对未来仍充满信心。“给一个核心产品加入 4 个辅助产品，组成一个闭环，慢慢就会产生一个更大的产品。”他说，公司在所处的赛道上已经没有竞争对手，不会再有人做同样的事情了。彼时，高途在整体上已逼近盈亏平衡线：“明年每天多卖的钱就是利润，因为平台的边际成本是零。”

但团队迫切期待的“多卖”并没有发生。

当时的高途在在线教育行业已是佼佼者，无论内外都没有人能否认它的战斗力，连几大事业部负责人都全在外面跑销售。可纵使如此，公司的月度营收依然在相当长一段时间里停滞了。“无论如何它就是不增长。”

这让人感到困惑。团队里不少骨干都出自百度或新东方，习惯于正常的商业飞轮运转，而到了高途，大家投入了如此高昂的斗志，付出了超出想象的努力，却发现商业梦想迟迟无法实现。“这个事怎么这么别扭？”周斌当时的疑问代表了很多人的心态。

而从陈向东的视角来看，更可怕的是，收入在一个月中还忽高忽低，每个月都在最后几天才会迎来高增长。这显然是团队冲刺的结果，并不能说明产品有足够的市场认可度。

很快，团队连冲刺都冲不动了。2017年年初，第一个续费季到来，各地分公司叫苦连连。除了一个产品的续费率达到业内罕见的70%，其他产品普遍遭遇续费难。如果说前一年，大家还可以靠信念、理念，靠销售技巧这些“人的能力”去冲，那么，当客户已经使用过产品，却不愿意为之持续付费时，一切便成空谈。

分公司的运营压力骤增。也是从这时起，团队几乎所有人都对教育O2O这个商业模式产生了怀疑。

商业模式其实是一个硬币的两面，一方面是为什么样的客户群创造什么样的价值，另一方面是怎样把这个价值转化为合理的收入和利润。两面都具备，才称得上是个完备的商业模式。而高途一开始沉迷于宏大的展望中，根本没想第二面。而且，他们那时所理解的O2O只是搭建一个平台，对硬币的第一面，也就是怎样才能真正满足客户的需求，并没有想清楚。

总结当时的状况，罗斌以开商场举例：“首先，你原本想开一家高端商场，但入驻进来的都是小商小贩，支撑不了商场的定位，在产品上也就没有办法去满足客户的需求；其次，从商业模式角度讲，平台方的核心功能是为平台上的角色做支撑，要靠他们达成交易，再转化成自己的收入。但当时入驻跟谁学平台的老师和机构没有足够的经营能力，即便给他对接了学生，都无法达成有效转化，而他还会抱怨平台的流量不精准。”

所以大家得出结论，无论从哪个角度讲，教育O2O模式都不成立。

令陈向东感到痛苦的原因也在于此。“你提供了一个平台，却没有办法对每一个老师进行最好的训练，没有办法对每一个老师进行最好的服务，也没有办法保证每一个老师能对学生、家长进行最好的服务。”这既不符合教育逻辑，也不符合商业逻辑——这也是公司在后来走向自营 B2C 的源头。

比起平台业务，其他几大 B2B 业务看上去要好一些，至少有明确的市场需求。但那时高途团队并没有对业务的运作逻辑做太细致的商业推演。从买方角度看，B2B 业务的特点是消费频次低，决策周期长；从卖方角度看，销售成本也高，所以最讲究的是长期留存率。正循环应该是，客户买了产品，在使用中感到满意，次年再续费。公司通过客户的连续付费覆盖较高的单次销售成本，如此滚动起来。

那时高途显然并没有做到这一点。“那时候，我们团队的认知和能力与赛道所需是不匹配的，相当于一个小学生去参加大学生的比赛，注定失败。”罗斌毫不留情地说。

这就解释了高途的 B2B 业务为何增长乏力。由此带来的结果就是公司长时间持续失血。原本大家想靠辅助业务养活主营业务，结果他们连养活自己都难。

与此同时，另一个问题是，公司人员也在持续流失。曾经，公司创立时，是何等意气风发，做一个连接老师和学生的平台，推动教育更平等、更高效、更便捷，这个梦想让多少人心潮澎湃！可一两年之后，追逐梦想变成了四处张罗解决生计难题，这个巨大的落差让不少人深受打击，很多人因无法承受选择了离开。2015 年 11 月公司曾因人员扩张，搬到新的办公大楼，一口气租了 5 层楼，但到 2016 年年底，又因为人员缩减，退租了其中的两层。

当时到底流失了多少人才呢？有一位技术团队的伙伴在离职后加入某打车软件公司，这家公司当时正如日中天。公司提倡内部员工推荐候选人。于是她不断地把高途的前同事推荐进去，那一年，她光内推奖金就拿了 28 万。

真正是“内忧外患”！

同时推进5个业务线，并没有让高途真正找到“从0到1”的路径，却使公司内部陷入四分五裂的状态。

因为每个B2B业务线都相对独立，形成了自己的闭环。所以，每周的高管例会，变成了每个事业部各自汇报自己的那摊业务，各有各的利益边界和话语体系，相当于5家公司凑在一块儿开会，相互之间毫无协同可言。而且，每块业务都处于摸索期，大家各自摸着石头过河，边做边看，谈不上有什么规划，更谈不上对商业本质有所洞察，常常是定价之后发现不合理，或者资源配置出问题，每个业务线都在亏损或亏损边缘挣扎，各自焦灼，也没精力顾别人的事，公司整体发展的问题更无人关注。

战略上不聚焦，组织上不一致。陈向东深切地感到，公司“乱成了一锅粥”。

造成混乱的原因当然不止于此。最核心的引爆点是大家在利益分配上的分歧。公司创办初期，陈向东最骄傲的事情之一就是团队工资低。他本人不拿薪酬，张怀亭的月薪最开始是8000元，其他创始团队成员从一万到两万元不等，公司前50名员工的薪资都处于远低于市场水平的状态。但外部并不知道，陈向东给核心团队的股权比例极高，高到在上市后不但创造出一批百万、千万、亿级富翁，甚至包括百亿富翁。

但股权激励比例是按公司最初的设想制定的。而走到2016年，公司的发展方向已明显偏离了起步期的航向，有些人的贡献大幅缩小了，同时有些人的作用越来越大。过往股权分配的公平性成为大家质疑的焦点。

陈向东的一个疏忽，又进一步加重了这种质疑。

当时负责天校业务的邓弘在一众管理层中加入相对较晚。邓弘也曾是新东方的干将之一，为人自律、冷静，善于深入思考。早在26岁时，他就被“平地拔”出来，成长为新东方地方学校的校长，也曾相继担任过新东方助理副总裁，以及技术与内容板块负责人。2014年，他先是受俞敏洪所托出来创办好学网，在好学网彻底关停后，才于2015年5月加入高途。

因为错失了先机，邓弘拿到的股份比例很小。陈向东觉得应该给他一点儿特别的激励，就建议给他一部分天校项目的股份。结果，有两个项目的负责人也要求同等待遇。这让原本就是“一锅粥”的局面变得更加混乱。

陈向东后来反思：“这绝对是我判断的错误，公司必须要有标准。”但他也知道，其实问题的根源在于——公司没有赚到钱，当大家在远景中一时看不到利益时，便只能去寻求小利益，这才是纷争之端，也是人性的必然。就像人在黑暗中所做的动作往往和在太阳底下的动作并不相同。

其实从小时候起，陈向东就见识了人性。潭上村那么小，如一汪清澈的池水，任谁和谁之间发生恩怨情仇，都被映射得无比清晰。后来到了新东方那么大的组织里，各种人事纠葛，他虽不参与，但都历历在目，对人性的体会也就更深。他向来愿意以最大的善意来揣度别人，“一切都是正常的，大家都是很善良的人”，只是那时，他的管理智慧驾驭不了如此复杂的局面。

“换成今天我就很清楚了，这种愚蠢的错误永远不会再发生！”陈向东说。他领悟出的方法是，越是对身边亲近的人，越是要严格。另外要坚持长期主义，也就是在保证身边人的长期利益的前提下，不要纠结于短期内他是否吃小亏。因为别人对领导身边的人本来就容易心存疑虑，稍有不慎反而容易好心办坏事。

挣不到钱，每个人的状态都很不好。作为公司的财务负责人，宋欲晓对公司账上的资金情况最为了解，也更容易消沉。有时下午一点开会，他前所未有地开着开着就睡着了。陈向东批评他，他说太困了。赶上会议争论热烈时，脾气火爆的他更是毫不客气地直接拍桌子。苏伟因过度焦虑导致严重失眠，时常和陈向东说“要么我就不做了”——他这个失眠的毛病，至今未愈。李钢江更悲观，一会儿想带着百家云拆分出去，一会儿又不想分了，拿不定主意。张怀亭的境况也不是很乐观，他申请休息，但陈向东说如果休息，后面的股份就失效，他又不同意。就连干劲儿最足、最乐观的罗斌，也想着再过几个月如果还不能把业务做大，就要“再考虑考虑”。

公司挣不到钱，团队又像随时要散伙的样子，不知从哪天起，陈向东惊讶地发现自己开始睡不着了。在新东方时，他虽然睡眠时间少，但总能倒头就睡，那时俞敏洪要靠安眠药助眠，他认为这是因为心理素质不够强，总嘲笑俞老师。这回轮到自己，他才感受到真正的创业压力。起初，他还找外在原因：白天喝咖啡、喝茶了，或者吃太辣了，但把这些因素都排除后，还是睡不着。

因为担心团队散了，几乎每天晚上，陈向东都会拉着核心团队出去吃饭聊天，但等到半夜两三点，一个人回到在公司旁边租的小房子里，陈向东的内心常常是崩溃的，一般睡到凌晨三四点钟，他就会在恐惧中醒来，只能坐在床边发呆。漫漫长夜，天怎么就不亮？

压力并不在于表面上的公司活不下去，而在于内心中，陈向东深深地惧怕对不起别人。“核心团队当时如此相信你陈向东，相信这件事要成为200亿美元的场景，相信将来都能够通过创业收获财富自由。结果你公司连现金流都没了……”回忆起那段他称为“至暗时刻”的日子，他唏嘘不已。他从来都认为，信任是无价的，而他“忽悠”那么多人来做事，却辜负了这份信任，这让他内心充满羞愧。“如果公司活不下去，是我一辈子的耻辱！”坐在公司的办公区里，他甚至都不敢随意走动，生怕和谁对上眼神。

除了核心团队，早期还有136位伙伴也买了公司的股票，更成为几乎压垮陈向东的“最后一根稻草”。

2015年1月，在获知A轮融资消息时，公司内部很多伙伴都说要认购公司的股票，跟投资人一样的价格。陈向东原本并不赞成，但大家联合起来找他，他就答应了，条件是：两个星期以内打款，每人最高只能买10万股。结果大家积极响应，共有136名伙伴一起认购了900万美元。那时，陈向东很是感动。但如今，却变成了他最大的心理负担。

“他们的钱，我可以还给他们，但他们的青春，他们的信任，他们的善良，怎么还？这是我犯的一个天大的错误。”几年之后，受“双减”政策影响，公司股价持续下跌，又有很多伙伴想用工资兑换股票，但陈向东说什么也不允许了。“就按市场化水平给工资，该给多少给多少，再也不干捆绑这个事了，不然压力太大。”

他本来一头黑发，但那段时间白头发开始噌噌地长。有好几次会后，大家四散离去，陈向东一个人闭着眼睛坐着，再想睁开眼睛时，却睁不开，使劲睁开后发现两只眼睛里全是血丝。

羞愧的同时，陈向东也觉得自己无能。以往他在新东方管理几万人的团队都游刃有余，可在创业后只是区区上千人，便搞到心力交瘁，他甚至觉得自己像幼儿园的孩子一样，满心无助。

只不过，这一切都发生在一个人独处时。在公司里，少有人能看到陈向东的焦虑。无论晚上睡了几个小时，次日早晨他都假装什么事都没有，还是第一个到公司，看上去还是那么充满激情。

因为一次偶然，许翔感受到了创始人的压力。那次许翔搞项目准备邀请很多人，其中包括优客工场创始人毛大庆。因为知道陈向东和毛大庆认识，许翔就打电话给陈向东，想让他帮忙邀约。没想到陈向东只简单地回了一句：“许翔你别折磨我了。”太多的压力让他忧心，他已无力像往常一样为伙伴冲锋陷阵了。

陈向东其实也想过逃避。有一次他和吕伟胜开玩笑，说：“如果有一天公司倒了，我就找个小岛躲起来，谁也找不到我，谁也别再嘲笑我，我也听不见。”他一度曾负气地想，是因为核心创始团队成员认知不够一致，他们应该承担责任；伙伴们不够坚定，也没有长远眼光，没有长期主义精神。但更多的时候，他在进行内省和自我批判：任何公司犯的重大错误都是一把手的错误，任何公司取得的成绩都是因为所有伙伴的努力。他用这条法则时刻提醒着自己。

最终帮助陈向东走出至暗的，是他骨子里的乐观和从小累积下的自信。

绝望的时候，他总能在瞬间想到人大的导师高成兴教授。高老师每次吃饭前都要吃一把药，却还那么乐观地面对世界，“我这一点儿挫折算啥呢？”

高老师在高途成立那年便离世了。2014 年 5 月 28 日，师姐突然给陈向东打电话，通知他马上去医院。陈向东到了之后，看到同门师兄师姐已经挤满了病房。高老师让其他人都出去，招呼陈向东坐在自己身边，紧紧地拉着他的手：“向东，我太痛了，我要走了……你创业非常不容易，一定要坚持，你一定会成功的，一定不要随便放弃！”随后，他又让其他人全都进来，用了很大的力气对大家说：“向东创业不容易，你们多帮帮他。”

这个场景深深印在了陈向东的心里，鼓励他勇毅前行。

从 17 岁工作，陈向东基本上没打过败仗，这更给了他强烈的信念：我应该能够和伙伴们一起努力，做成一家好公司，并在竞争中活下来。

“我们唯一能做的就是面对黑暗，只要待的时间足够长，先让自己的眼睛适应黑暗，然后慢慢等待黎明，天总会亮的。”2020 年，在内部伙伴的总裁面对面沟通会上，在被问到如何走出至暗时刻时，陈向东如此作答。

第三章

大转型，如何让飞轮转起来

人生下来不是为了拖着锁链，
而是为了展开双翼。
——维克多·雨果

专注是一个很容易说的词儿，
但是它反人性，
所以很难！
——陈向东

01 “编外”高途，找到最小盈利点

其实，早在2015年3月第一次提出要变现之后，陈向东自己便开始行动了。

后来在公司上下“八仙过海”的变现热潮中，他也是不折不扣的“过海神仙”之一。不过，和大家普遍在B2B领域探索不同，那时，名师直播大班课——尽管当时还没有这个概念——已经在他的脑海中萌芽了。

他自己就是名师出身，对名师的作用感受至深。但做教育的人都知道，特别优秀的老师总是稀缺的，找寻、培训、激励足够多的特别优秀的老师，难于上青天。也因此，名师自然追随者众，“名师”与“大班”也就形成了天然的连接。

当年，陈向东在新安县铁门一中因为课讲得好，但凡有点儿能量的家长都想方设法把自己的孩子插到他的班里，原本容纳四五十人的教室生生被塞进了73个孩子，教室后面的门都打不开；到北京后，陈向东在中国科技经营管理大学讲课时，也是同样的原因，有两个班被合并到陈向东的班里。

新东方的发展历程就更能说明名师大班课的必然性。最早，新东方采取的也是20—40人的小班模式，后来因为招到的学生越来越多，老师不够，

才不得不改为大班。俞敏洪原本心怀不安，担心学生会有意见。但没想到的是，学生对教室里有多少学生并不在意——人数增多反而更能激发起热烈的学习氛围——但学生对老师讲得好不好是极为关注的。而且教学相长，班型越大，老师也就越兴奋，因为要同时吸引数百名学生的注意力，既是挑战，也是成就。所以，老师备课和讲课的认真程度、投入程度都会大为不同。

新东方就这么成为线下大班课的创始者。那时，新东方大班甚至成为一大奇观。所有的教室，不仅座位上坐满了人，连台阶上都坐满了人。遇到名师中的名师时，如果教室里连台阶上的位置都没有了，学生们宁肯挤在教室外面听课，哪怕是在雪天。

但线下的场景终究是有限的，每个班五六百人几乎已经达到峰值。而线上不同，当名师把教室搬到网络上，便能在某种程度上创建出一个无限的时空。

学过国际经济学的陈向东，自然明白高杠杆的威力。如果一名优秀老师在线下每个班只有 20 名学生，而通过技术，在线上每个班能有 2000 人，就相当于产能放大了 100 倍。这在商业上是行得通的。换一个角度看，越是优秀的老师，通常也越希望影响更多的人。同时，名师也需要更高的收入来证明自己的价值。大班课无疑可以实现这一点。

逻辑想通后，陈向东的思路无比清晰："这个事很靠谱！"

作为一个"人人乐用的学习服务平台"，高途本来就包括线上线下一对一，线上线下一对多。2015 年 3 月，跟谁学平台为一位老师组织公开课，首次做到了 3000 人同时在线直播。同年 9 月，这个数字被刷新到一万人，且全程流畅，展现出互联网教育领域的直播水平。这让陈向东愈发笃定"这个事情一定能成"。

那段时间，陈向东也在密切关注行业的动态。他发现，另一位业界名人也瞄上了在线直播大班课，他便是曹允东。曹允东是好未来的联合创始人，在好未来上市后离职。2014 年年底，他创办了乐学教育集团，旗下拥有乐学在线、乐学高考、乐学培优三大品牌。其中乐学在线主要面向高中阶段，最早采用的模式是录播短视频的课程，销售不佳。大约到 2015 年 7 月，团队偶然间发现直播课的效果不错，所以开始转型直播课。

陈向东和乐学在线技术负责人李建辉早就认识，当时，李建辉还在思必驰工作。

李建辉对公司最早的 O2O 模式并不看好。二人曾经讨论过，两人一致认为教育必须是一种服务，最终要能让孩子学习有效果，让家长满意，同时这也是保有产品价值的关键。而 O2O 平台只能帮助学生找老师，在学习环节和课后环节，平台的参与度和管理能力都是有限的，因而无法保证最后的教学质量。

李建辉加入乐学后，陈向东依然和他保持联系，其间多次切磋，相互分享，相互借鉴——这也是陈向东的一向风格，对待朋友心态开放，长期互动。

2015 年年底，李建辉离开乐学。适逢陈向东准备做名师直播大班课，李建辉于是在 2016 年 2 月加入，由此，高途课堂启动了。

高途课堂明确聚焦 K12 在线直播大班课业务。但当时公司所有人都在热火朝天地做 B2B，投资人一时也看不清 B2C 的市场前景，况且，公司账上快没钱了，董事会上，此事遭到大家否决。

已认定的方向怎能轻易放弃？陈向东索性自己出了 1000 万（后来他在支持其他内部创业项目时，也会投入这么多），将高途课堂放到公司体外孵化。就这样，他还是给了公司 30% 的股份，余下 70% 用来激励高途课堂团队。“如果赔钱，算我的。” 直到后来高途课堂一炮而红，陈向东才解释如此做的原因。“为什么当年一定要自己掏钱去做高途课堂？很多人想不到，这么大一个局面，我不能让船翻了。”

高途课堂给公司留下了宝贵的品牌资产——几年后，公司先是将内部的跟谁学好课和高途课堂合并，将品牌统一为“高途”，后又将公司名称更改为“高途教育科技集团有限公司”。

在确定项目名称时，也颇费周折。备选名称多达上百个，大家不断讨论、碰撞。“跟谁学”这 3 个字带给陈向东太多的痛，他明确要求这次一定只用两个字。团队后来想到“名师出高徒”，简称“高徒”。陈向东觉得这个靠谱，他略加创造，改为“高途”，既寓意“名师出高徒”，也寓意学生能够高中（zhòng），有更好的前途。

虽然名字非常吉利，但高途课堂一起步就磨难多多，起步之后，也没多少人看好它。

体外孵化的高途课堂团队，最初没多少人知道，默默地“潜伏”于公司办公大楼的 3 层。后来人数稍增，才慢慢被紧挨着他们办公的苏伟留意到。当时他丝毫不掩饰自己的看法，觉得“这是个错误的决定”。

高途课堂的初创团队只有 8 个人，大多是研发出身。所以，前期团队专注于自研网上业务系统，包括教研开发、营销管理、学员管理、经营管理等。此外他们基于 Windows 电脑，连接 iPad pro 做副屏投屏课程讲义，实现了双屏联动。主屏显示课堂的行为数据，比如孩子的专注度、答题的错误率，以支持老师更好地调整课堂节奏；副屏则支持学生和老师上课时直接在课件上手写内容，双方可实时互动。比如孩子们在做练习题时直接在页面上选择答案，老师就能看到统计结果。后来直接通过直播的客户端来做双屏联动。细究起来，这算是一种创新，在业内大概也是首创。

因为团队小，在课程上，高途课堂选择先从一个细分方向做起，只做奥数课。他们从外部找来几个非常不错的奥数老师，团队充分发挥了在技术上的优势，给老师做出一个教研课件开发的系统，老师可以在这个系统里做教研，而且支持多人共创，最终选择效果更好的版本，由于效率高，老师们非常满意。

万事俱备，只欠东风。高途课堂有课程也有技术，却唯独没有解决课程怎么卖的问题。苏伟认为，在教育 B2C 模式中，招生是最大的难点，解决不了招生问题，就无法打通全流程。的确，老高途课堂团队忙于搞技术，在整个前端的招生、转化环节，投入的精力和资源都远远不够。关键是，团队中始终缺乏相关负责人。直到团队组建几个月后，他们才引入一位负责人，这位负责人带着大家跑到河南，直接入校招生，期待通过线下体验课引流，再导入线上。事实证明这是一条弯路。如此数月，团队迟迟没有跑通商业闭环。

尽管如此，陈向东内心依然坚信 B2C 是真正的未来，是公司活下来的根本。就像他后来回顾时所说：“我们认为它可能是一个‘海盗’，甚至是刚刚下海的小海盗，不知道有没有成为‘正规海军’的那一天，但至少心里一直怀着那份期待。”

念念不忘，必有回响。2016 年 11 月，高途课堂终于迎来了第一个关键节点。只不过，惊喜来自高途课堂之外。

2015 年 8 月，天校业务筹备时，钱杨由跟谁学平台转去这个新项目，依然做产品经理。次年 2 月，希望寻求更大突破的天校团队，开始考虑寻找第二增长曲线，于是想到了内容赋能。比如有些教培机构主做数学培训，那么就可以给它额外提供语文的课程包，由此可以加强和机构的黏性，顺理成章打通机构后台管理系统的服务。

为找到这样的课程包，那段时间，钱杨到处跑，去看各种各样的教学类项目。在此过程中，他结识了曾曦老师。曾曦人称“曾老怪”，背景颇具传奇色彩。他本是学理工科出身，大学毕业后入伍海军，后来又将军事对策论的理论用于作文教学，成为全国八大作文课改实验区专家组组长。曾曦认为，儿童都是天生的作家和诗人，就看有没有被激发出来。在此基础上，他独创了自己的类型作文课程。

那年夏天，钱杨机缘巧合在网上看到了曾曦老师的一次讲课录像。他觉得这个老师不错，专程跑到曾老师讲课的学校找他，后来他又去了好几趟教改试验区，亲眼看曾老师如何讲课。两人沟通了两个多月，最终在2016年10月，敲定由天校和曾曦名下的公司合资，成立一个名为“一三作文”的公司，这也是高途历史上第一个“孙辈公司”。

说是公司，其实更像一个工作室，50多岁的曾老师没有精力承接太多的课程。为达成效率最大化，钱杨决定尝试名师直播大班课模式，就从作文切入，做单独的作文班。

“第一是看中了整个课程内容，第二是看中了这个老师，然后想把内容复制出去。”提及初衷，钱杨说。不过，他们最初的设想并不是为了自己销售，而是想把内容输出给其他教培机构。但为了说服客户买单，就要先打个样，自己先招生，来证明这个课程有市场。从这个角度看，算是误打误撞。

2016年12月14日，一三作文第一次尝试做流量转化，当天晚上营收近11万元，算下来毛利有几万块。

陈向东知道后极其兴奋：“天啊！伟大的事情发生了！”

回顾这段激动人心的模式跑通过程，钱杨谦虚地表示，他们这个样本做得还比较粗糙。如果把全流程拆解开来，他们当时做得最好的是流程转化和课程履约两个环节，其他的如流量裂变还处于最为基础的阶段。

这次课程的流量来源其实非常传统，无非是业内通行的做讲座，以及和其他机构互换流量。罗斌的团队那时已经做出了流量裂变的工具，一三作文也采用了，但谈不上裂变效果。他们最大的突破在于——通过发挥名师的个人魅力以及课程的设置，使用户相信，并在线上下了单。

要知道，在线下，学生会到实体的教室来，哪怕他在听完公开课后打算放弃，在走出教室的过程中，校长和一位位客服也有机会把他“拦截”下来。但在线上，这个机会消失了。如何能在有效的时间内抓住用户的兴趣，找到他的痛点和痒点，并迅速打消他的疑虑，构成重大挑战。

这除了要靠名师的影响力，课程设置也极为关键。

团队为此花费了相当长的时间。钱杨带着一个小助手，曾老师也一样，4个人一场一场地磨课。每磨好一节课，就找身边的朋友来听，看看课程是否足够打动人，“学生”还会产生哪些疑问。老师从线下转线上，往往会遭遇一个很大的障碍，对知名老师来说尤其如此——他们往往更专注于讲课本身，不愿意做一些偏转化的动作。可在线上，光讲课好还不够，中间如果没有“推”这个动作，是不会有人下单的。

就这样磕磕碰碰，从当年的10月到12月中旬，他们花了两个多月，才终于把课程一节一节地磨好了。

这无疑是高途历史上在线直播大班课首次成功的规模化转化，陈向东所说的“小海盗”，已清晰地显现出成为“正规海军”的苗头。

2017年，高途课堂的故事终于真正开始了。

从2月起，陈向东先后安排了几个小分队，同时启动对在线直播大班课的进一步探索。时任运营负责人刘威选了7个人，组建起面向小学生的“伴节课”，另外还有初中、高中和出国留学业务等不同的创新团队，前后共计组成8个运营创新小组。同时摸索的还有一对一业务“来师”。

伴节课执行力最强，他们采用的模式和一三作文类似，团队敏锐地找到了流量裂变的密码，每个月的数据都在呈爆炸式增长。

陈向东被巨大的喜悦感包围着，大家也欢欣鼓舞。“天天晚上开课，天天晚上都能来5000人以上，甚至上万人。”周斌回忆当时的盛况，“如果是一个线下教培机构每天开工来这么多人，谁受得了？这个机会太大了！”

2017年3月，伴节课的月度营收已经小有规模。次月起，陈向东又安排钱杨和许翔负责初中和高中团队。6月，他又将包括学前、小学、初中、高中及当时的高途课堂团队在内的 5 个 B2C 的 K12 团队全面融合，组成了新的高途课堂。

当直播大班课的路径被验证可行后，陈向东就把高途课堂直接送给了公司，一点儿股份也没要。在线一对一项目来师则很快被关停。周斌一直觉得这很可惜，但陈向东丝毫不觉得。“当你时间不够、资源不够的时候，只能聚焦，我知道只能做一件事。”

钱杨和周斌分别接手了初中和小学，许翔做高中。3 个学部关系平行，总共不过几十人，都在一个大办公室里工作，整个区域分为 4 个角，刘威和 3 位学部负责人各坐一角。大家完全没有隔阂，谁吼一声就立刻开会。相互学习，彼此借鉴，迅速调整，推进速度都非常快。

钱杨从 0 到 1，把高途课堂的初中部整个又重新搭建了一遍。在线直播大班课是他率先在一三作文跑通的，他也深深体会到做新业务的快感。

作为单项班，作文课的优势劣势都非常明显。优势在于，选择这门课的学生通常需求都非常明确，这代表转化率会高；但劣势在于，学生往往希望在相对短期内解决这个单项问题，因此课程的时间不能拉太长，同时又很难和其他课程形成强连接，导致无法续班。而在教培行业，续班率决定企业的生死。

提供系统连贯课程的高途课堂，发展空间则大得多。想象一下，如果一名学生在小学一年级时就来报课，且家长和孩子对课程及服务足够满意，理论上他可以在这里待满从小学一年级到高中三年级，足足 12 年。每年两个学期再加上寒暑假，12 年下来就是 48 期班，LTV（life time value，客户生命周期总价值）足够长，可以大大摊薄招生成本。更何况，高途课堂包含了 K12 的所有学科，学生只要认同一科课程的效果，往往也会更愿意尝试其他科目，事实也验证了这一点，后来在高途课堂同时报三四科的学生数不胜数。

高中业务线也完全是从头开始。从生源上看，小学赛道的数量最为庞大，高中则最小。起初刘威不太看好这条赛道，但许翔不在乎那么多。这时，高途课堂主打“名师”“大班”“直播”等几个特质已经非常明确，大家只要找到名师，找到流量，按部就班去推进就好。

许翔先在跟谁学平台上搜索特级老师，找到十几个，他挨个去联系，最后确定了马力仲老师作为深入合作对象。马老师当时在广州的一家知名高中教数学，思维非常活跃。早自2010年，他就开始琢磨线上学习的场景，并有意识地将自己在课堂上的讲授重点、难点录屏，先是提供给班里的同学，后来他有了自己的微信公众号，便把其中的相当一部分陆续发到了公众号上。他坚信，线下和线上学习必须相互结合，后者是前者极为有益的补充。“这个年代，如果我们上数学课还是一个黑板、一支粉笔，或者一张PPT讲下去，那和30年前甚至50年前有什么区别？”他总是这样四处游说。

可以说，在当时的传统教育群体中，马力仲是个另类。也因此，他不但早早就入驻了跟谁学平台，上传过自己的录播课，而且在其他一些诸如腾讯课堂的直播平台上也上传过课程，还做过专题类的直播，名字非常有趣——马后炮，这与他个人风格高度相符——诙谐幽默。“马后炮”主要在每年高考后，讲解当年高考数学的特点以及对今后数学的导向作用。听的人不少，许翔也是听众之一。

马、许二人都注重追求事业，沟通很是顺畅，两人没聊几句就进入项目实操阶段。那时已临近高考季，于是他们决定先做一次免费的公开课，主题就是高考的考前指导。6月3日到5日，马力仲连续直播了3天，每天差不多有8个小时。没几天，高考结束，许翔发现马老师在公开课中讲的很多内容都切中了高考题目的特点。

马力仲于是成为高途课堂高中部第一位数学老师，而且是兼职——那时的高途还没有足够的财力招聘专职名师。第一次课，许翔给马力仲的报酬是每小时1000块钱，为激发马老师的热情，他还许诺：“大家一起干，未来让你一个小时达到 2000 块钱。”没多久，这个数字就翻了若干倍。

高中部启动第一个月，营收 16 万元。接下来的几个月，数据跑得飞快，很快就成为几个学部中的第一。

可以说，以新的高途课堂成立为标志，公司终于找到了值得专心投入的原点，此后，其所有行动也都开始向这个原点靠拢。比如：招聘什么样的人？符合 K12 大班课所需的人。培训培养什么样的人？能当老师的人。系统怎么建设？不再是平台建设，而是要围绕 B2C 模式做相关的系统建设。

事后，陈向东多次提起很多创业者都说过的那句话：“一个全新的创业，一个破坏型创新的创业，一个改变中国行业的创业，没有 3 年时间基本上是不可能的。”

新的高途课堂成立于 2017 年 6 月，距离高途创业刚好是 3 年。

“我们是如此地幸运，就在我们创办 3 年的时候，我们找到了一个机会点、一个爆发点，找到了一个我们 all in 的点。”

02 聚焦 B2C，断腕的勇气和魄力

2016 年国庆节，陈向东自掏腰包，带着公司核心高管和骨干近 30 人，赴英国团建。

他们一起去了伦敦、爱丁堡，一起参观了剑桥大学、莎士比亚故居，一起开会讨论，一起畅想未来。陈向东将这次旅行定义为一次“融合之旅，协作之旅，学习之旅，每个人深刻地叩问内心之旅”。他在发言时说：“我非常非常地高兴看到这一次的旅行不少人都谈到了感恩，不少人都谈到了了解，不少人都谈到了对他人的更多的熟悉，或者说是包括像罗斌所说的 family（家庭）的感觉。”

实际上，那时公司正处于内忧外患之中，在反复的煎熬后，一场重大的变革已经开始在陈向东心中酝酿。但首要的问题是，团队不能散，要让伙伴相信公司没问题。一路上，他都在极力鼓舞大家，帮助大家树立更多的信心。因为只有大家越稳定，他才能越安心地为未来的变革做更好的准备。

两三个月后，陈向东前往美国纽约探亲。他每天总是很早就去大街上跑步。他发现，在这样寒风凛冽、天刚破晓的清晨，总会有人走进星巴克，端着一杯热气腾腾的咖啡离开。每天都是那些人，非常有规律。

这样的事开始启发陈向东思考自己的人生。起初他只觉得自己的人生

很是悲剧，却并不明白自己到底做错了什么。但他知道，任何一家公司有灾难，一定是一把手造成的。他反复问自己：你在伙伴身上尽了多少力？是不是在做正确的事情？然后，他听到了内心否定的答案。

抛却过往的光环，高途于他而言，也是第一次真正意义上的创业。创业伊始，包括投资人和身边的朋友，一堆人都告诉他，对一个互联网企业来说，创始人就是最大的流量入口，得多出去参加公关活动、去演讲，这样才能提升公司的品牌知名度，而且还能给公司省下一大笔推广费用。

陈向东听进去了。他一改往日的低调，奔波于各种电视节目和媒体访谈中，活跃于各微信群。事后统计，整个 2016 年，他接受了 43 次媒体采访，更是进行了多达 67 场特邀公开演讲。

“忘掉自己，向‘90 后’看齐！”他如此鼓舞自己。“90 后”最爱在朋友圈晒自拍照。陈向东也让伙伴给他拍，频繁发朋友圈。太太看到后吃惊地批评他：“陈向东你好意思吗？”他反过来嘲笑太太：“你已经 out 了！”

就品牌推广而言，这确实给公司省了很多钱，跟谁学 App 的动态下载量一度排名第一，其中陈向东四处奔波功不可没。只是后来他发现，有了品牌声量后，团队并没有能力接住它。

在纽约街头的微微晨曦中，他突然知道自己要做什么了。这之后，陈向东给自己立下规矩，谢绝所有外部活动，谢绝所有外部访谈，不见投资人，也不开任何发布会。他又一头扎进了“沉寂”中。

那干什么呢？深入一线！

创办高途后，因为抱着“攒局”的心态，陈向东一直没有亲自操盘，而是奉行放权授权的原则。但公司走到今天，危难之际，作为创始人，他必须，也只能自己站出来。

其实这样的想法陈向东老早就有，但此前的时机还不成熟。公司在 2015 年年底才全面启动变现，倘若不给大家一个时期去尝试，任谁都不可能服气。因为唯有在这个尝试的过程中，不断呈现出真实数据，再比对目标，每个人才能看到自己的差距，慢慢意识到问题。

人生就是一场历练，真正的高手才能做到道法自然。当把最根本的底层逻辑想清楚后，很多事情便可以迎刃而解。

2017 年春节假期结束后，陈向东回到公司召开总裁办公会，第一件事就是宣布要亲自接管业务。会场气氛相当凝重，没人说话。那时公司依然以互联网业务为主，看上去，陈向东似乎并不是比张怀亭更好的人选。大家不确定，“不懂得互联网”的创始人接管后能不能做好。

但陈向东很坚决，也不存在配合不配合的问题，“不配合就走人”。其实在美国时，他就着手调整了，天天忙着写邮件、打电话，动作频频。那时他已经想清楚了，也做好了各种准备。

接下来便是大刀阔斧的执行。通知会开完后，陈向东立即让核心骨干互相打分，再找新伙伴给骨干打分，评分最低的两个中层末位淘汰。其中一个是他的老伙伴，他带着不舍问能不能第二天再走，陈向东摒弃私情，丝毫没有动摇地说：“就今天！”伙伴道出窘境，问能不能借点儿钱，10 万元，陈向东当场就给他转了账——很少有人知道，在公司上市后，这个老伙伴卖了股票，彻底还清了这笔钱。

只有公司活下来，一切才有意义，对团队中的每个人来说都不例外。当时陈向东忍痛辞掉的几个人后来反而很感激他，他们因自己身为公司的早期伙伴之一而感到自豪。后来，他们还经常来看陈向东，甚至带点儿东西。陈向东每次都照单全收：“你们送我东西我都要，反正你们的钱也是从公司赚的。”玩笑归玩笑，他知道这是对方的心意，不能拒绝。

除了调整团队，在日常运营方面，陈向东盯得也很紧。每天开会时，他都把重要事项全部写到黑板上，第二天再逐一过。每一份文件，他都亲自签字，细到连打车费的报销标准这种事也亲力亲为。在线教育这个战场有他不熟悉的业务，所以，每一分钱背后的逻辑是什么、怎么运转，他都必须弄清楚。

他还恢复了自创业第一天就开始，但中途一度断掉的每周一和新伙伴聊天的传统。有时候是几个人，有时候是几十个人，大家围成一个圆圈，一起畅快地聊上两个小时。

2017年年初，成为高途“第二次创业”的起点。

不过，还是融不来钱，A轮融资也最终成为高途融资的终点。但陈向东用自己的办法解决了这个别人眼中巨大的困难——自己掏钱。事实上，他从来没为融资焦虑过，因为他早就设好了兜底。在离开新东方之后，他就把卖股票得来的所有钱都存在了银行里，活期，不做理财，不做任何可能影响随时提取的动作，就是为万一天塌下来，还能接住。他坦言，在公司最艰难的日子里，自己最终没有抑郁，正是因为有这个兜底。他早就算过账，如果公司做不成，自己也能把所有投资都还上。

“我这辈子不想亏欠人，因为所有的投资背后都是信任。”他说。虽然按照商业规则，风险投资本身就要承担风险，企业哪怕做砸了，创始人也只是承担有限责任，没有义务一定要还，但陈向东不能接受自己这样做。——这也印证了市场上广为流传的那句话：本质上，所有投资都是借债。

2016年年底，他连夜飞了一趟香港，自己拿出1000万美元，准备给公司应急。有任何人要求退股，他也马上个人接收，从不犹豫。所以公司从来没有揭不开锅，这也避免了内乱的可能。

只是在这个过程中，陈向东再次不断地见证人性。

B轮融资时，有投资人愿意投，只是谈来谈去，都要求降估值。这意味着要对A轮投资人做股权补偿，团队的大部分股权都将流失，高途将在很大程度上不再是大家的公司。核心创始团队成员自然都不同意。陈向东想到另一个方案，就是把公司估值降低，但大家同时按各自的股份比例，一起凑些钱。

他把核心创始团队成员召集起来，问大家是否愿意，几人不约而同地沉默了。

陈向东有些失望，但也并没感到受伤。他曾经目睹了太多的创业故事，自己也身在局中，早就知道创业不易，一切皆可归为正常。

好在，凡是能用钱解决的事都不是事。了解中国商界的人都知道，凡是自身资金实力雄厚的企业家，都惯常用钱来解决内部人的问题。

陈向东也一样，关键时刻，他也是用钱“摆平”的。“实事求是地讲，我创业如果不是因为自己有钱，早死了几百次了！”

看上去，这几乎没什么可复制的价值，然而，这就是真实而残酷的事实。想想如今国内知名的企业家，凡是最终成功杀出重围、扬名立万的，大多是在创业期就腰缠万贯，或是家庭比较有背景的人物。正如商学院里，教授们经常会提问：创办一家公司最重要的是什么？很多人会说是才华，要不就说是人脉、资源，实际的答案是资本。尤其当你进入的是大型赛道时，没有资本，如何与一众优秀选手 PK？

2017 年，洪泰基金创始合伙人盛希泰数次在公开演讲中提到当时创业的最大变化，其中之一就是，“创业参与者从精英创业，到（2014 年的）大众创业，再回归到目前为止的精英创业”。他说：“创业这件事没那么好玩，尤其是做老大、做 CEO，因为一旦失败，对谁都不是好事。”

所以，陈向东从来不忽悠人随随便便去创业。他已亲身体会过，哪怕如他这样的“有钱人”，试错的代价也是惨烈的。“高途这段烧钱的经历就像花了 10 个亿去上了一个商学院。”他常常如此调侃。

当然，此商学院还不能代替彼商学院。

2017 年年初，在回归一线后，陈向东先后给自己报了两门课程。3 月，他上了清华五道口金融学院的 EMBA。那时，他的在线直播双师大班课初步模型已经跑通，伴节课喜报频传。他已为公司布好棋局，成竹在胸，可谓在“因”上奋斗，只待在“果”上收获。他的睡眠好了许多，连带心胸都随之变得更加豁达。4 月，他又上了青腾大学，这是腾讯公司面向创始人和企业家生态创办的公司级大学。

但真正的变革还没启动。作为 CEO，他必须基于未来做决策，需要知道未来在哪里。青腾大学汇聚了不少创业者，他们也都在探索未来。而五道口金融学院 EMBA 课堂里的 CEO 们，已经证明了自己从过去看到现在的能力，对于如何从现在看未来，他们也在学习。

陈向东汇入其中。他几乎从不落课，而且像求学时一样，每次上课都坐在第一排。“80 后”的同学——其中不少人是陈向东在新东方时期的学生——惊诧地看着他每天都在认真地记笔记，有的年轻老师见到他这么资深的大佬坐在下面，都会觉得不好意思。还有之前认识的老师直接问他：“陈老师，你还需要上这课？”陈向东点头称是。

但陈向东上课其实和其他人完全不同。别人上课是来学知识的，他视上课为闭关，为的是跳出公司，置身于一个学习的氛围中，构建自己的思考能力。每当老师讲到一个主题，他便思考自己该怎么做——他的笔记，记的正是自己的思考和计划。而且每次上课，陈向东都带着他的问题清单，有 100 多个问题，下课时约不同的 CEO 问，在这样的碰撞中，激发自己的大脑，让它快速奔跑起来。

这样的自我净化和刷新，让陈向东非常享受每一天。虽然，很多人看着“内向腼腆，不善言谈”又认真学习的陈向东会忍不住猜测：公司是不是不行了，不然创始人怎么还要跑来学习？“唉，真是可怜哪！”

他们不知道，实际上这正是陈向东无论外在输入还是内在反思都高速运转的阶段。他思考的问题涵盖公司方方面面，有业务方向层面的，也包括组织和干部层面。公司那时有很多不同的业务，出现了很多新的岗位，该怎么设薪酬、定激励；一些老人跟不上了，该如何帮助他们重新定位，再获成长。在青腾大学学习期间，腾讯文化中的互联网色彩、工程师要素、快速迭代及包容，都给他留下了深刻的印象。

回公司后，陈向东就给大家做培训。密度最高的一周，从周一到周六，每天早晨他都拉着四五十个核心骨干开会，连开 6 天。

与此同时，他也在试探。

还是在人大西门，陈向东请几个核心负责人吃饭，释放了要聚焦 B2C 场景的信号。但大家一致认为 B2B 业务应该继续探索一段时间。这之后，陈向东便开始找大家一个一个单独谈。他表达了必须聚焦 B2C 的意思，认为 B2B 业务要么关掉，要么整合，要么就拆分出去。

张怀亭觉得陈向东太过激，认为可以再缓和一些。罗斌那时还沉浸在独立创业的兴奋中，因为每个月都有钱进来，总觉得再努努力，收入很快就能上去了。还有人担心转型 B2C 后，不再是平台的概念，生意的想象空间就小了。总之，7 个副总裁，6 个人都不同意陈向东的意见。

“其实也很正常。”作为除了陈向东本人以外，核心创始团队中最终留下来的唯一一位，罗斌说，“我已经做了一两年的 B2B 业务，我花费了那么多心血，好不容易让自己相信这个事是成立的，你现在直接说不做了，第一反应肯定会排斥。人都是有惯性的。”更重要的是，直到那时，大家在认知上依然没有达成一致。

7 个人中唯一认同陈向东的是祁秀平。在他看来，公司聚拢了一批来自百度的伙伴，还有老师出身的优秀人才，大家的知识密度很高，但在商业上的认知并不够简单和纯粹。真正的互联网公司，往往是一个人想好之后，其他人便全力以赴，但在高途，大家的判断是如此地不统一，如此地纠结。

面对这种情况，陈向东给足了缓冲期。半年的时间里，每项业务的数据、目标都摆在眼前，这个月没完成，次月还是没完成。慢慢地，大家都懂了。

到了 2017 年 6 月，高途课堂已摸索了好几个月，每个月的数据都同比 100% 增长。陈向东下定了决心。

这当然不是一个容易的抉择。因为跟谁学平台业务不做了，张怀亭就成了闲职，苏伟也没了位置；U盟不再外接业务，罗斌也没工作可做了；百家云拆分，李钢江就要离开；天校也一样，一旦拆分就意味着邓弘要离开；还有商学院，如果放弃掉，吕伟胜只能转岗；祁秀平就更不用说，那时他负责全国分公司，自己也不是教育行业出身，如果分公司关掉，便不知该何去何从。

7位副总裁，每个人都要面临变化，每个人都感到受挫。每次开会谈到要砍掉B2B，都会有人哽咽流泪，张怀亭更是哭得稀里哗啦，他想再争取一年时间，但陈向东不可能再耗了。

2017年8月，暑热正浓，大家怀着复杂的心态，迎来了最后一次拍板会。

陈向东干脆利落地宣布：从今天起，公司all in一件事——分公司全部关停，所有B2B业务或者拆分，或者停掉。

一时间，大家都蒙了。稍后，又像炸了锅。

那时公司的B2B业务一个月大约有1000万元的收入。

“就这么一下子不要了？”

“不要了。”

“没钱了怎么办？”

“没钱了我个人掏。”

“两件事能同时做吗？”

“只能做一件事。”

后来陈向东才知道，大家知道他在那天的会议上要宣布这件事，提前商量好了谁先反对，谁后反对。

不过陈向东没给他们这个机会。他疾风般说完了接下来的规划：通过股权置换的方式剥离B2B业务，专注做在线直播双师大班课。

“这件事情就这么办，大家只要执行就可以。”

短短40分钟，陈向东便结束了这次决定公司未来命运的会议，赶往机场出差。候机时，意料之中，电话响了。罗斌的声音传了过来，再次劝说他再想想。陈向东知道此刻张怀亭一定正站在罗斌身边，他一点儿都没犹豫："不用想了！"

当天晚上，投资人的电话也追来了。意见类似，每个月1000多万的收入，说不要就不要了吗？陈向东依旧态度坚决："我已经想清楚了，在公司的战略方向上，不用再给我提建议。"

其实当时高途课堂的月营收只有几百万元，尚未站稳脚跟，为什么不再等一等，让它能更好地证明自己呢？

陈向东答："资源有限，时间有限，时不我待。"

他后来也想过，当时有没有可能做得更好？似乎不能。除非能更早地把团队砍成更小的规模。但拿了5000万美元融资，即便在摸索过程中，也肯定需要保住几百人的规模，才能不断地发现人才、定义人才，然后找到突破口。

"做自营的逻辑和背景其实是相对比较清晰的，但是说实话，你说谁有底气，可能不见得。"虽然支持公司转型，但祁秀平还是真实表达心声。

有底气的人其实有，就是陈向东自己。

当他想明白在线直播双师大班课"质量更好，效率更高，价格更低"时，一个崭新的商业模式已经在他的头脑中形成了。显然，在线直播双师大班课模式可以通过技术手段，把好老师这个教育里最核心的要素成倍放大。同时，B2C自主运营也更为可控，能够更好地保证教学的质量，回到教育的本质上来。

这次转型被陈向东认定为自己创业以来做得最对的决定之一（另一个决定是一开始就决心要做一家技术公司）。

他甚至认为，这才是作为CEO该做的重大的"决策"。"德鲁克在《卓有成效的管理者》中说，费尔在贝尔当了20年的CEO，就做了4个重要决策。高途成立快9年了，我做了什么重要决策？最重要的决策就是高途这家公司确定做在线直播双师大班课。其他的决策都是小决策。”

最关键的是，对出身线下教育的陈向东而言，B2C 大班课正是他熟悉的战场，而且在跑小模型的时候就盈利了，这个账很容易算。他甚至能体会到那种瞬间的美妙：“这场仗必赢！”

这次转型也是自高途创业以来，陈向东最强势的一次，尽显当年“杀伐果断”的气势。

吕伟胜后来对陈向东做出过如下评价：

> 优秀的领导者应该符合以下两个大方面：挥金如土、爱才如命、“杀人”如麻、学习如痴；心胸开阔、志高行远、杀伐果断、乐于分享。心要善、刀要快（马云在阿里巴巴内部倡导的），当他需要裁人的时候，他是绝不手软，动作很快的，所以用稻盛和夫的话来讲，时而做魔鬼，时而做菩萨，他做到了。[①]

自此，公司 all in 在线直播双师大班课。

---

① 《新东方之后，他如何从 A 轮直接上市》，作者贾宁。

03 涅槃重生，要有一项生意天塌下来都能赚钱

2017年8月，公司革命性的重大业务和组织结构调整正式启动。

最先拆分的是李钢江主导的视频直播SaaS服务系统“百家云”。李钢江本不愿意走，陈向东答复“没有选择”。

这项业务的最早起源，其实要追溯到陈向东的一个重大直觉和判断。高途于2014年6月创建时，行业内还鲜有公司自建视频直播团队，就连第三方的成熟供应商也没有。少量做视频会议或秀场类业务的公司，会对外释放自己的产品，但也仅限于最基础的定制，提供简单的音视频编解码和网络传输功能，完全谈不上对教育行业有任何专属支持。

彼时，就连张怀亭和罗斌也很是不解：咱们是想做一个找老师的平台，为什么要做视频直播？陈向东答：这就是未来。做一个在线科技教育公司，视频直播技术一定是最核心的技术，没有之一。

很难谈得上细致的理性分析，但这就是陈向东一向的敏锐直觉。这或许源自他曾学过电子技术专业，源自他看似文科生表象下隐藏的理科思维，但更多的是源自多年的商场历练。

时机刚刚好。主营一对一外教口语业务的91外教网因业务形态单一，体量始终上不去，到2014年年中，已无力支撑，决定出售，正面临人员

上的动荡。他们的课程需要和外教面对面真人视频实时互动，因此恰巧有一个小型的视频直播团队“待分配”。陈向东得知消息，派张怀亭和罗斌迅速前往“截胡”。

他们成功说服了这个小团队的领头人张弩。张弩拥有多年音视频技术和产品方面的经验，为人保守内向，没有把握的事情不做，但同时他也向往更大的发挥空间，一旦认准方向就不会轻易改变。跟谁学网作为一个O2O平台，未来体量必然巨大，而且，作为教与学的连接者，平台上势必会汇聚大量老师和学生，这意味着音视频形式会更加多样化，应用形式能够更加丰富。这两个因素深深地吸引了他。

4位伙伴简单商量了一下后，组团加入高途。这个团队便是高途自有直播技术的起点。

秉承当时的高途风格，视频直播技术的发展同样是“快快快”。2015年年初，单教室承载量已达到一万人。9月，大大解决了视频传输中的卡顿和延迟问题。在张弩看来，当时公司的视频直播产品已经和市面上视频会议产品达到同样的技术等级。这也是高途能在2015年相继开展3000人直播课堂和万人直播课堂的基础。11月，团队又率先完成了对客户端的全终端覆盖，也就是说，用户用任何设备都可以来听课。

说起来简单，实际做起来挑战重重。不同于公司统一的视频会议，个体老师和学生的网络设备五花八门，网络带宽也常常不够。而且，直播课程一旦卡顿延迟，可能造成关键内容的缺失。为此，张弩团队可花费了不少心思和力气。

到2016年5月，高途的直播系统再次大幅跃升，单个教室容量达到10万人，部署的整个服务器可支持100万人同时上课。

依靠强大的技术支撑，百家云在2017年下半年从高途分拆之前，已经实现正向现金流，前景大好。

即便如此，高途依然采取了“扶上马，送一程”的方式。为支持百家云跨越过渡期，当时高途整个视频直播团队的二三十人全部跟着李钢江出走，包括张驽也去了小半年，以保证独立后的百家云顺利发展。一切理顺后，张驽才带着 3 个人回归高途，重新组建高途的视频直播团队。“百家云现在用的大班课技术依然脱胎于我们 2015、2016 年那个版本。”他说。

受益于在线教育赛道的如日中天，行业对底层视频播放技术的需求大增，独立后的百家云赶上了风口，发展迅速，先后获得多轮融资。在此过程中，百家云通过进一步搭建多元的产品线，进入多个领域，使得收入构成更为均衡，大大增强了抗风险能力。2022 年 12 月 26 日，百家云以借壳的方式登陆美国纳斯达克，成为中国音视频 SaaS 第一股。

天校的故事在早期和百家云极为相像。在拆分之时，其团队已有约百人，月收入 200 万元上下。陈向东和邓弘两个人先各自掏了一部分钱，作为这项业务独立的启动资金。因在业内表现突出，资本很快就找上了门，而且是头部基金。2019 年年初，天校成功拿到了融资。

作为陈向东当年“平地拔起”的老部下，邓弘对个人利益并不纠结。他知道在一个组织内，一旦长期不能保持一致性，必然会走向困境，所以当得知公司剥离 B2B 业务的消息时，他的想法是：公司不容易，我得帮公司多建几个“逃生舱”。当然，事后邓弘也承认，那时自己对主营 B2C 业务这一战略，并没有“特别懂”，因为在他看来，这项业务很快就会进入同质化竞争阶段。

独立后的天校在很长一段时间内发展稳定。但 2020 年年初形势急转直下。当时，天校的客户——线下教培机构普遍不景气，邓弘只是简单地盘算了一下，就清晰地看到了暗淡的前景。他是个无比谨慎的人，既不打算顶风冲一把，也不打算混一天是一天，而是出人意料地决定主动提前解散大部队，给员工留出足够的遣散费用。接下来的一年里，邓弘只保留了一个很小的队伍，完成对既有客户的服务维护，至 2020 年年底，天校宣布彻底关停。

但无论后续的发展情况如何，回到2017年8月公司所面临的局面，比起大家绑在一起沉船，拆分肯定是一个更好的选择。拆分之后，公司能大大降低财务上的压力，更何况，百家云和天校都是当时看上去颇有希望的业务。

拆分采用了“股东平移”的方式，就是把在高途的股权作价，直接平移到拆分出去的公司中去，李钢江和邓弘由此分别成为百家云和天校的大股东，可以真正当家做主，得到了一个阶段性的交代。高途本身则不再持有任何一个公司的股份，专注B2C。这样做，也保证了高途本身治理结构的相对简单化。

为了更好地完成这次拆分和过渡，之前由李钢江兼任的人力资源负责人一职，此时改由刘彤担任。他的首要任务就是做内部人员的优化。

之后一年多时间里，公司缩编了产研团队，全国各地分公司也基本全部关停，人员就地解散。不过，公司号召外地分公司的小伙伴来京，并给出了城市差异补贴的政策，标准是3000块钱。确实有不少人看好公司的新方向，比如西安分公司副总王瑶便率领团队8人全部来京，青岛分公司主管丁鹏飞也带着4人团队前来，甚至有人举家搬迁，汇编到崭新的B2C体系中。他们后来都成长为公司的骨干。即使当时解散的人员，在日后在线直播双师大班课被彻底验证可行后，也回流了一部分。刘彤认为，这有赖于公司当年在团队内部所累积的口碑，“这个组织是能成长人的”。

“当年每个人都跟我说，我这个业务也许能做到一个亿。一个亿有什么意义呢？我要的是我们all in一件事。”这就是陈向东的风格，说聚焦就要聚焦，他不希望任何可能导致自己分心的因素存在。

陈向东在几年后回首时感叹，人们只惊叹于有些公司最后成功了，那些谦虚的公司创始人也总会将成功归因于运气。但在运气背后，是一个个根据天时地利人和做出的正确的小决策，它们首尾相接，最终才铺就了一条或平坦或崎岖的成功之路。

在百家云和天校拆分的同时，U 盟也从 2017 年开始不再对外销售，只服务于高途体系内部。跟谁学商学院则成为公司此前四大 B2B 业务中唯一保留下来的一项。但直到 2017 年年底，它仍未盈利。

也许是为了和过往做某种象征意义上的切割，跟谁学商学院于 2018 年 5 月更名为成蹊商学院。年底，蔡卫星上任成蹊商学院院长。他采取的最重要的动作是客户分层，在很短的时间里，他便相继打出了调整客户比例，细分转化场景，服务分层等一系列组合拳。也就是：控制小型客户的比例，大幅提升千万级以上大客户的占比；相应的，将不同规模的客户的转化场景做细分区隔，同时，对不同层次的客户提供完全不同的服务内容。

2018 年、2019 年这两年，蔡卫星共计跑了全国 16 个省，走访了六七百家大中型教培机构，对客户的情况和需求有了更深刻的认知。2019 年 3 月起，成蹊商学院的营收接连攀高，半年后做到了单月收入 500 多万元，一年下来，实现扭亏为盈，年度盈利达六七百万元。一度，成蹊商学院在行业内几乎家喻户晓，活动上人头攒动，盛况空前。

不过，这注定不是那种能形成大飞轮的业务。尤其进入 2020 年，线上教育迎来更猛烈的爆发期，线下教育却正相反。成蹊商学院不得不将服务改为线上交付，但受冲击依然很大。2020 年年中，成蹊商学院走向了终点。

在将几个后来延展出来的 B2B 业务都各做安置后，最麻烦的还是跟谁学平台。平台发展了 3 年多，遗留了不少历史包袱。宣布聚焦 B2C 时，还有大量老师和机构入驻在跟谁学平台里，许多现金收入尚未结课。跟谁学平台不得不过渡一年，从 2017 年 7 月起不再签约新的老师和机构，为服务尚未完结的老用户，公司通过在线教学与学习工具微师，来继续承接原有平台业务，直至一年后合约全部到期。

必须交代的是，陈向东原本考虑可能会有用户不愿意转移，所以做好了全部退费的准备。最终用户普遍做到了平滑过渡，这笔钱没用上，但陈向东的"负责任"由此可见一斑。

与平台过渡同期，2017年8月，陈向东又将跟谁学平台其他人员整编，成立另一个在线直播双师大班课业务"跟谁学好课"。高途课堂和跟谁学好课从此启动双品牌运营，成为陈向东红蓝军思维的突出体现。

在企业界，第一个提出并对红蓝军机制进行清晰描述的是华为。不过，陈向东对红蓝军机制的推崇并非来自对华为的借鉴，而是自小的对标习惯——虽然他的确深深认可华为的管理。他发现，一个人一旦找到对标对象，总能爆发出巨大的潜力。这样的想法在他创业时愈发坚定：只有一个队伍是危险的，如果多团队并行，并且能鼓励每个团队去自由探索，新的机会就可能到来。

从某种意义上看，公司当年生出4个B2B业务，包括高途课堂早期就采取了学部分组、各自探索的做法，无不是红蓝军机制的体现。

而今，对高途课堂这个"红军"而言，跟谁学好课就构成了"蓝军"，二者并驾齐驱，一路向前。

祁秀平担任跟谁学好课的总负责人。理解双品牌运营对他来说没有任何难度。"携程合并去哪儿网之后，保留了两个品牌；美团和大众点评合并后也一样；淘宝网也发展出天猫。双品牌会遇到用户目标人群重合的问题，但当时市场足够大，完全可以先跑起来再看。"

内部也会有伙伴对此表示不理解，陈向东这样回答："阶段性的、局部的重复我们是要容忍的。只有对适度灰度管理的采纳，只有对适度可能浪费的容忍，我们才能够真正让不同的业务线和不同部门的伙伴们敢于创新、敢于尝试、敢于失败、敢于迅速地复盘和总结，从而得到最优的经验曲线。"

跟谁学好课和高途课堂的确做到了既有适度重复，又各不相同。

高途课堂旗帜鲜明只专注K12业务，而跟谁学好课为做更多探索，还同时进入非K12领域，慢慢延伸出成人英语、成人瑜伽等课程。这一方面是为公司找寻“第二条曲线”，另一方面也有多业务线分布以分散风险的考量。其中成人英语表现尤其突出，到 2018 年 9 月，单月做到了 1000 万元的营收，次年初，成人英语已成长为跟谁学好课内部的老二，收入仅次于跟谁学好课高中部，比小学和初中部都多，且是盈利的。直到 2019 年，成人英语都是整个公司的第二大利润部门，到 2020 年，年度收入更是达到近 7 亿元。

在课程类型上，跟谁学好课也和高途课堂形成了差异化。后者以系统班为主，前者则更多做专题班。这个传统一直延续下去，直到后来跟谁学好课陆续构建了高中和初中学部后，初高中才采取了系统班模式，但在小学学部，还是以专题班为主体。

此外，在运营模式上，二者更是互为竞争对手，同时也是相互学习的亲密队友。跟谁学好课组队伊始以及第一次续班，都是时任高途课堂的干部去给做的培训。跟谁学好课团队亦然，一旦内部有所创新，也会及时地分享给高途课堂。比如后来在整个公司发扬光大的集训营，就是跟谁学好课团队探索出来的。在此之前，行业都是通过提供一节免费试听课来促使家长下单。但跟谁学好课团队认为，只是一次仓促的体验不足以让家长有足够的判断。所以，他们设计出直播集训营的模式，让家长在连续四五天的时间里，连续上完四五次课程，对老师的风格和课程内容都形成充分的了解和感知，然后再决策。这样尽管看起来节奏更慢、周期更长，但实际上，因为家长对老师的课程理解得更深刻，用户的转化率得以大幅提升。

就这样，一直到 2020 年 9 月，跟谁学好课和高途课堂两个品牌合并前，外部很多权威的调研机构在调研教育行业的品牌时，都是把跟谁学好课和高途课堂分开的，祁秀平认为，“其实是个好事”。

回顾 2017 年到 2018 年，由于业务重心调整，高途也不可避免地付出了代价。多位核心创始团队成员在这个阶段先后离开了公司。到 2019 年年底，除了陈向东，早前的核心创始团队成员中，唯有罗斌一人还在。除了拆分出去的李钢江和邓弘，原 CFO 宋欲晓也于公司上市前因家庭原因辞职；副总裁张怀亭在公司上市后的下半年离开；苏伟，这位高途之所以成形的最初源头，也在 2019 年底因身体原因作别。

但人散曲未终。每一位核心创始团队成员都做到了友好分手。而且更重要的是，从公司整体角度看，这无疑构成了一次重大的命运转折点。

2017 年 9 月，高途在线直播双师大班课实现首月盈利。年底，团队确定了公司的新定位：科技驱动的 B2C 在线教育机构，使命是“科技让教育更美好”。

自此，陈向东的失眠“神奇地消失了”。他开始形成一个新的习惯：每天晚上睡前和每天早晨醒来，都非常开心地说一句“真好”。

2017 年，被陈向东定义为高途的生长元年，他给自己的表现打了 80 分——一个他自认为很高的分数。

“高途是谁？高途是一家在 2014 年创办、最后活下来的公司。”他自问自答、万般感慨，“那真是一个非常伟大的创业时代，1000 多家公司同时创业做教育 O2O，绝大多数都死掉了，而高途如此幸运地活了下来。”

就在前不久，一个相熟的朋友来找陈向东聊天，他以“奇迹”二字评价高途。为啥呢？因为业务线在变，人也绕来绕去，最后公司却没散架，又活下来了。

后来陈向东常常提起，当年他还在新东方时，马云曾带人去参观。在和陈向东聊天时，马云提到自己见李嘉诚的时候，曾问李嘉诚做了那么多产业，是怎么做到都那么好的。李嘉诚回答说：“如果你有一项生意，天塌下来都能赚到钱，你再做任何的事情都不怕了。”

这句话简直被陈向东奉为格言。自 2017 年后，他慢慢找到了类似的感觉。市场的需求强劲且长期存在；公司有着巨大的品牌、强大的人才体系和交付能力，能够满足市场的需求；公司正在给出一个又一个周期的自我成功验证。他推断，高途怎么着都能活下来。

这种感觉就像什么呢？大概就像一位署名“殷紫”的伙伴在高途内部书籍《我们》中描述的那样：

2017 年 11 月，我入职高途课堂。当时的北京已是深秋，燕山北麓的寒风将天边的云吹成一缕一缕的。沿着居庸关的青黑色砖石城墙，高途课堂的 100 多位小伙伴正在爬长城。越到高处，寒风越劲。终于登至长城之巅，100 多位伙伴高喊“在家上高途，成绩大进步”，声势浩大，直通云霄。

04 创新的起点，源自参透商业本质

市场总有周期，风口的确存在。

大约在2020年前后，方正证券教育行业明星分析师姚蕾曾总结过教育行业的周期，认为在过去十几年里，以大致每5年为一个周期，周期的主角依次是线下大班课、线下一对一、线下小班、在线一对一、在线大班课。

只是，市场常常后知后觉，而陈向东抢先一步判断到新风向的到来，并实实在在地成为验证者。

2019年6月，高途在美国上市，且创造了连续7个季度盈利的奇迹，一时间吸引了无数人分析解读。有人总结说，高途盈利的秘密藏在“五最”里，即：用最多的薪酬待遇，撬动最优秀的老师，搭载最全面的团队，吸引最多的学生，卖出最高价的课程。

陈向东则认为，这个总结囊括的太多了。核心就是3个：一是名师、高价、大班；二是抓住了微信流量；三是自研的在线直播技术的支撑。

无论哪一点，都并非朝夕之功，而是来自陈向东长达数十年对教育的研磨，同时也有赖于公司在O2O期间的深厚积淀。

人们常说，每一步路都不会白走，每一个馒头都不会白吃。3年O2O的艰难探索，差点儿将公司导向深渊，但从另一个角度看，也起到

了反向成就的作用。

罗斌对此做了一个比较系统的总结：

首先，为公司聚集到大量人才。如果不是初期有构筑一个平台这样的 Big Dream（大梦想），许多人就不会来，尤其是那些高端技术人才。这些人尽管在后来也有所流失，但其中的很多都坚持了下来，成为公司日后发展的中坚力量；

其次，公司在最初的 3 年里，在互联网平台能力上做了大量投入，形成诸多积累，这也是支撑其在后面的大幅变化中能扛住的重要原因；

最后，每个阶段犯过的错，往往在下一阶段就可能变成经验。有些事情在战略上不成立，但从战术上看却确确实实地锻炼了团队的能力。比如，公司早期在线下做了很多会销，当后来聚焦线上 B2C 时，战场转移到线上社群，将线上销转模式跑通的，恰恰是之前做线下会销的那批人，因为早在此前他们已经积累了大量的相关经验，构筑起相应的能力；再比如，O2O 时期的大量分公司最终虽被关停，但当公司聚焦 B2C 又重新做全国扩张时，团队可以做到更快速的推进。

换言之，公司的 O2O 之路没走通，原因主要在于一些关键的卡点没有解决，导致整个链路不通，但并不代表这个链路上所有环节都有问题。假如说高途聚焦 B2C 后共需要 100 个因素，其实经过前期的 O2O 积累，或许至少有 50 个因素可以直接复用，而不用从头开始。这大概正是外界一直琢磨不透高途为何突然异军突起，发展如此迅速的原因。

在这些过往积淀中，最为突出的就是名师。

周斌一语中的："在线直播双师大班课模式看起来表现形式都一样，但最大的差异在于，当你想给客户提供更好的体验时，选择从哪里下手。"很多同行会选择从所谓的互联网产品下手，但高途选择的是老师。公司内聚集着一大批做教育出身的人，尤其是核心骨干往往有多年从业经验，这一点是大家无须讨论便自然形成的共识：想要教好学生，首先要有好老师。

O2O阶段，跟谁学平台在鼎盛时期入驻了60万名老师，6万多家机构。尽管水平难免参差不齐，但体量庞大，其中也藏龙卧虎，有很多也得到过验证。用苏伟的话说，“随便撸撸就能找到好老师”。所以，无论是高途课堂还是跟谁学好课团队，第一个动作都是去平台上找好老师。

只不过，早期团队并没有招聘专职老师，而是采取了和名师独家合作的方式。有媒体报道认为，这是借鉴了韩国在线教育机构 Megastudy 的做法。许翔笑了。“根本不是。一开始哪有资金给老师那么多钱呢？而且我们也不知道能不能成，所以如果成了咱一起分钱，不成咱都别分钱，这样操作对我们来讲反而风险最小。”

在转型过渡期内，大家也做了很多积极探索。比如太原的“城市英雄”之一杨红老师就是伴节课在线直播双师大班课的第一位老师。“城市英雄”原本就是选取的每个城市每个科目中的优秀老师，只不过之前公司是通过给他们造势宣传，通过平台广告等方式推广，后来有了自己的在线直播双师大班课，就索性和其中有些老师直接合作开课。这些老师课讲得好，有了团队的运营助力，课程卖得也相当好。一度，“城市英雄”的老师为高途课堂带来的贡献在其收入中占据了半壁江山。

祁秀平的跟谁学好课也去找过这些名师谈，看看对方是否愿意转型做跟谁学好课的独家合作老师，通过课程赚来钱后，再以课时费的形式，把名师之前已经支付给公司的会员费逐渐抵消掉。“非常幸运。”祁秀平说。比如当时他们就以这种方式签约了教小学英语的宋维钢老师，搭建起自己的课程体系，宋老师后来为公司贡献了相当高的收入，最高时一年达到6亿多元，超乎想象！

但正如苏伟所说，有了名师，有了课程，对教育行业来说，最重要的是如何卖出去。这就不能不提公司在O2O期间的“另一大积累”——抓住微信流量。

苏伟至今还清晰地记得，2017 年春节刚过，他去公司上班，碰到流量裂变团队的伙伴，对方相当亢奋。“苏老师你知道吗？我们连续 6 天，每天公众号涨粉 10 万 +，6 天 60 多万！”那时，他们已经把流量裂变跑通了——一个小花絮是，因为涨粉太猛，这个公众号很快被封号了。此后大家吃一堑长一智，学会了分散布局，大约在半年的时间里，就把流量做到几百万。

公司之所以能抓住微信流量的红利，也缘起于O2O时期。2016年年底，公司进入至暗时刻的谷底，不得不大大缩减市场营销费用，但又不能坐以待毙。陈向东提出，有没有一些方式可以少花钱甚至不花钱，也能达到很好的推广效果。于是大家开始疯狂地扫描各种可能性，看看哪里有免费流量。

陈向东早在 2016 年就在公司内部提出“伟大的微信互联网时代”的口号，并且高密度地宣讲“得微信者得天下”。他第一时间开了自己的微信公众号，收购了一个微信公众号团队，并且个人出资孵化了“家长家”微信团队。在此过程中，陈向东发现，“家长家”微信团队通过微信社群做社交式传播裂变，很快就做出了规模。他敏锐地感知到，这是一块前端获客的流量洼地，于是早在 2016 年年初他就在公司内部要求团队坚定探索和执行“all in 微信”战略。

然而，在那时压根儿没人想到，微信会有那么大的发展空间。行业内，猿辅导和作业帮都有自己的拍照搜题工具，火爆一时的 VIPKID 更喜欢的方式是线下广告和电话营销。微信转发那点儿流量没人看得上。

罗斌刚开始也一样，思维还停留在大平台的惯性里。要不是公司陷入至暗时刻，他也不会被逼上梁山。但在被迫研究并尝试着跑了一次之后，他惊喜地发现，通过微信原来真的可以获得不错的流量和用户。这之后，团队又发挥了技术上的优势，把一些相对标准化的动作都交给了机器，解决了通过人肉来做太辛苦且效率太低的问题，这让他们的流量裂变达成了自动化，进而实现了规模化。“微信裂变这种方法不是我们原创的，我们是把别人跑通的一个增长模型，用技术手段做了一个放大，由此获得了巨大的收益。”罗斌坦言。

此后，罗斌率领团队充当了半运营半产研的角色，一方面团队自己做流量，把创造出的流量提供给公司的业务团队；一方面在自我尝试中对系统工具进行不断地改进迭代，然后将工具复制给各个业务线的市场营销团队，为后者赋能。

许翔率领的高途课堂高中部，就深切地体会过微信裂变的巨大能量。高中部在 2017 年 6 月才开始小试牛刀，7 月再接再厉，组织了高考志愿填报活动，口号是“每天带你了解一所学校的好专业”。那时“微信裂变一下就起来了”，在短短一周时间里，他们就积累了 20 多万的流量。以这个初始流量为基础，许翔团队势如破竹。当月，高中部收入 32 万元；8 月 60 多万元；9 月 90 多万元；10 月破百万元；11 月 250 多万元；12 月破 500 万元。也是从这时起，高途课堂高中部成为整个公司最大的一个部门。

由此，高途将微信公众号和朋友圈作为营销主战场，“每次开会都讲 all in 微信”。到 2018 年，公司的各种公众号和社群已经积累起多达六七千万的粉丝数，坐拥教育行业中最大的微信流量池。在同行忙着用大幅广告占领公交站牌、电梯楼宇时，高途默不作声，在自己巨大的微信流量池中努力耕耘、愉快收获——和外界投放相比，这些流量成本极低，为公司带来了相当高额的利润。相比行业内动辄两三千元的获客成本，即便到了 2019 年第四季度，高途获取一个新客的成本也不足 900 元。

“高途成立即将 9 年了，有时我回顾一下自己都做了哪些重要决策，发现就两个：一是 all in 在线直播双师大班课，二就是 all in 微信。二者解决的分别是外在的商业模式定位和底层的客户流量及客户定位逻辑。”陈向东说。两者也共同解决了讲课内容以及如何把课程卖出去的问题。

第三个核心问题是怎么能顺利地上课，并且达到尽可能大的班型。这同样起步于O2O时期。

在高途创建的2014年，在线直播学习还是一个相对新鲜的事物，公司通过搭建跟谁学平台大量聚拢教与学两端的流量，渐渐就有一些课程脱颖而出，有了千人公开课的需求。而陈向东对视频直播技术的敏感，则使高途成为在线教育公司中第一家组建视频直播技术团队的公司。

在公司进入极度艰难期之后，公司董事会为节约长期成本，曾决议把所有能够砍掉的技术团队全砍掉，最大限度地外包，只保留最少的人来进行业务突围。但陈向东坚持核心产研一个都不裁。2017年公司拆分B2B业务时，大多数人也不支持公司继续保留视频直播技术团队。同样是陈向东力排众议，所以才有了张弩于2018年年初带领3人在支援百家云近半年后的回归。在这之后，张弩又慢慢招人，逐渐扩充团队，最高时扩到了130人。

“大概刚回来半年左右，就明显感到我们的业务涨得很快。”张弩回忆说。之前做平台时，问题五花八门，所有的个体老师都有不同的版本要求。而在聚焦B2C直营后，“老师都是我们自己的，课程体系都是我们统一的”，优化方向变得更为明确，技术复杂度也有所降低，“更能使出劲儿”。团队做了一个重要的视频版本，把PPT区域和视频区域合成一路，大大提升了老师的体验，也让客户满意度更高。

正是依靠这一个个核心关键点上的沉淀，高途形成了正循环：好老师——好课程卖出更大的班型——更高的价格——赚来更多的钱又达成对好老师的高激励，然后大家再以更高的激情和效率投入到新一轮拼搏中。

在很长一段时间里，高途的薪资都是行业最具竞争力的，没有之一。主讲老师不但课酬高，而且还能拿到公司的股票激励。全部算下来一年收入上千万都是“so easy”（小菜一碟），真是达到令人咂舌的程度。除了主讲老师，团队中的每个角色拿到的激励也都不少，全面超越行业水平。因此，大家精神抖擞、效率极高，对学生的服务也极尽所能、保质保量。

归根结底，在教育这个领域，影响客户决策的因素中占比最重的并非价格，因为每个家长最关心的一定都是教学效果。所以，有人说，高途在课程价值、商业价值、技术价值中找到了平衡点，所言不虚。

陈向东经常在公司内部讲，赢的最好策略是找到标杆，模仿它，然后再改善。他并不排斥跟随战略。但问题在于能否在这个基础上形成大量的创新，而创新的起点，始自参透商业的本质。大班课的线下商业模型已被验证多年，线上的关键，在于有没有精细化的系统服务。把服务的问题解决，就都通了。高途有好老师、好课程和好服务，再加上好技术，就会产生好口碑，会有续班和转介绍，从而拉大与竞品的差距。

所以，陈向东从不讳言，高途并非线上直播双师大班课的发明者，双师模式也不是高途第一个想出来的。一个未经考证的说法是，早在 2014 年好未来就开始探索双师，新东方内部的双师项目也启动较早。

但高途的创新在于，其是第一家真正全新定义在线直播双师大班课模式的公司，他们定义了什么叫作真正的主讲老师，什么是真正的第二主讲老师[①]，二者之间究竟该如何协作，包括主讲老师的选拔及授课方式，第二主讲老师的能力及人才模型。他们重新定义了大班，原本行业通行认知是 500 人就是大班，而高途打开了边界，两万人也可以上。他们还重新定义了价格，线上课程被天然地认定为该走低价路线，但高途偏偏做到了高价。其内部口号是"高价打败低价，培优打败补差"。

精准地说，高途的课程或可称为自研直播双师高价大班课。也正因如此，高途成为最早将直播双师大班课规模化并能够实现盈利的公司。

2018 年 3 月，在公司全体伙伴会议上，陈向东做了《将心注入，成就客户》的演讲，提及公司发展历程，他总结道："我觉得高途过去 3 年最伟大的成就，就是我们终于把'互联网 + 教育'这件事弄明白了！"

---

① 2020 年，高途将辅导老师更名为"第二主讲老师"，简称"二讲老师"，同时在专业能力上提出了更高的要求，即不仅要对学生进行学习辅导和日常陪伴，更需要拥有专业的学科知识，以及独立小班授课的能力。特此说明。

05 痛定思痛，避免“愚蠢”的唯一方式是自我批判

走过艰难时刻后，陈向东经常在不同的场合分享一个词——愚蠢。他认为，愚蠢就是自己犯过的错误再犯第二次，是别人犯过的错自己还犯，是当未来已可预见时依然犯错。而为避免愚蠢，唯一的方法是自我反思、自我批判。

个人如此，组织亦然。

陈向东本人一向有阶段性复盘和自我反思的习惯。创业之后更频繁，经历过一次生死转折点后，思考也愈发深入。他反思的点有许多，比如因为自己曾做过新东方这个大型企业的执行总裁，所以会不自觉地自认为无所不能，容易做多；比如过往形成了授权的习惯，但什么时候该授权很重要，应该在方向确定，共识达成，具体落地时授权，而不是在探索期就授权；再如作为明星创业者，会陷入外界赋予的光环中，导致团队更多只会仰望星空，在脚踏实地的层面有所欠缺。

虽然历史总会重演，但往事并不如烟。

“我对创业这件事情没做过，也是新手。我觉得我犯了所有创业者会犯的所有错误。”他多次重复。

这些错误，理应被整理汇总出来，以供更多的创业者，乃至普通人借

鉴——每个人都是自己的CEO，每个人的人生何尝不是一次创业的长征呢？

一、牢记教育的本质是什么

2014年6月，公司初创时，注册名称是“北京百家互联科技有限公司”，甚至连“教育”两个字都没有出现。因为那时，陈向东满脑子都是科技，在对未来的判断中，他将重点鲜明地落到了科技上。

成也萧何，败也萧何。后来高途在B2C领域，能够全新定义在线直播双师大班课，并迅速脱颖而出，无疑与科技的种子有关。但同样，这也是它曾经跌落深渊的根源。

在大多数人的心目中，科技代表未来，而教育则是传统的，所以很容易把二者对立开来。虽然陈向东自创业伊始便高喊要将二者结合，但在潜意识中，或许也这样传统地认为。作为新领域的“小白”，他发挥出无与伦比的学习能力，如饥似渴，争分夺秒。但至少在公司创立的前两年，无论核心团队还是他自己，都自然地认为“陈向东不懂技术”。

所以，尽管陈向东从最初想做的就是一个精品平台——把控好老师品质，把服务做到极致，再做出更多优质内容——但当团队输入更多互联网打法时，他虽心存疑惑却选择了妥协。高途一度偏航。

“所以不要轻易地否定所有的传统。”事后复盘，陈向东颇有些痛心疾首。这也是他在后来反复强调教育本质的原因。教育是关乎一个人一生的；教育是用一个人的一生去点燃他人的一生的；教育是爱并且超乎于爱的；教育是一个人的一生成长当中永远不能或缺的。他不断强调：教育行业要讲良心，作为教育从业者要有责任心，时刻牢记自己首先是个教育者，其次才是创业者。

想到之后还要做到，因为只有做到才代表真正认知到。其实陈向东在很早就想到高途做的事本质上依然是教育，而不是科技。但在引进教育行业的人才上，他的行动速度滞后，“还是耽误了好多事”。

二、从专注到聚焦，从聚焦到专注

现在，大家已经看到，高途的重大转折点在于从做多走向做少，从分散走向聚焦。但实际上，这是从陈向东静下心来专注地思考开始的。

他原本就是个目标感极强又高度自律且专注的人。只是在团队的多元拉扯和资本的干扰中，阶段性地陷入认知黑洞。而当教育O2O进入下行期，外在的噪音消失，安静下来的他才又回归到自己最适合的状态——沉寂。他采用了自己屡试不爽的方法，和几十个大大小小的CEO交流，和他们的企业对标，很容易得出一个结论，就是聚焦。

此后陈向东豁然开朗。唯有聚焦，才符合压强原则。“我们不需要做五件事，我们不需要融资，因为我们连活下来的资格还没有具备。做一件事肯定会打败和超过做两件事的人。我们需要先找到活下来的最小单元点。”

所以，对于高途于2017年启动的大转向，外界通常会定义为转型，但在公司内部，陈向东则更愿意称之为聚焦。聚焦B2C业务后，高途果然优势渐显。而在选择聚焦后，他又引领公司迅速进入到对所聚焦方向的专注打拼中。

事实上，2017年，在线直播双师大班课已经是在线教育公司普遍采用的模式。但其中高途的不同在于——他们几乎把所有资源、精力和战斗力都聚焦到在线直播双师大班课，心无旁骛。

多年来，有太多管理学家强调过专注的重要性，更有诸多企业家用亲身实践验证了如何通过聚焦使企业起死回生。时至今日，在业务选择上，所谓“一米宽，一万米深”①早已成为企业界的共识。但看上去容易，大多数企业家却并不能做到。

陈向东也承认要做到确实很难。因为专注其实是反人性的，但同时又看似平常，让人难以察觉其难，以至于最易被忽略。而他认为，自己之所

① 将做事情比作打井，一米宽的井口打一万米深就会得到很多水；但若不坚持深度，无论井口多宽都不可能得到很多的水。意为做事情要专一，把一件事做好，做扎实，做到有深度，就会有意想不到的效果。

以能做到，核心原因在于“犯过错误”，“创业早期因为做得太多撞得鼻青脸肿，头破血流，痛啊！痛的时候就会长记性，就会让你有思考”。

聚焦和专注带来的是内心的从容，以及不贪婪。

也是从聚焦 B2C 后，专注做一件事成为高途的最大优势。此后，无论因业绩连涨走上巅峰，还是面临激烈竞争被质疑“高增长时代已经结束”，陈向东都沉得住气。对于行业内的巨头，他全无畏惧：“巨头是很牛，但巨头要做的事很多，而我们只做一件事。”对于竞争，他选择忘掉，“这是每一个人做更好的自己，每家公司做最好的自己的一个长征。”

三、面对未知只有一个办法，就是专注自我成长和修炼

走过至暗时刻，还让陈向东懂得了一个道理：如果你想真正面对未知，只有一个办法，就是要专注于自身的成长和修炼。

2019 年 10 月 15 日至 17 日，成蹊商学院举办“第二届教育升级大会”，面对会场内众多中小教育培训机构的负责人，陈向东分享了 6 个常见错误，其中无不包含自己的切身之痛。而这些错误大多与自我认识有关。

以下节选自陈向东在会议现场做的讲话实录《我对当下教育培训行业发展的一些理解》，有删节，略做精简。

1. 把自己的年龄当作组织年龄

我们在座的各位校长大部分的年龄都是三十岁、四十岁，但是我们做的这家学校可能才两年、三年。某种意义上讲，你的这个学校，它的组织年龄就是两岁、三岁。但是我们往往把自己的年龄看成是组织年龄，你最后做的决策、去冒的险、花的钱很有可能全部都被浪费掉。

高途在 2015 年、2016 年的时候，被外界看来是风光无限的时候，实际上是我经常彻夜难眠的时候，后来我想到底为什么如此艰难。

因为你想要的东西很多，因为你会控制不住欲望，因为你总会去模仿

大人。大人怎么走路，小孩怎么能完全学会呢？大人碰到个坑，跳一跳过去了，小孩跳一跳就跳到坑里面去了。所以我们每一位同行不妨想想你的阶段，把你的阶段想清楚了，也就想清楚了你的组织年龄。

2. 把融资当作 CEO 的 No.1

当一家公司总是在频繁地融资的时候，大概率是这家公司还没有找到真正的商业场景，还没有真正地走向健康，还没有真正地能够靠自己活下来的时候。CEO 如果是组织的大脑，组织的大脑天天都出去融资了，你会带着你的组织的心脏、血液、毛细血管都外化，最后就会使得你的组织本身都完全不正常了。

这也就是为什么我在反复地想，融资重要吗？当然重要，因为没有融资活不下去。但是，活不下去真的是因为没有融资吗？

什么是一个组织真正的生命？什么是一家组织存在的情感连接？这家组织的情感连接不就是你很好地服务学生、服务家长吗？你能把学生、家长服务好了，把人家放在心上，人家不就持续交钱了吗？人家持续交钱你不就有更多的现金，你不就相当于融到资，而且还是免费的融资吗？当我把这个逻辑想明白之后，大概我们的决策就非常地确定了，因此我们就没有再融资，也就成就了我们今天看到的结果。

3. 把活动当作品牌的 No.1

当一个公司的创始人把你 60%、70% 的精力都放在参加各种活动和各种论坛的时候，大概率都是公司运营非常糟糕的时候。就如同高途在 2015 年的时候，当时所有人告诉我说，陈向东，你最重要的任务是做流量入口，你参加活动就是品牌，有品牌就有流量。到后来发现来的流量接不住，我当年参加过几个著名的活动，有一次参加活动之后，跟谁学 App 的下载量直接冲到教育排行榜的第一名。So What（那又怎样）？后来很快就掉下来了。所以大家也看到了，在过去的三年，我谢绝外部的所有活动（邀请），谢绝外部的所有论坛，谢绝外部的所有电视节目，谢绝外部的所有分享。

这个决定给我带来了什么？我统计了一下，从公司上市到现在，邀请我参加电视节目、论坛、活动的有多少家呢？近400家。我每天都收到大量的活动（邀请），包括很大的活动，以及很著名的电视节目，我都说对不起，我不参加。所以，你会发现，做一个CEO他说“不”的这种分量，恰恰是一家公司能够往什么方向走的分量。

4. 把规模当作公司的No.1

如果一家机构的创始人，总把他的营收规模或者现金收入规模当成第一指标，大概率是这家公司还在做PR的时候，大概率是这家公司还在做to VC的时候，大概率是这家公司还没有活下去的时候，大概率是这家公司只是在试图鼓舞内部的力量。

注意，如果一家公司只是把它的规模放在第一位的时候，从全世界范围来看，基本上没有成功的先例。

而一家好的公司它会在强调规模的同时，更多强调的是有效增长，更多强调的是利润的增长，更多强调的是它的每一个员工的人均创收、人均创利的增长。如果一家公司只是一个线性的规模增长，而没有带来内部组织的效益增长的时候，时间最终将会给它一记狠狠的耳光。

我是犯过这错，我痛。但是如果你没犯过这错，你不痛的话，你是听不懂的。

5. 把BAT当作打法的Model（模型）

我们很多公司总讲BAT，但是BAT都是一千亿、两千亿的营收。你用他的打法来做自己的打法，自己怎么死的都不知道。但是我们很多人往往都陶醉于讲述BAT的故事。曾经我要求我们公司里的所有人在分享的时候不能分享任何关于BAT的文章，不能做任何关于BAT文章的解读，不能有任何BAT里边到底怎么看这件事的说法。为的是我们要更加务实，我们要更加脚踏实地，我们要更加地知道自己才两岁，才三岁，我们要更加清晰地知道自己的组织智商。当我们把这些事情弄清楚之后，我们基本的判断也就更加清晰了。

我们以前都在谈论BAT的时候没有亮光，但当我们开始不谈BAT的时候，当我们开始踏踏实实地去研究我们自己的内在的时候，研究我们客户的时候，研究我们的伙伴的时候，研究我们真正的激励机制的时候，研究我们的团队的时候，研究我们的组织能力的时候，研究我们的领导能力的时候，我们就真正地产生了奇迹。

6. 把竞争当作决策的依归

那些竞争使得我们做出的决策，往往都会是错误的决策。我们作为一家公司为什么存在？如果我们知道我们这家机构、这家学校存在的最核心原因是我们希望学生更好，希望家长更好，希望学生和家长所在的家更好，希望整个中国、整个中国的教育更好的时候，为什么要以竞争为中心呢？我们应该以成就客户为中心，应该以学生和家长为中心。

公司在最难的时候，我听到的最多的声音是：Larry，竞争对手在做补贴，补贴到了20%；Larry，据说他们在后台的数据是假数据，要不咱们也做一个假数据？几年过后，今天没人再去谈对手，大家谈的都是：我的学生怎么样，我的家长怎么样，我的老师怎么样，我的小伙伴们怎么样。小伙伴们的成长速度够快吗？小伙伴们拿的工资水平高吗？老师的工资能超越市场水平吗？

你会发现当一家公司里你的伙伴们的薪酬竞争水平越强的时候，恰恰是你这家公司越有可能取得利润的时候，因为他们更好地服务客户才会产生情感，才会产生亲密，才会产生信任，才会产生疼爱，才会产生你和他正常的信任管理。

四、开放、妥协与灰度

领导力是需要磨炼的。哪怕对有着几十年管理经验的陈向东来说也是如此。他是在后来才慢慢能够理解任正非的灰度理论的，“后来想想这个理论多牛！”

2007年12月，华为公司总裁任正非首次将“开放、妥协与灰度”并列在一起阐述，他认为这是华为公司从无到有、从小到大、从弱到强快速发展的秘密武器。

在陈向东看来，开放、妥协与灰度，核心在于开放。开放先要“开”，打开之后还要“放”。作为企业家，永远不可能保持一种风格，时而要冒险，时而要谨慎，时而要感性，时而要理性，关键是要根据时机判断如何做才符合当下所需。

这很难，但又是真正伟大的艺术，也是创业者的必备素质。看到过于保守的人，你要鼓舞他。相反，与过于冒险的人共事，你有时则要拉着他。这其实就是灰度。灰度还意味着在某个点上是黑暗，但在黑暗上面可能就是阳光。要学会享受中间这个变动的灰度期，在黑暗中等待黎明，也在阳光灿烂时做好准备。

而关于妥协，陈向东更喜欢用两个英文单词的比较来解读。其一是promise，意为承诺，但如果要让所有的人都承诺，就变成了compromise——妥协。因为唯有妥协才能实现共同的希望。如果不妥协呢？就会造成伤害。所以compromise作为动词，还有一个意思是“使陷入危险”。

早在当年教GRE时，陈向东就和很多人交流过这两个单词的关联，只是如今的感受和那时大为不同了。

必须强调，反思虽多，陈向东也相当悦纳已经发生的或好或坏的历程。还是和以前一样，他把错误都揽到了自己身上，认为高途走的弯路很大一部分原因是自己。但他也不后悔，因为去做总比空想更靠谱，人生经验告诉他，任何努力都不会白费。

后来他很喜欢说一句话：如果你曾经犯过重大的错误，只要你能够很好地反思，这会成为你一辈子领先别人的重大机会；如果你在相对比较早期的时候经历了一个非常大的折磨，它会成为你大脑记忆的一部分，会形成你的条件反射，对你一生的成长具有非常重大的价值。

有时一个人发呆时，想到过去几年的创业历程，想到出发时的梦想和最初的使命，陈向东依然会感动不已。

“我特别幸运遇到了那么多好的伙伴，在那么艰难的时刻大家一起走了过来，因为我们相信每个人都值得拥有更好的教育。

“我常常夜有所想，当年别人眼中定义的自己已经相当成功，我却选择创业，撞得头破血流，后来想想，这就是人生。你得爱上这种奇妙，甚至爱上别人对你的抱怨，剥离掉一棵大树拥有的一切称赞和名利，最后就剩下一颗种子，而后，重新生长。”

所有这一切，诚如威廉·巴特勒·叶芝所说：“教育不是注满一桶水，而是点燃一把火。”

第四章

修炼内功：唯有组织能力不可复制

我们之所以必须一步步走上山，
就是为了可以坐车下山。
——威廉·福克纳

组织充满活力的核心，
是让这个组织中的最小颗粒也充满活力，
小点和小点连接，
连成一个相对大的点，
这个大的点也能充满活力。
——陈向东

01/探索核心壁垒：打造“Engagement 度”

从 2017 年一直到 2019 年 6 月上市前，高途都是沉寂的。沉寂到什么程度呢？伙伴们常常会收到亲朋好友的关切询问：哎，你们公司是不是不行了？

还有一段插曲。陈向东当时在清华五道口金融学院上学，因为他总是坐在第一排，还特别认真地记笔记，有些同学就嘀咕：陈向东好可怜，以前管那么大的公司，后来非要创业，现在公司不行了，拿个笔记本每次坐到第一排。

既然认定公司不行了，同学们的好奇心陡然升起，于是，他们纷纷说想去高途看看。陈向东告诉他们自己不待在公司里。

同学们于是更加确信：陈老师都不敢让咱们去他公司了！

实在没办法，陈向东就让罗斌接待大家。看到公司里的上千号人，同学们七嘴八舌地问：“你们公司多少人？”罗斌答：“这些人都是我们公司的。”听到这个回答同学们有点儿傻了，他们跟陈向东说：“陈老师，不对吧？你怎么这么低调！”

与陈向东的沉寂不同，在公司内部，非但没有“不行了”，反而正热火朝天，一片沸腾。在校正方向的同时，所有人都在快速奔跑。

然而，2017年9月，在公司实现首月盈利，内部欢欣鼓舞之时，陈向东便感到了新的不安。方向虽明，但这个脱胎于O2O平台的组织，真的懂C端客户吗？这个经过反复折腾的团队，组织能力跟得上吗？在商界，“眼看他起高楼，眼看他楼塌了”的事例不胜枚举，怎能不让人内心惴惴、如履薄冰？他知道，找到方向只是第一步，更多更大的考验还在后面。所以他要求内部奉行“黑暗森林法则”，只管埋头耕耘，不闻外部噪声。

“任何组织的存在都是因为被客户所需要。”客户，无疑是最重要的原点。

大约从2016年起，公司的管理干部会议上就加了一项流程——背客户的定义。陈向东犹如着魔了般，总不断地拷问大家“什么叫客户”。2017年之后，“客户”这两个字更是成了他的碎碎念，恨不能把所有人的耳朵都磨出茧子。几乎每一次会议、每一次培训、每一次团建、每一次餐叙，陈向东讲得最多的都是客户，在给全体伙伴的邮件中，类似的主题也常常出现。“客户第一，成就客户”，掰开了揉碎了地讲，不断切换角度重复。

多年历练让陈向东养成了敬畏客户、洞察客户、用心研究客户的习惯。而如今的关键是，怎样能把这些传递给伙伴们。

在2018年1月27日的全体伙伴会议上，陈向东甩出一连串排比句：“每一个小伙伴每天都要思考，我们如何才能够真正有效地吸引客户、服务客户、感动客户、成就客户、赢得客户。每一个小伙伴都要明白，每一张图片的UI配置，每一个交互设计，每一个网页的打开速度，每一个直播的流畅程度，每一个回放的快速便捷，每一个话术的表达艺术，每一个语气语调的拿捏，每一个回答的专业度，每一个回复的及时性，每一次信息推送的心理把握，每一次接触的用心准备，以及每一次沟通服务的热情、激情和真心等，都是服务客户的关键节点，都是感动客户的关键节点，都是让自己赢得客户信任的关键节点。每一个节点，既能提升公司的威望和可信度，亦可降低公司的威望和可信度。”

仅仅隔了两个多月，在公司全体伙伴会议上，他又重复了这一话题。“我们要忘掉竞争。我们要永远记住谁？永远记住客户、关注客户、关心客户。一方面是我们的收入在快速增加，我们的客户在快速增多；另一方面我们内心最大的忧虑就是，这些客户能够成为我们的忠诚客户吗？这些客户有一天会离我们而去吗？”

在此期间，高途的客户增长速度只能用“猛烈”来形容。除却流量、转化、销量等硬性数据，就连后台的客服咨询都爆了。在 O2O 时期，公司的客服团队每天接到的咨询电话大约是几百通。2018 年以后，这个数字呈几何级数上升。常常是，刚撂下这个电话，另一个电话马上就进来了，每位客服人员都忙得不可开交。

面对如此旺盛的需求，高途并未贪吃。相反，很多时候，他们在逆向而行。陈向东给团队定下规矩：不卖长单！

一直以来，没有哪个教培机构不爱长单，线上教育机构更是能把课包做到长达五六年——只费一次力气，就能一下子收到一大笔钱，能保证现金流充足，营收稳定，而且还可以锁定客户，避免多次续班带来的折损，谁能不爱？

但陈向东不这么想。在他看来，卖长单带来的只是短期利益，而不卖长单则能带来长期收获——倒逼团队服务好每个学生和家长。因为人总有惰性，假设一个伙伴卖了一个 3 年的长单，在此期间难免会在服务上有所懈怠。而不卖长单，家长随时都有转投别家的可能，就会倒逼伙伴切不可“躺平”。“从实际效果看，这个决策确实倒逼了我们从前端转化到后期续班，以及对教研教学等各个流程，从服务动作到服务质量，都有很大促进效果。”现任高途高中部教学教研负责人付力证实说。

“要学会控制诱惑。”陈向东总不忘叮嘱团队。

All in 微信让高途一度掌握了流量密码，在招生上几乎毫无敌手，主讲老师的班型之大也独树一帜，但问题在于，其二讲老师的带班量是有一定限制的。想要保证服务质量，必须考虑这一限制条件。所以，2018年，高途甚至曾短暂主动停招，眼睁睁看着几千万收入在眼前，就是不伸手。当时，这笔钱对他们来说不是个小数目，因为前一年，公司的营收总额还不到一亿元。

同样在2018年，陈向东在公司内部开创性地提出“Engagement度”，一个只可意会不可言传的中英文组合词——这有点类似于字节跳动创始人张一鸣的风格，他在内部信中常用的一句话是：格局大、ego（自我）小。

十几岁开始学英语时，陈向东就研究过engagement这个单词，它最常用的中文意思是“订婚”。年少的陈向东认为，订婚主要代表着爱到了一定境界。没想到30年后，他对这个单词又有了更深入的理解。2017年，陈向东去美国参观一家著名的医药公司，在交流时，对方提到了engagement level，并给出了公式：“用户数 ×engagement = engagement level。”那个瞬间，陈向东突然感到脑海中几十年累积的场景串联到了一起，激发出一道璀璨的电光。其实一家公司最重要的不是拥有多少客户，而是和客户有多少互动，建立起多少信任，形成了多么亲密的关系。可以说，engagement level才决定着一个公司的边界。

他想，在教育场景中，如果能够让学生和老师之间产生这种极强的“看到你，喜欢你，信任你，甚至深入爱上你，心疼你”的感觉，该是多么美好！琢磨来琢磨去，他自创出“Engagement度”这个词语。

面对这个多少有点儿古怪的提法，高途内部不少伙伴都曾跃跃欲试，想把它翻译成中文。比如：参与度、亲密度、融入度，但似乎都不够准确。陈向东也试过，他认为最接近的中文意思是全心投入。可一经转换，这个词语就失了味道，没了那种美妙感。所以，最终这个提法就这样在高途内部原汁原味地保留并推广开来。

那具体该怎么理解呢？陈向东认为，“Engagement度”有3个理解维度，分别是：认知维度、情感维度、行为维度。家长给学生报了高途的课程，对课程和服务特别关心，这就是认知维度的 Engagement 度；再深一层，能引发家长对高途品牌的自豪，就进入情感维度的 Engagement 度；继而，客户在与品牌互动过程中付出努力，就是行为维度的 Engagement 度。

其实怎么解释并不重要，重要的是，他想通过“Engagement 度”这个词语，让大家意识到要去追求最高的服务境界。他耐心讲解：“买一双袜子，如果质量不好可以扔掉。但孩子如果买了一个课程，学习好几个月没效果，结果高考不理想，一辈子可能就废掉了。为什么说确保教育品质需要 Engagement 度，核心原因在于客户要付出的总成本是非常高的。”

不过，无论对客户有多高的“Engagement 度”，本身都不能解决高途的市场壁垒问题。要知道，在开放的市场环境下，商业模式和战略方向总是很容易拷贝的，一家公司也不可能长期保持“黑暗森林法则”。所以，大多公司在发展上升期时都必然要为自己构建一个尽可能高的壁垒。在线教育行业中，这样的壁垒常常是独家的互联网产品，比如作业帮和猿辅导都有自己的拍照搜题工具，而高途在这个方面是缺失的。

但谁又能说，壁垒只能是“硬”的，不能是“软”的呢？经过分析，筛取自身的优势后，团队发现，主讲老师和教育服务正是高途“人有我优”的核心因素，二者共同发力，恰恰形成了一道于教育行业而言的终极壁垒。因为学生的学习效果正是客户永恒的追求。而那时，无论是高途课堂还是跟谁学好课，在课单价相对较高的前提下，续班率都要比同行高出 5—10 个百分点，这无疑是教学效果的最好证明。这看似并非绝招，却又是最大的绝招。但因为这个壁垒是软性的，所以组织能力就成为最大的考验。

技术出身的罗斌喜欢以软件系统来类比一个组织，认为组织能力就是“构建系统，维护系统，调整系统，然后不断地去升级和迭代系统的能力”。

详细分拆开来，首先是能不能构建起一个复杂系统并维护好。有的公司到一定的人员规模后就会碰到天花板，怎么也无法突破，这便是缺乏构建能力或维护能力的表现。其次，就得看在面对新的业务变化时，组织能不能快速适应和调整。以高途为例，每当发生重大业务变化，都会匹配价值观的升级，背后是组织对自我定位的深入思考。接下来便是系统自身的不断调试，在持续的迭代和升级中，让组织的各个环节无限接近最优匹配的状态。

而想达成这种动态的组织能力，其实核心关键在于怎样从“我”变成“我们”。陈向东在2010年出版的《做最好的团队》一书中，提出了打造卓越团队的“九大黄金法则”。其中前三项是：自己好（领导不错），跟你的人好（下属不错），制度好（规矩不错）。所以，当2014年组建高途团队时，他考虑最多的就是如何把自己一个人的生命和认知，变成一堆人的生命和认知，“组织能力就是把‘我’慢慢变成‘我们’的速度、效能、高度”。

在线教育的特点有别于线下教育,则进一步突显了组织能力的重要性。

和线下教育不同，在线教育具有突出的自我特色，其业务链条清晰而繁杂，前端的市场营销，中端的销售转化，后端的服务和复购，每个环节都能拆分成无数更细致的小环节。陈向东将其中的10个主要环节称为“10节甘蔗”，包括流量、销售、主讲老师、二讲老师、内容研发、技术研发、教师打磨、视频直播、数据反馈、服务体系等。

这意味着，在线教育整个增长体系的构建，很难通过单一环节实现，需要在整个链条的每一个小环节都努力做到极致，同时让各个环节在上下游产生更好的协同和联动，达成链式多级放大的效应。陈向东对此并不陌生，这些细小环节无异于2002年他开创武汉新东方学校之时，在上海、广州及武汉当地通过内外的考察学习，总结出来的1000多个小细节。

所以，对在线教育公司来说，看似差不多的两家企业，只要每个环节差出1%或2%，叠加效果就有百分之十几的效率差异。

这便是陈向东所崇尚的“5%”的精益化哲学。他特别看重续费率、转介绍率、退费率之类的数据，经常在内部强调："如果我们的续班率比行业水平高5%，利润就会比别人高100%。"

而这5%的差异，秘诀就藏在组织能力中，其效果呈现，也常常让人猝不及防。

许翔还记得，高途课堂高中部起步后，他曾跑到著名的衡水中学搜寻，看看能不能找到合适的老师合作。学校的一位特级老师接待了他们，她张嘴第一句话就是："我的孩子正在上高途课堂的线上课。"

那时的高途课堂对外甚至没有打过一个广告，虽然发展迅猛，但大多数人都还没听说过，许翔很是诧异，他问："你们怎么知道的？"原来，这位老师的爱人也是衡水中学的老师，他在一个微信群里接触到高途课堂的课程，觉得讲得很好，就和孩子商量报了两门课。

这可把许翔自豪坏了！

到了2018年7月，更让许翔自豪的事情发生了。当年高途课堂高中部第一批学生的高考成绩出炉，数学满分，英语满分，以及物理从30多分提高到80多分的案例比比皆是。事实摆在眼前，团队大受鼓舞，在此之前他们只知道客户增速很快，营收增长很快，但没有什么比得上教学效果的呈现更让这批教育人心潮澎湃。"大家非常兴奋，觉得我们在做的这件事，的确是能够帮助到学生的。"

也是从那时起，高途课堂高中部的工作群里诞生了一句话："如果奇迹有颜色，那一定是高途红！"后来这句话得以更广泛地延展，成为高途课堂的经典口号之一。

02 文化是软性的，也是硬性的

那么，高途是如何构建组织能力这个核心壁垒的呢？

高途的组织能力组成因素中自然包括管理架构，包括各种流程制度和IT支撑的管理体系，但从根本上说，陈向东的核心抓手是两个：一是文化，二是人。

“高途的组织能力打造从公司创建第一天就开始了。”他说。

这和罗斌的观点及感悟高度一致。在罗斌看来，公司的组织能力，灵魂就在于文化。无论什么企业，总会随着外在市场环境、客户需求的变化和自身发展阶段的推进，在业务上产生变化甚至是巨变，但从一个组织的内在角度看，想要成为一个什么样的组织，用什么样的价值观和做事的方法来运作它，其实是可控的。因为这只关乎自己的选择。

2014年6月16日，高途在创办第一天的晚宴上，就确定了以“人人乐用的学习服务平台”为公司的愿景，以“让教与学更平等、更便捷、更高效”为公司的使命，以“用户第一、诚信、简单、极致、创新”为公司的价值观。这意味着创始团队将对科技的梦想、对诚信的许诺写进了公司的基因里，写进了共同的“我们”之中。

只不过，当时很多人并不知道，高途1.0版本的价值观，在某种意义上含有一定的妥协成分。比如“简单”，这来自百度的核心价值观“简单可依赖”，而“极致”更是2014年前后互联网企业中非常热衷、流行的词语。

2017年，高途大转型，从一家平台型多元化业务的企业，转型为一家all in在线直播双师大班课的直营B2C教育公司。公司方向发生重大变化，意味着必须对价值观进行更为精准的定义。

陈向东对此极其看重，不惜花费了长达半年的时间来进行三步走：

第一步，组织公司层面的全员讨论，针对新的商业和客户场景以及新的行业格局，思考公司该有怎样的变化，以及这些变化背后的底层逻辑是什么。

第二步，召开核心干部专项讨论会。在这次会议上，每个人都贡献了自己的思维火花，汇总了多达七八十个词。这也意味着共识显然还未达成，陈向东叫停了讨论，请大家回去再思考。

大概两个月之后，他才进行第三步。再次把所有核心干部聚集起来，连开了两天会。这次会议的最后，大家决定通过投票的方式从备选词汇中选出五个词。

唱票开始前，陈向东默默写下了自己的预判。唱票结果完全验证了他的判断，一个不差！

那为什么当时不直接省略投票环节呢？

陈向东认为，一家好公司一定是大家的公司；一家好公司的价值观，一定是伙伴们一起讨论、争辩、思辨、反省、批判、顿悟、升华以后所形成的共同认知，共同相信和共同信仰。唯有如此，才会有公司上下的同轴共转、同频共振。

2018年1月，高途的价值观升级为2.0版“成就客户、诚信、务实、进取、合作”。其中最大的变化是“用户第一”变成“成就客户”，这是因为，公司早期普遍被互联网思维裹挟时，大家眼里只有用户，没人在乎客户，而转型后客户必须成为第一关注点。此外，“创新”改为了“合作”，

“简单”被“务实”所替代，“极致”变成了“进取”。每一个词语的变化背后，都是高途对新业务方向的认知，亦是对过往错误的反思。

当然，企业文化要想做实，仅靠讨论并不足够。想要从上墙到落地，少不了反复地宣贯。

在这方面，陈向东舍得下功夫。

伍新春还记得，他于2015年年初刚入职时，曾惊诧于公司的口号文化。每逢大会或聚餐，全体必喊公司的价值观和教育理念。伍新春虽是湖南人，但性格中有着北方的豪爽劲儿，笑声更是非常具有穿透力。但即便如此，他也着实花了一阵儿才适应。他还特意偷偷观察过其他新入职的技术管理者，发现他们也有点儿喊不出口，心里才踏实些。

最开始，大家以为这是借鉴自新东方，后来发现新东方确实也喊口号，但喊价值观是陈向东的独创。

文化宣贯就是这么有魔力，喊着喊着，大家慢慢就习惯了、放开了——不喊反而觉得缺点氛围。

除了组织大家喊价值观，陈向东本人还处处讲价值观。越是在公司业务发展迅猛的时候，越是大会小会不断。当时，陈向东每周二上午8点都会召集核心骨干开会，重点不是讲业务，而是讲文化。上行下效，公司各部门也每周开一次会，共识思想，共识任务，每个月再团建一次。

或许是在这种氛围中熏陶久了，很多业务负责人都不觉得这样做是白白浪费宝贵时间，大家普遍认同虚实结合很有必要——磨刀不误砍柴工。

对于新入职伙伴的文化导入，公司就更重视了。陈向东曾在一次内部分享中讲过找正确的人“上车”的能力，告诫大家要创建出反映公司核心价值观和愿景的招聘策略。为了避免“招错人”，从公司创建起直到2019年年初，陈向东一直坚持做一件事，就是每周都会和在北京总部入职的新伙伴开见面会。时间通常是在每周一的下午1点15分到2点半，有问必答。

那时高途正处于高速扩张、陡峭增长的发展期，各种事务忙得陈向东团团转。但哪怕一周只有三五个人入职，陈向东也照样出席新员工见面会。赶上应届生密集入职期，新员工多达四五十人时，会议室坐不下，他就和大家站着聊，从自己的个人经历讲起，告诉大家为什么要做高途这件事。

入职一家规模较大的公司，新员工通常并不指望能见到公司创始人。但高途不同。陈向东本人的草根逆袭经历，更是会深深地打动这些年轻人的心。

大多数时候，刘彤都会充当见面会的主持人。作为当时高途人力资源部的负责人，他将自己在这个场合的作用定义为"推波助澜"。每次陈向东讲完，刘彤都会直言不讳地补充："如果听了公司的价值观，你感到不太认同也没有关系，可以尽快办理离职，以免耽误你的时间。"在他看来，选择错了快速纠正，无论对个人还是公司来说，成本都更低。

确实有人第二天就离职，但几年下来这样的情况只有个位数。互动时，也有人勇敢地挑战刘彤，说这是"洗脑"。刘彤告诉他："我们不是洗脑，我们是要找到有共同做事理念的人。"

高途 2.0 版价值观出炉后，陈向东还先后用了一年多的时间，在 5 次全体伙伴会议上，分别详细阐释了核心价值观中的每一个词。这些词语乍看上去其实和其他公司的价值观表达多有雷同，因此，为了把它们弄明白，并用高途的语言讲清楚，陈向东把自己能找到的关于这 5 个主题的图书都买了回来，累计有数百本。他一边通过读书学习标杆企业是如何阐释的、怎么解读的，一边通过观察和聆听，思考内部伙伴们究竟在如何追逐极致状态。最终，他对这些词语形成了自己的深刻理解，每一次全员分享内容都源自他的百般思考。

为了分享"成就客户"，陈向东花了好几个月的时间准备 PPT，一直到分享前一天凌晨 2 点还在改。分享"合作"时，他总结了 5 句话：1. 勤于沟通才能收获伙伴的共识；2. 乐于分享才能收获伙伴的帮助；3. 善于换位才能收获伙伴的理解；4. 敢于担责才能收获伙伴的信任；5. 勇于奉献才能收获伙伴的尽力。为这 5 句话，他想了有 3 个月，写过无数个版本，写得不满意就扔，不知道扔掉了多少纸团。

除了全体伙伴会议，陈向东每年还会组织两次总裁面对面沟通会，规模大小不一，为让更多的员工有机会参与进来，这样的沟通会通常会分为多场，有时连续 5 天，多的时候能连续 8 天，多达 12 场。

沟通会上，小伙伴们提的问题常常是五花八门的，有与业务发展方向相关的，有对具体管理或激励制度不满的，还有对个人职业发展规划关注的，甚至包括没时间找女朋友怎么办的。无论哪一种问题，陈向东都认真对待。每当听到一个好的建议，他都会表达衷心的感谢，“这个问题价值千万”。而当听到一个言之有理的抱怨或批评，他也会虚心道歉，并即刻记录，安排并跟进解决。对伙伴们的热血，他有时也会泼点儿冷水，比如有人说公司要做“最令人尊敬的教育机构”，陈向东说要把“最”字去掉，因为“最”代表要有不合理的成本，但公司得活下去，要能稍微赚点儿钱，所以要在情怀和效果之间找平衡。

身为 CEO，把自己放到一线，关注如此细微的问题，难免让人担心，这是否等同于对中层的架空？陈向东认为并不会。因为他这样做，并不是为自己去解决具体问题，重点在于“打个样”。正如他所坚信的那样，“任何公司的胜出都是践行价值观的胜出”。他希望通过以身作则和现身说法，来带动更多的管理层去和员工座谈，聆听大家的声音。

沟通会期间，每天无论多晚，陈向东都会将沟通实录通过邮件一字不动地发送给全员。“第一天，大家可能觉得这就是做做样子而已；第二天，也许略感不同；连续 8 天后，大概就会触动一些核心干部的神经，变成他们内在的深度思考，最后成为他们受过训练的思维运行模式。”陈向东说，“当我们的思想变了，认知变了，再加上行动，我们就能够成为一家高绩效、高目标、高标准的超越于竞争对手的公司。”

“他对自己非常狠，总是以身作则，让你做错事情后自己都觉得惭愧。”屈建民对陈向东如此评价。而且陈向东将企业文化上升到了哲学的层面——相信“相信”的力量。从招聘到培训再到绩效考核，全链路不断强化，让公司的价值观真正刻印到每个人的大脑中。一直到今天，屈建民在和同行聊天时都经常被问道：“你是高途的吗？”“高途的小伙伴都很好，简单务实，积极进取。”

还有一些文化特质其实在价值观词语的表达之外，比如伙伴文化。可以说，这一特质也是支撑高途团队形成高度进取、热血拼搏的强执行力的关键。

在高途，所有人都彼此直呼其名，大家没有高低尊卑，相互平等，彼此尊重，最重要的是围绕一个共同的目标，同荣辱、共进退，而且玩得开心——没错，确实是玩得挺开心，哪怕在最苦最累的时候，每天吃饭的时间都是年轻伙伴们最热闹的时刻，正如一位名为李雪玉的小伙伴所描述的那样：“占一长排的座位，各自买饭，然后就开始说相声了，有逗哏的，有捧哏的，好好一个团队硬生生整成一家子。刚来的时候根本插不上话，却也在一旁笑到不行。”

这其实是陈向东自小就有的渴望，略带乌托邦的色彩。那时候孩子们在春天漫山遍野地追着跑，夏天光着屁股抓泥鳅，相互坦诚，无拘无束。因为脑海中一直深藏着这些无比美好的画面，所以陈向东也无比渴望高途能够成为一家真正拥有伙伴文化的公司。团队中有不少来自百度的伙伴，最早时他们沿袭了百度的同学文化，彼此以同学相称，陈向东还费了好大的劲儿纠正他们。

事实上，在民营企业中，奉行各种特色文化的企业不少，其中尤以家文化、兄弟文化、同学文化为主流。伙伴文化到底有何不同呢？

或许，较之家文化，伙伴文化将家长的色彩大大弱化了，家长固然会为一家人殚精竭虑，但同时又代表着权威；兄弟文化将彼此视为共进退的哥们，仗义色彩浓厚，可似乎也多了沉重，少了玩耍的愉快；近些年来互联网公司流行的同学文化，倒是突出了简单纯粹，但伙伴之于同学，一个明显的区别是有着共同的目标。

高途迄今没有刻意对伙伴文化进行系统的解读。但这样的文化底色早已深深地嵌入公司的文化基因中。随着公司的发展，还逐步延伸出“为伙伴尽力”的口号。这来自陈向东坚信的人生观，“不要总是等着别人来帮助你,而要努力提升自己帮助别人的能力,你自己的人生价值才能够放大”。当然，从另一个角度来说，“为伙伴尽力”也代表要勇于展示自己的脆弱，及时呼叫伙伴的关爱。正如小朋友一起玩耍，总不免磕碰，碰疼了就会哭，这时，往往就会有其他小朋友跑过去帮他揉揉，或者细心安慰他。亲近和信任，就在一个一个这样的情境中建立起来了。

“我每天最关心的就是新伙伴进入公司的第一天，谁去和他谈话，谁给他第一张笑脸，谁给他介绍周边的人，谁教给他基本的知识，谁能够让他迅速地融入这个团队。每个人都能记得自己加入公司的第一天，如果从加入公司的一刹那，我们的每一个点都能让人感觉到不一样，感到温暖，感到爱，这家公司该多伟大啊。”陈向东感慨道。他是这样说的，也是这样做的。身为公司创始人，陈向东格局宽大，但同时也“拘小节”。曾给他做了 4 年多秘书的刘妍至今还记得，有一次公司召开核心管理层会议，她负责给与会人员订咖啡。在征集每个人想要的口味时，陈向东居然一个人就全回答了——有意识地记住大家的喜好，照顾身边每个人的感受，是他作为伙伴的一贯风格。

人人都知道，企业文化就是一把手的文化。现任高途小初学生成长学习业务线负责人罗沫鸣，是陈向东在新东方时期的第一任助理，两人相熟达 20 年之久。但兜兜转转，直到 2022 年 10 月，他们才有机会重新共事。在这位老部下看来，陈向东如今最大的变化就是，从经理人切换到创始人后，决定了自己想要的文化。其中，伙伴文化和奋斗进取，是罗沫鸣作为公司的一个新人，感受最为强烈的特质。

“包括我作为新伙伴入职的时候，我能感觉到组织部和人力资源部对新伙伴的关怀。那时候大家也不知道我是干什么的，我第一天来的中午还有人带我去食堂吃饭，整个伙伴入职的流程一环扣一环，还是很像一个大公司的感觉。至少我在创业做 CEO 的时候，我的公司做不到这种程度。”罗沫鸣说。

这一点也得到了“老人”罗斌的共鸣。“我们这家公司非常有奋斗精神。奋斗不一定是加班时间很长，而是不满足于当前，想要变得更好的一种状态，这是刻印在高途骨子里的，也是 Larry 这么多年自我精神的外化和外延。伙伴文化也是，并不止于表面上的彼此直呼名字，你看 Larry 平时的为人处世，他就是这样一个风格，这也是他骨子里的东西。”

03 最重要的因素是人，还是人！

除了文化，高途组织建设的另一大撬动杠杆，是人。

这既包括在每一个链条的关键点上，都要找到行业里最优秀的人，也包括不断地培训和培养他们，并构建起一种合理的机制，让这些优秀的人才发挥出协同作用。

陈向东坚信，“其实任何时候你犯错误，都是在关键岗位上用人没用好”。整个 2018 年，他在公司人才发展上投入的时间，比前两年至少多出了一倍。他坚持每周一次总裁办公会，每周一次核心骨干工作沟通会，每周一次新人入职沟通会，每月一次管理干部业务会。各部门的团建活动和业务骨干会上，也经常会出现他的身影。

年底自我回顾时，陈向东对自己一年来默默地在内部伙伴身上下的功夫很是满意。“别的 CEO 都在做对外的事，我做对内的事，别的 CEO 把股份给了投资人，我把股份给了内部伙伴，那公司肯定就不一样了。”2019 年 2 月 22 日，他在内部讲话《我们的生长逻辑与生存智慧》中，如此总结道。

其实公司上下，无不深谙并贯彻了这一点。

“我们一开始对教育本质的认知就非常清晰。”提及当年，周斌毫不谦虚。自 2017 年 6 月新高途课堂组建至 2021 年“双减”前，他先在高途课堂负责小学部，后担任高途课堂总经理助理，历时3年有余，对高途课堂的发展历程了然于胸。

教育行业的本质，是给学生提供超越期待的课堂体验，而其中的载体正是老师。“我们的下手点是人，是老师，这是我们和其他在线教育公司最大的区别。因为在我们的脑子里，解决教学问题肯定得靠老师。”

所以，几乎每堂课上完，几个学部的负责人都会去追着问老师的课讲得怎么样，一旦发现有瑕疵，便迅速召集主讲老师和二讲老师一起分析，共同解决。即便不是正式课程，只是示范课、转化课，也绝不轻视。

找好老师，也成为各学部负责人的首要任务。

2018年元旦后，周斌和钱杨做的第一件事，就是奔赴太原，去给小学部和初中部找好老师。高中部这边，许翔在找主讲老师上也是亲力亲为。他并不讳言自己的清高：“我对老师非常挑剔，如果看不上，绝对不会要，宁缺毋滥。”只有那些他判断能在老师群体中超越99%的佼佼者，他认为才“拿得出手”，因为他坚持“高途课堂的老师要让学生接触后觉得比自己能接触到的老师都要好”。

好老师的杠杆作用确实足够大。2017年12月，高中部做到月营收破500万元时，背后其实只有三四个兼职主讲老师，其中有位老师一个人就创造了大约200万元营收。

那么，什么样的老师才是好老师呢？

早在2017年，陈向东便开始不断地在内部灌输“点燃兴趣＋培养习惯＋塑造人格”的爱次方的教育理念。对应这一教育理念，高途的主讲老师必须是充满激情的，拥有极强的表达能力和感染力，并具有优良的知识架构。因为只有激情四溢的老师才能点燃学生，培养习惯则需要通过表达来传递和督促，而人生的高度区别于见识，人生的差异在于认知，这些显然都和知识有关，老师的优良知识架构最终将投射到对学生的人格塑造上。

由此开始，公司内部，无论是高途课堂还是跟谁学好课，都进一步夯实了名师基因。且随着后续的研究比较，逐步确立了自己在名师选择上的方法论。

简言之，高途的名师大致有 3 种：典型头部教育机构里的 top 级老师一马当先地构成先期主体，是类型之一。而当 2018 年高途课堂的高中部课程开始崛起时，大家又迅速有了新思路。要知道，在高中学段，有大量的好老师集中在全国著名的中学，诸如人大附中、衡水中学、黄冈中学。这些身居名校、在教学上经过千锤百炼的骨干，构成了高途名师中的第二种类型。第三类则是藏于民间的高手。他们在教学方法上自成一派、各怀绝招。高途课堂的曾曦老师可为其中一例。曾老师主攻作文教学研究，自创 8 大篇法，52 个观察新视角，教学效果立竿见影，广受好评。类似的奇人也构成不可小觑的一种类型。

但不管哪一类，都需要经过层层严格筛选。简历、面试、试讲各需过上 3 轮方能入选，且需经过多次培训，过好几道关，选拔通过率不到 2%。

2018 年 6 月，在起跑整整一年之后，高途之前的兼职主讲老师，有一部分陆续转为全职。此外，高途也开始招聘全职主讲老师。越是有教育情怀的好老师越是希望自己的成果能影响更多学生，付力、周帅等一批名师就是在这之后被吸引进来的。

其中，付力在加入之前，尽管已经拥有 5 年线下教学经验，可刚开始线上授课时，他不但不会用直播间，不知道要展示自己的优势，甚至连什么是流量都不知道——他还纳闷："我自己有移动 4G 流量包，难道讲课还要花自己的流量吗？"但很快，他便成长为数学组教学负责人，直至负责整个高中部的教学教研。已经当了 11 年老师的"超级学霸"周帅加入高途后，既负责过高中部的整体教学工作，也作为主讲老师开过课。几年后，他教过的学生数量已经超过百万人。

这些老师不仅受到外部学生的认可，而且迅速在高途内部吸引了一批拥趸。公司法务部负责人曾红军就发自内心地感慨："我甚至都有一种冲动，如果有时间，我想跟着我们这些好的老师，把我过去在中学时没有学好的数理化都重学一遍。”卢佳则更神奇，她利用有限的课余时间跟着老师上了几节课，几乎是裸考，竟然拿下了高中英语教师资格证。

围绕学生学习效果这一“指挥棒”，公司对二讲老师也同样重视。早在 2017 年 7 月，高途课堂便开始组建自己的专业二讲老师团队。

作为“双师”中的第二个“师”，这一角色更类似“家教”，主要起监督答疑、陪伴鼓励、情感关怀的作用。如果说，教育提供的是一项服务产品，那么，二讲老师无疑是这项服务产品质量的决定因素。陈向东在内部也明确提出，如果说主讲老师决定着续班率的下限，那么二讲老师便决定续班率的上限。

早期公司对二讲老师的要求并未设置统一的标准。但每个学部都在按照自己心目中“最好的”样子来严格遴选。比如是否具有坚实的学习功底，责任心和沟通能力是否过硬，是否热爱教育，是否能吃苦耐劳。许翔尤其延续了在选人上的严苛之风。他要求，英语组的二讲老师必须过英语 6 级；数学组的二讲老师则必须高考时数学达到 110 分以上，面试时还要做数学试卷。无论哪个学部，都坚持由学部负责人来对入职的每一个人亲自面试。这使得他们对自己团队中每个人的背景都了如指掌。

把人招进来只是起点，接下来是大量的培训，而且凡训必考，非常严格。以高途课堂为例，隔周早会是其进行日常培训的方式之一，此外还有面向全员进行的标准化培训——北斗星培训，由一些资深的业务伙伴来给大家培训业务知识和动作。在持续不断的培训和总结中，团队逐渐形成了标准化流程和动作，SOP（Standard Operating Procedure，标准流程）这个词开始在团队中频频出现。2018 年 11 月，高途组建起二讲老师标准化工作委员会，并制作出《第二主讲老师工作流程标准化手册》——一本 200 多页的“红宝书”，内含 20 多个关键步骤，人手一本。其中不少做法在当时属于业内首创，效果显著，后来也一直坚持下来。比如“24 小时首 call”

规则，意为客户进来之后，一定要在 24 小时之内和客户进行第一轮沟通。

后来外界风传，高途以一种严苛的军事化管理来要求二讲老师，也正始于此。标准化的流程和动作保证了团队齐步走，大大提升了团队效率，同时确保了服务质量的稳定性。

在此期间，各个学部的负责人全部化身为内部培训师。无论是周斌、钱杨、许翔，还是刘威，全都要紧锣密鼓地备课，亲自给大家讲课，尤其在寒暑假前，因为这时新的二讲老师即将大批量上岗。“我们就希望这些新老师也真正能够对得起客户，能够带来更好的客户体验。”周斌说。

有了人才，有了培训，接下来考验的就是协同了。

从商业模型上讲，在线直播大班课的核心在于——让单个老师的规模效应最大化，由此释放产能。因此在初期，高途采用的是“名师特种兵”方式，即围绕名师组建小团队，每个小团队里，除了主讲老师这一中心，还搭配二讲老师、教研、学习顾问和运营人员。主讲老师基本都有十几年教龄，更懂得和学生、家长沟通的方式，二讲老师和学习顾问为主讲老师提供来自市场、学生的反馈，教研则点对点为名师做服务。

小团队的利益一致、步伐一致：名师创造的收入与团队的所有成员直接挂钩。学习顾问和二讲老师在小团队中能深入了解主讲老师的风格，更有利于销售和后期服务，也意味着更多的生源、更多的提成，主讲老师也愿意主动指导团队做服务。当时高途内部甚至提出过一个口号——“让主讲老师做一个出了直播间生活不能自理的人。”此言略显夸张，但意思相当明确，就是主张主讲老师聚焦于讲课本身，把自己的能量和优点最大化地发挥出来。但实际上，整个名师团队在很长时间里都有同吃同住同奋斗的感觉。

可以说，这时的高途通过围绕高质量名师“做加法”，已经构建起一个良性商业闭环。获客端保障生源流量持续注入，教师端严选高质量名师，叠加支持团队提高名师产能，确保教学内容质量及服务质量，从而有效地实现了人均产能的扩张,同时也带来了名师留存的保障以及持续师资招聘、培养的能力。

本质上，这也并非高途的独创，“只不过我们后来做得更好”。许翔颇为得意。

在线下教培行业，打造名师通常是违背常识的。因为名师很容易把学生带走，在这一点上，无论是新东方、好未来，还是其他中小教培机构，都曾踩过坑。但转到线上，逻辑却有所不同。在线直播双师大班课，流程烦琐且严密，需要多环节的紧密衔接，从前端的流量、销售，到中端的讲课、辅导，再到背后的内容研发、运营、视频直播技术等，其中任意一环缺失，都无法达成名师效应。换言之，在线上，单打独斗是不可能的，几乎无人可以跨越线上“名师单干”的门槛。

所以，在高途，鲜有名师主动出走。不过，被动离开的确实有，因为压力着实大。团队的效率极高，总会不断地“push”个体。每次主讲老师讲完课，不管几点，都会马上收到内部反馈，包括课程内容的优劣和学生的表现。如果是招生课，哪怕课程在晚上10点才结束，学习顾问伙伴也一定会复盘到晚上12点。复盘完毕也是一系列数据呈现之时，当次招生课获得的收入、在内部的排名等，会立刻被发送到学部群中。很多主讲老师下了课都不敢睡觉，惴惴不安地等数据，如果数据亮眼会开心得睡不着觉；反之，则会愁得无法入眠。

许翔还记得，有一次他在凌晨2点看到数据，发现一位老师排名最后，想着赶快安慰一下，于是就给老师发了条信息“加油！”。结果老师很崩溃，因为他原本压力已经很大了，居然还在凌晨2点让他加油。“那时候流传一句话：‘没在高途当过老师，你就不算名师。’”许翔说。

为给名师团队提供支持，高途也逐渐组建起更为坚实的职能部门，教学产品教务部就是其一。2018年8月，钱杨从高途课堂初中部离开，专门来创建这个新部门。

教学产品教务部除了统管教材的标准化、印刷、物流供应链等，还有一大创举是将原本的静态课件变成了互动课件，尤其对小、初阶段的课程，穿插进很多故事和小游戏，以让年龄相对较小的孩子觉得学习不再那么枯燥，而是能在游戏的过程中更好地理解知识。2019年1月，互动课件推出后，课程到课率、客户满意度及续班率都有了明显的提升。紧接着，他们进一步对互动课件进行了升级，通过对直播系统的修改实现了真正的交互，学生上课时可以直接点击屏幕选择答案。

自2019年起，随着主讲老师数量和业务场景的增加，高途又进一步搭建起一个适合在线直播双师大班课的教学体系，逐步以学科为单位，一起组成一个名师团队，在课后名师们往往会进行激烈的学术探讨，大家集体切磋，一起磨课，使课程体系更加标准化。教研也不再只是服务名师，而是和名师之间形成合作关系，可以给老师提供基础的物料准备和课件整理。

也是自这时起，公司开始评选"年度高途功勋教师"，整个公司最多时评出10人，最少时只有2人，真正的精挑细选。评选标准不但包括业务数据，还包括必须受到学生和家长的高度认可，以及有较高的学术贡献。三者分别代表了管理者关注的业务维度、顾客满意度维度，以及内部老师的认可维度。

在创新的运作模式下，高途无论主讲老师还是二讲老师，乃至整个团队，得到的回报都是巨大的。不少主讲老师在基本工资和绩效工资之外还享有股权激励。全部加起来，年薪数百万乃至上千万的都有。学习顾问和一线二讲老师也一样，其综合薪酬普遍比市场高出一大截。几年后陈向东才知道，高途有一位二讲老师在2018年时年薪就高达50万元，这让他都感到吃惊。不过，这也符合他一向的提法："我一直觉得一家好公司一定是效率高而成本低的，最终让伙伴们的薪酬水平超越市场水平，我认为这一点非常关键。"

随着旗下的两个品牌——高途课堂和跟谁学好课齐头并进，高途开始有意扩充团队。但因为不肯放松标准，整个 2017 年和 2018 年，其团队规模始终未突破千人。到了 2018 年年底，高途的在线直播双师大班课业务进入疯狂增长期，组织不得不被业务推着跑，“天天缺人，天天缺人”。一方面，这给招聘造成了巨大压力，另一方面，随着人员规模的快速扩充，2018 年年底，员工人数超过 1300 人，企业文化也面临被稀释的风险。而且，快速成长起来的年轻干部，显然无法靠日常积累达成能力的跃升。

不过陈向东早就做好了准备。

几年来，他一直坚持亲自给管理层做培训。最开始，核心创始团队成员、VP 等有一个微信群。随着板块负责人及业务骨干进群，2016 年 5 月 16 日，这个群更名为“百家总部管理组”。

最初，这个组不定期进行学习培训，比如 2017 年年初讲以奋斗者为本：思想上的艰苦奋斗就是要善于学习和思考，对任何新事物抱有好奇心，保持 Day 1 心态；身体上的艰苦奋斗只是勤奋，肯于吃苦。

2018 年 5 月 17 日，“百家总部管理组”更名为“百家核心学习群”。陈向东在群里发出一段激情澎湃的文字：“任何公司比拼到最后都是比拼组织能力的成功，因为战略方向可以复制，而组织能力任何时候都是护城河……学习比资历更重要！一起学习，共同进步，将心注入，成就客户！”

此后，百家核心学习群的学习密度明显增大，每周都会进行学习培训，通常是由陈向东亲自选定书，大家集中阅读，分组讨论。最开始分组是随机的，后来变成了以业务为单位的集中学习，因为这样可以一边学习，一边直接将学习心得贯彻到日常工作改善中去。比如，百家核心学习群曾对丰田相关书籍做过深度阅读和业务思考，丰田经典的拉停机制、现实现场现物、看板文化、5S 管理等，后来都被直接贯彻到了业务工作中。

像在铁门一中当老师时一样，每次拆解完一本书，陈向东隔一段时间就会抓人提问，由此倒逼大家在听别人分享时更专注些，在自己思考时更深入些。尽管如此，刘彤还是实事求是地评价，现在看来，那时的有些书，大家其实并不能完全看懂，读起来也有些囫囵吞枣。但集体学习最重要的意义在于，通过这种方式构建了一个场域，让管理者能够互相充分地沟通，对增强团队的凝聚力大有裨益。

每个季度，群成员还会被拉出去三四天，脱离公司业务，专心致志地通过参观走访来学习。由此，大家可以以不同的行业视角来审视、复盘自己的工作，跳出日常思维限制，乃至找到更先进的管理工具。

这一点让安丽莎感触尤深。安丽莎自高途成立次月起便加入进来，始终精专于客服，从主管成长为客服部负责人。她对自己、对伙伴要求都很严格，对待工作一丝不苟，总会追着伙伴谈客户投诉问题，让人一见到她就“头大”，因此被誉为公司里“最令人‘闻风丧胆’的两个女人之一”。

“每次学习之后，都会让我更有敬畏之心。人总是很容易有熵增的，会觉得自己可以了。但每次出去，都会发现自己的未知领域又变大了，让我知道自己其实还不行。”她发自肺腑地感叹。

这大约也正是陈向东的用意所在。他常跟团队说的就是，别着急，慢就是快，凡是走捷径的，将来有一天都会重新走一遍。作为一位做业务出身的CEO，他当然注重结果，即所谓的“打粮食”，但同时也异常关注过程的认定，而这个过程，则需要依靠大家的成长来修正。

有人也问过陈向东类似的问题：“为什么你如此重视伙伴的培训和成长？”

陈向东回答说：“因为我很幸运，我当年遇到了好的学校、好的校长，成长得就比别人快。人的一辈子这么短暂，如果咱们这家公司能够让伙伴们在这儿成长得比别的地方快一点儿，该是多好的事情！虽然咱们有的伙伴会不舒服，但是一旦过了这些不舒服就舒服了嘛。就像去健身，很长时间不锻炼的人去健身、去爬山的时候会腰酸腿疼，但是过两天你就会觉得通体舒泰。”

04 打造可复制的“郑州范本”

2017年一整年盘算下来，高途的营收只有不到一亿元，尚处于亏损状态。但因为对在线直播双师大班课这一方向无比笃定，陈向东已经看到了未来迅猛发展的蓝图，他决定再次启动全国布局。

元旦刚过，刘彤先是奔赴武汉，再去西安，进行初步的市场调研。

对在线教育行业来说，将京外运营中心开在哪里，颇有讲究。不但要综合考虑当地的人才供给、学生需求，连交通情况也要考虑在内，因为这会涉及后续的内部差旅成本。在业内，学而思将第一家京外运营中心设在了山东济南，猿辅导选的是湖北武汉，都是出于以上因素的考虑。

高途选的是河南郑州。之所以做此选择，是因为郑州有三大优势：

第一，从需求端看，教培行业流传一句话：职业教育看山东，教育培训看河南。自2016年之后，河南每年的高考人数从80多万一路猛增，到2018年已近百万。这意味着在业务需求端，学生的培训需求量大，且在持续上涨。

第二，从人才供给端看，在线直播双师大班课的业务模式，决定了二讲老师的岗位一定是人力密集型的，既要考虑人才从哪里来的问题，也要考虑人力成本问题。而无论从哪个方面看，河南都是优选项。河南的人口规模接近一亿，每年有六七十万大学毕业生，数量可观，人才济济。而且，更重要的是，正因为人口众多，竞争压力大，河南的年轻人形成了相对而言更为脚踏实地、吃苦耐劳的特质。这与教育行业的需求正相契合。

第三，从交通上看，郑州也极具区位优势。郑州位于中国地理中心，是名副其实的“中华腹地”，其交通结构呈“米”字形，是全国的交通枢纽之一。论高铁 3 小时城市圈，郑州可以到达全国的大城市数量在全国位居第一，连北京和上海都无法与之相比。乘坐高铁从郑州出发，5 个小时之内可通达国内 70% 的省会城市。所以从差旅上看，无论时间成本还是经济成本都较低，当地的住宿成本也相对低。

除此之外，如果说郑州还有什么不同的话，那就是——这里还是陈向东的家乡。他一直希望能够在自己的能力范围内，尽可能多地为家乡做一些贡献。而将运营中心设在郑州，显然能给河南的大学生多提供一些就业机会，并在一定程度上拉动当地的经济发展。

2018 年 2 月，春节期间，陈向东带团队亲赴郑州，为运营中心的具体场地选址。全娟恰好在郑州老家过年，也参加了前期选址的过程。最终，大家共同选定了郑州龙子湖建业智慧港。3 月，高途前往开封为郑州中心进行第一次校园招聘，入职的每一个人，都是几个学部负责人亲自面试的。

教育培训行业在总部之外的城市设立运营中心是惯常做法，但通常情况下，在聘用外地员工时，会采用外包形式。高途则不然，郑州中心从成立第一天起，与员工签订的就是正式的劳动合同。这大大增强了员工的归属感，尤其对很多应届毕业生来说，这构成了一个颇具吸引力的因素。此后当高途陆续在更多城市迈开扩张步伐时，都采取了同样的方式，坚持在当地注册公司，正式招聘。

2018 年 6 月 1 日，郑州运营中心正式成立。

非常有意思的是，郑州中心起初并没有总负责人，只有一位牵头人，负责整体工作的协调，全娟被任命为郑州中心总负责人，则是半年以后的事情了。

那早期怎么做呢？——高途课堂小初高 3 个学部全面驰援郑州！

2018 年 5 月，高途课堂北京总部在续班结束后的第二天，就安排了一次团建活动。团建完毕立即召开会议，挑出十几位业务骨干和小团队负责人，分别涵盖了小学、初中和高中 3 个学部。所有被选中的人，不可以自主选择，必须从 5 月 31 日起前往郑州，负责郑州所有新入职伙伴的现场培训和辅导，为期 3 个月，8 月 31 日方能返京。

一声令下，大家齐赴新战场。当时，张崔霞是高途课堂高中部的语文二讲老师，在当年的续班中表现出色。但其实那时她从大学毕业入职高途也不过刚一年。接到任务时，看上去尚且稚嫩的她用以己推人法，想象如果自己是更高一层的干部，此时需要有人来做这件事会希望达成什么。她得出的结论是，一定要传递自己在公司中的真实感受。可以确认的就是高途课堂的主讲老师好，整个团队都要力争做到更好。所以，到达郑州后，面对一批和自己年龄相仿的新伙伴，张崔霞一直在传递这个信念。大家年轻气盛，同时也热情似火，既愿意去相信，也都鼓着劲头想做到更好。最多的时候，张崔霞带了 50 多个人，大家上班就热血奋斗，下了班一起去吃大盘鸡，享受把整个小店都“占领”的自豪感。人均不到 30 块钱，但个个吃得无比开心。

在这期间，刘威、周斌、钱杨、许翔等人，也先后分成两批，前往郑州进行支援。原则是，确保在暑假前后共计 3 个月的每个时间点上，他们中至少有两个人在现场。从这个角度看，郑州中心虽在京外，但早期和总部的氛围并没有多大不同，整个构建过程非常扎实。这些驰援的干部和业务骨干们，不但把业务知识和方法教给了新伙伴们，还将组织文化也一并带了过去。同时，他们也为郑州中心遴选出第一批年轻的管理者。怎样才能成为管理者？——谁能把事情干好，谁成长更快，谁就是管理者。

整个 2018 年暑假，郑州中心一直处于边组建边验证最小业务单元的状态。那时公司还没上市，名气并不大，物质条件也算不上太好。这也在某种程度上保证了团队的相对纯粹性，大多数人是因为对教育的热爱才来到这家公司的。在这里，他们真正吃过苦、流过汗。当时郑州中心在建业智慧港的办公区，由大厦统一管理的中央空调每逢周末会关闭。但郑州中心正在打暑假战役，周末也要上班。所以，第一批伙伴入职后遭遇的第一个挑战就是暑热。那时，中心的正式员工大约有 140 人，加上实习生共有 200 多人，大家凑在一个开放式的办公区中，一到周末，如同身处蒸笼。没办法，他们只好去医院买来冰块，放到办公区里，让电扇朝着冰块吹，再去成车成车地买来西瓜，集体靠吃西瓜解暑。

尽管条件艰苦，但事实证明，这个暑假，郑州中心的工作完成得非常漂亮。当时他们重点做的是入口班，在当年就达到了近 30% 的转化率。对一个初创团队来说，这个数字相当不错。

模式得到成功验证后，高途开始着力发展郑州中心，为其做出了 2019 年年底达到 2000 人规模的年度规划。

2019 年 1 月，全娟走马上任，出任郑州中心的负责人。

她满心担忧，压力巨大，以至于从北京回到郑州后连家都没回，直接把行李寄到了自己在公司旁边租的房子里。作为已经在行业中打拼了十几年的资深经理人，全娟知道郑州新东方学校花了 10 年时间，才做到 900 多人规模。虽然线上教育公司发展速度通常会更快，但很多同行的城市中心在发展到千人规模时往往就很难再突破了。她提着一颗心：一年时间就扩充到 2000 人，速度会不会太快？会不会造成坍塌？

更何况，在自我发展并验证的同时，郑州中心还肩负着一项重要使命，就是要沉淀出一套可复制的流程、制度，将自己打造成高途的京外城市运营中心范本。未来当公司开设更多新的城市中心时，郑州中心要负责作为培训基地，能让新中心的候选负责人实地了解各个环节，并且将一套可复制的、落地即能用的东西带走。

全娟选择了从源头入手，在选人、用人的画像上不惜时间和精力。事后回忆，她认为这一点起到了非常关键的作用。当时郑州的业务模式已经跑通了，所以相对容易做出精准的人才画像。他们严格按照人才画像来进行招聘，并没有因为需求量大，就有丝毫的放任及疏忽。

2019 年 1 月，郑州中心一口气租下新的 6 层办公楼，逐渐建立起自己的招聘团队，此后，中心人员规模开始爆发式增长。半年后，中心总人数达到 1000 人，到 2019 年暑假时，郑州中心连带实习生，已经有一千六七百人。

在人员极速扩充之时，早期构建的良好企业文化起到了相当重要的作用。经历过 2018 年暑期的第一批小伙伴，此时挑起“传帮带”的重担，像此前师父帮助他们一样，将企业精神和业务方法，很好地传递给了新人。

这年的暑期攻坚月，郑州中心的人手依然紧张。北京总部再次出马，组织了二三十人的二讲老师团队，又来到郑州驻扎了一个多月，彻底帮助郑州度过了发展的关键期。

至此，郑州成为一个相对成熟的京外运营中心范本，开始对外输出。

2019 年下半年，公司开始筹建西安和武汉运营中心。最初的干部，就是从北京和郑州抽调的。业务模式、标准工作流程、业务培训内容等只需复制郑州，因而筹建速度非常快。到 2020 年，公司更是开始闪电式扩张，几乎每一两个月，运营中心就会落地一个新的城市。

正如之前规划的那样，每一个新的城市中心负责人，在到当地就任之前，都会先来郑州报到。

比如何志欣。何志欣是业内资深人士，此前在线下教培行业有 10 年的教学和管理经验。因为感受到线下发展模式在多个方面的局限性，所以选择转战线上。她在工作中雷厉风行，堪称“铁娘子”，为人坦诚直接、勇敢豁达。在做新选择前，她和几家在线教育的头部公司都接触了一轮，最终来了高途。原因很简单也很重要，老师出身的她，认定教育行业的本质就是教育本身，所以，她喜欢决策层是教育背景出身的人。而且，和陈向东第一次见面时，后者狭小的工位以及会客室里铺天盖地的书籍都让她大感震撼，作为一个本身就具有旺盛生命力的人，她被这个比自己生命力更旺盛的人打动了。

2020 年 4 月初，何志欣正式入职，第一个岗位是高途课堂西安中心负责人。那时正值高途课堂长期班的续费季，所以她先在总部全程跟了 10 天，把小学、初中学部工作流程都走了一遍，认认真真地跟着“师父”学习，帮师父梳理学情表，给学生答疑，做客户回访，还顺带做成了两个“五科连报”。这之后，她赶去郑州，跟着全娟一起工作，全娟带她梳理了运营一个中心的所有工作内容。一直到 5 月，她才结束见习，正式前往西安。

全娟传授给她的内容多而具体。

“一个新的中心刚开始建设，肯定得把大的中台部门给搭起来。第一，招聘团队。这是最重要的第一级关键部门，你要找到招聘的‘1 号位’，他一定得是骁勇善战并理解你的招人、用人模型的，能够很好支撑你的业务发展。第二，培训团队。要找到一个靠谱的培训部负责人，能够把岗前的培训工作全部都落实到位。同时，他也要跟招聘有很多协同，因为岗前培训是一个人员筛选的过程，两个人要达成一致。第三，行政团队。这是所有员工工作能够正常进行的保障。尤其入职高峰期时，行政团队要接得住，并且要让小伙伴有非常好的入职体验和感受。第四，所有伙伴都要使用工作机、电脑、手写板、耳麦，所以 IT 团队也非常重要，必须要给现场的伙伴提供足够有力的支持。”

讲起这些，全娟头头是道。对其中最为重要的时间节点和关键注意事项，她会格外加以强调。

不但出力，郑州运营中心还直接出人。每一个新的中心建设时，郑州都要筛出一轮优秀员工、基层管理干部和业务线负责人，直接跟着新中心的负责人走。武汉运营中心成立时，一下子从郑州带走了 45 人，覆盖小初高 3 个学段，西安也类似。“我们给新中心选拔的都是根正苗红、业务能力又强的拔尖的伙伴。”全娟多少有点儿心疼，他们不是像当年北京总部支援郑州那样只去待 3 个月，而是去了就落地生根，不回来了。

不过，这并没有影响郑州运营中心继续积累经验。此后，他们还群策群力，编纂了《小组长管理手册》《主管管理手册》，以及一系列内部管理类书籍和视频等。这些都是通过对优秀组长、主管的细致访谈和观察形成的，由全娟亲自带着人才发展部的伙伴来完成，内容包括文化应该怎么抓，会议应该怎么开，沟通应该怎么进行，离职面谈应该怎么做，几乎包罗了工作中方方面面的细节，内部称为“小红宝书”，每出一份，全娟都会同步给其他中心，大家共享。

张崔霞在 2018 年从郑州返回北京后，又前往西安做小学部长期班的二讲老师负责人，负责从 0 到 1 的队伍搭建，郑州范本对她助力颇多，使她直到现在提起郑州都满心感激。“郑州算是娘家。”她说。再之后，信奉“吾心所向，一往无前”的张崔霞辗转多地，每去一个新的城市，都不会忘记两件大事：一是把业务经验带过去，二是把文化带过去。

在陈向东看来，多地开设城市运营中心，首先有利于业务的各地布局，而且从人才培养上看，这样做也有很大的好处：“一是能快速在本地吸收优秀人才；二是分权化才能让更多的人才冒出来；三是干部不断被派出去，得以锻炼，会更有利于干部的成长。”

所以，哪怕是到了 2020 年下半年，高途已经因“营销大战”开始亏损，也依然没有放缓扩张的脚步。

05 风光上市，瞬间放大的财富效应

继 2017 年 9 月第一次实现单月盈利后，果然如陈向东所料，公司发展一骑绝尘。非但高途课堂发展迅猛，就连 2017 年 8 月刚组建的跟谁学好课也甩开了膀子——组建次月，跟谁学好课不过 10 万元收入，几个月后，收入就增长了几十倍。

2018 年 3 月，春意盎然，高途也开始收获春的喜悦。当月，公司收入同比增长 400% 以上，又过了一个月，这个数字冲到了 610%。就在这期间，陈向东在内部全体伙伴会议上保守地提出："希望 2018 年某个月单月收入能过亿。"然后当年 11 月，他们就真的实现了。整个团队不但兴奋而且吃惊，因为在此之前，公司的月营收最高纪录是 2000 万元。

当在线教育行业普遍亏损之时，聚焦于在线直播双师大班课的高途日新月异，成为行业内首家实现规模化盈利的公司。2018 年其年收入约 4 亿元，同比增长 307%，其中 B2C 业务增长近 10 倍。B2C 的各个业务线都实现了盈利，让陈向东本人都连称"没想到"。

其实盘点整个 2018 年，就市场大环境来看，并非教育行业的好年景。这一年，国家政策监管已经呈现出渐趋严格的态势，行业竞争加剧。一些曾经高光的以一对一为主的在线教育机构逐渐退出舞台。但此消彼长，据

金浦投资合伙人侯昊翔称，这一年，中国使用线上课程的学生人数已经达到 1.13 亿，中国在线教育市场也由 2013 年的 260 亿元增长至 2018 年的 1432 亿元，年度复合增长率达 31.4%。

正是从这一年起，在线直播双师大班课的优势凸显，一时间除了传统教育公司，就连腾讯、字节跳动、网易等互联网巨头都开始纷纷押注在线大班课。只是，因为获客成本高企，行业鲜有盈利者。而高途依靠 4 年蛰伏沉淀下来的优势，成为行业中的例外。“业绩噌噌往上涨，陡峭上升。”提及当年，许翔脸上光彩四溢。

2019 年的公司年会，陈向东提前两天就把自己讲话的 PPT 定稿了。与之形成鲜明对比的是，2017 年的公司年会，他会前两个小时还在修改 PPT。2015 年，更是一直修改到临开会前 5 分钟。他对此的反思是：“在创办公司纠结痛苦的时候，都是因为要么是我把事想错了，要么是我把人找错了，要么是我把自己整个的工作重心放错了。一个好的 CEO 一定是能够把很多事情超前做的，不会因为自己的无知、无能、懒惰，导致周边的人围着你手忙脚乱。”

又一个春天到来的时候，一位名叫高浩然的伙伴注意到了办公楼门前的两棵梧桐树，它们已经从当初的第二层楼高长到了第四层楼高的位置。“想起 2015 年 11 月 9 日搬家，聚在 C 座门前放鞭炮庆祝（的情形），转眼已过 4 年。”

当然，在这 4 年间，秉承“CEO 永远要做未来的工作”的陈向东，已经提前着手了很多事情。

比如上市。公司从创业之初就进行了融资，注定要为上市而努力。所以，早在 2017 年刚有了“小海盗”时，陈向东就已经开始为此做准备了。那年在清华五道口金融学院上课，他和同学们交流的问题清单里，就有关于怎么上市的提问。

值得一提的是，2018年6月，朴新教育科技集团于美国纽交所上市。上市后表现良好。这更给了陈向东巨大的鼓舞。朴新教育同样成立于2014年，以在业内进行投资并购和投后管理为发展模式，创始人是曾任新东方高级副总裁的沙云龙。沙和陈曾同为新东方的“拼命三郎”，二人一向交好。于是在这之后，陈向东多次把沙云龙找来分享经验，并请他将自己认识的各路投行都推荐过来。

接下来，陈向东开始带领核心团队不断地见投行、见律师。他还面试了20多个审计师以及一众CFO候选人。当年10月，审计进场，12月，CFO到位。

CFO沈楠是个“80后”，在普华永道工作过6年。离职后她在一个线下教育公司做过一年多的CFO，有感于中国互联网浪潮的勃发，一心想着去一家有互联网属性的教育公司。所以一遇到高途，她的热情瞬间就被点燃了。

这个外表温柔的姑娘，内心对己对人都秉持高标准。犹如陈向东当年去新东方面试前的“知己知彼”，在和陈向东见面前，沈楠也做足了功课。她花了一周时间，把网上能找到的高途课程和其他竞品课程全听了一遍，还把陈向东的外部讲话以及《做最好的创业团队》都找来看。在和陈向东交流时，沈楠已对高途的课程有了直观感受。她直言不讳：高途的课程从课堂的表现形式上，比如光线、背景的体验可能不是最好的，但老师对课程内容的把控程度、控场能力非常成熟，相当引人。她甚至为此做了个对比表格，对每个细分点都做了分析。

不过直到真正入职后，沈楠才知道高途的数据是如此之好。尤其在2018年11月和12月，因为恰逢续班，公司的现金流和利润有了更大的跃迁。

2019年1月8日，高途2018年的整体财务数据已初具雏形：现金流正向，有盈利，业务增速较快，且预期势头不会下降。陈向东做出了最终决定——到美国上市。

那时，高途虽然发展迅猛，但过往的品牌声量都集中在O2O平台时期。在转型B2C后，一直没做较大品牌投入，所以，亟须提升品牌知名度。不过，早在2018年年底，陈向东就找了部分做过Pre-IPO的媒体，了解IPO前后如何造势，以及如何提升品牌声量。

1月10日，高途召开临时董事会，16日，正式启动上市工作。

在确定上市的具体日期时，陈向东选择了6月6日。“6”是他钟爱的数字之一，他的生日中有“6”，公司创办的时间是6月16日。不过，最重要的是，每年暑期都是教育公司的旺季，如果能赶在暑假之前上市，将对公司品牌形成巨大的加持，让公司在接下来的暑假享受品牌带来的红利。

但找投行的时候，他遇到了一些意外的挫折。因为看到公司的数据时，投行“都吓傻了”。高途在2017年的收入只有不到1亿元，公司整体亏损；到了2018年，现金收入6亿多元，营业收入跃升到3.98亿元，有了2000万元的利润，如此蜕变让人难以置信。而对于2019年的预期收入，陈向东给出的数字更离谱：现金收入超过30亿元，营业收入超过18亿元！

好多投行包括高盛都看不懂，也不敢接。“他们风控没过，人家觉得我们肯定是疯子、骗子，在吹牛、瞎忽悠。”说到这里，陈向东忍不住笑。

最后他找到了交往10余年的瑞信，终于成功了——值得一提的是，瑞信也是瑞幸咖啡IPO的保荐机构，瑞幸咖啡于2019年5月17日赴美上市。

定价也经历了两轮。第一次定价时投资人热情挺高。但后来因为各种原因，原定价格又掉了下去。陈向东一点儿都不纠结。和做其他事情一样，他只盯核心目标。公司上市，最重要的目标是扩大品牌影响力，借此吸引更多的人才，而非单纯的融资。另外，相对股价，公司更关注的是股东结构，希望能有更多的长线投资人，尤其是对教育行业比较了解的长线投资人。

所以，不同于很多公司在定价时都要和投资人反反复复地进行拉锯战，高途的定价过程短平快。沈楠先和投行谈，然后和陈向东做了汇报。陈向东进入会场，只用了5分钟，双方就敲定了价格。

“整体来说，就是公司不贪婪，也很理性，只要达到目标就可以。”沈楠回忆说。她认为，资本市场就是一个外部工具，极其契合“洗衣机理论”：洗衣机只能洗衣服，不能指望它还能做饭；而高途诉求明确，就是“洗衣服”。

最后，从正式启动上市开始计算，高途只用了88个工作日就成功在美国纽交所上市，创造了中国公司上市的最快纪录。这还包括了审计时间的延长，因为德勤在审计时看到高途的数据增长太快，专门派人从美国飞到高途总部做访谈，回去后，又做了很多复核。

事后回顾，2019年下半年到2021年上半年，其实是资本市场的“黄金期”。很多和高途同期IPO的项目都叫停了，但高途摒弃噪音，一往无前地直奔目标而去，顺利享受了资本市场两年的红利。所以后来每当被其他CFO或创始人问到“什么时间才是上市最好的时点”时，沈楠总会不厌其烦地重复：“没有所谓的最合适的时点，因为企业永远都在解决问题，何时上市完全取决于公司想要什么。”

美国东部时间2019年6月6日上午9点30分，陈向东第二次敲响了纽交所的钟声。第一次是在新东方。根据美国投资人的说法，高途是全球唯一一家只融了A轮融资就在美国纽交所上市的科技公司，也是全球唯一一家在美国上市时就实现规模化盈利的在线教育公司。

高途的会议室里传来激动的呐喊，朋友圈也几乎被他们刷屏。高途一夜之间登上多家媒体的头条，很多人的第一反应是：“哦？这家公司还活着，居然还上市了！”

高途成了上市现场人数最多的公司，100多位伙伴一起跟去了纽交所，见证这一历史时刻。那天晚上，陈向东喝多了，晚宴结束后他在返回酒店的车上就睡着了，并且是多年来唯一一次睡到了第二天早晨10点。醒来后他拉开窗帘，对着窗外，由衷地说了一声“真好”。而手机里涌进的1000多条微信，他后来用了两天时间才回复完。

虽然陈向东并不觉得，但不少细心的伙伴都感受到了这位创始人在那晚的不同。那种感觉很难形容，应该是一种发自肺腑的难以抑制的激动。正如陈向东在当天接受采访时所说：“信任不辜负。”对他来说，高途的IPO既是为公司打开知名度，是阶段性的自我证明，同时也是一种交代。“那么多人跟着你有交代了，投资人投你有交代了，你自己跟很多人‘吹的牛’有交代了，身边对你信任的目光在这一瞬间可以融化为有信任、有交代。”

俞敏洪曾说，新东方上市当晚，他在河边走了很久，觉得自己身上的担子又重了。但对陈向东来说正相反，曾在至暗时刻差点儿压垮他的负担，此刻终于可以卸下了。

宣布上市后，陈向东在他的个人微信公众号中公布了一封长长的邮件。是他一位多年的下属在高途上市当天写给他的，署名“一位关心你的小伙伴”。这位小伙伴在邮件中回忆了自认识陈向东以来所目睹的他的种种经历，每说完一个阶段，都会加一句“可真不容易”。

在很多人眼里，身为明星创业者的陈向东一路顺风顺水，天天云淡风轻，面带微笑。但艰难的时候只有他一个人能懂，别人不知道，而且也分担不了。不过即使在最难的时刻，他也笃定自己想干的事情一定能做成，就像此前在人生中走过的每一个阶段一样。

他并不是一个时常回忆过去的人，因为大多时候他都在向前看。很多过去的事情，早已构成了他生命中的一部分，融入内心，尘封在那里。即使上市后，他也并没有一帧帧地在脑海中重放一遍。

“就没有一点点委屈吗？”

“没有。”

但在被误解时，陈向东也会有情绪，只是通常他很快就会自我消化，恢复如常。“到了现在这个年龄之后，碰到类似的事情，直接做决策就完了。你对我提了无理要求我直接不理你，你做得不对我会让你离开，如果钱不够，我自己还有钱。”

忙上市那几个月，因为事务千头万绪，陈向东每天都只有三四个小时的睡眠时间，有时候困到连眼睛都睁不开。但因为兴奋，他感觉不到累。上市之后，他赶着回北京处理工作。6 月 16 日，高途在一片喜气中迎接公司成立 5 周年纪念日，当天晚上，在北京国贸大酒店举办上市答谢晚宴，陈向东又喝了不少酒，开心入眠。但次日一早，他从起床的一刹那就开始咳嗽、发烧。接连两年几乎没生过病的他，身体终于扛不住了。

那天早上，陈向东还是坚持按照自己的计划，登上了最早一班高铁，前往郑州中心。路演来回折腾了 4 个月，但公司还在快速奔跑中，陈向东惦念着和外地中心的伙伴们赶快见见面、聊聊天。

清晨 6 点 21 分出发，上午 9 点 06 分到达郑州东站。全娟完全不知道陈向东生病的事情，像往常一样给他安排了满满的议程：全体管理者见面会，核心管理者座谈会，新晋管理者培训会，新伙伴见面会，伙伴座谈会，春季班的标兵代表晚餐座谈会，重要工作汇报的聆听与指导。一大串事项一直排到了晚上 9 点 10 分，共计 11 个小时。

陈向东全程坚持下来，除了时不时咳嗽一下、喝点水，看上去和以往并无不同。“不用讲奋斗，也不用讲投入，你就坐在旁边看看他是怎么工作的，就是最好的培训。”全娟感慨。

当时郑州运营中心已经有 1400 多人，当年的大量校招生都是在 4 月就确认的。此时得知公司上市，全体伙伴都非常兴奋。管理者见面会和新伙伴见面会上，人数众多，陈向东进入会场前，大家已经坐不住了，原本主持人要做一分钟的开场白，但陈向东的身影一出现在门口，会场的掌声就响了起来，而且持续不停，催得主持人赶紧让位。清一色的红色文化衫，映衬着年轻人满脸的胶原蛋白，青春而美好，那样热血沸腾且生机勃勃的场景让在场的每一个人都难以忘怀。

公司上市犹如给伙伴们打了一针强心剂，让大家的自豪感和归属感大幅提升。每个人都觉得前景可期，也感到更有底气，更迫切地希望发挥自己的才华。主讲老师们精神大振，“保不齐哪天自己就能成为全国的著名老师了”；二讲老师们也彼此打趣，“咱好歹也是一家上市公司，能不能标准更高一点儿，要求更严一点儿？”

上市之后，高途再次成为公众眼中耀眼的明星。学习顾问在给家长打电话时，已经不用再花费太多口舌做自我介绍。与此同时，高途也愈发受到求职者青睐。一时间，北京办公楼的一楼大堂人头攒动，几百人排队叫号等待面试，构成壮观的一景。可以说，高途上市如同引爆了原子弹，无论对内对外都生发出大量化学反应。

从郑州回来后，陈向东一直咳嗽了一个多月才彻底康复。后来有一次，他看到索尼的创始人盛田昭夫的著作《日本制造》，中间的一个片段让他瞬间泪流满面。

当年索尼在美国上市也非常不容易，最后大获成功。上市后，盛田昭夫一回到日本就开始生病，卧床不起，在床上躺了大概两个礼拜。

陈向东突然发现，人的一生，路径可能都是一样的。这一年，他 48 岁，正逢“本命年”。

“坦率地说，高途过去几年蛮不容易的，只是到后面突然就爆了，爆得让很多人都难以想象。”谈到高途的上市，陈向东表示，这既与高途的自身实力有关，也与这个时代有关。

“高途如果说做得不错的话，一方面是因为遇到很多很好的伙伴，他们相信公司。更重要的是运气，你说谁知道莫名其妙地就撞上了那么多运气？撞上了移动互联，撞上了在线直播，撞上了 4G。没有这些运气，再聪明，我也不可能成功。所以，有的投资人说，Larry，再给你 30 个亿让你办个高途，你能做成吗？我说，打死我都做不成，那个时间点已经过去了。”

上市之后，高途的运气依旧好。

中国科学院大数据挖掘与知识管理重点实验室数据显示，2019 年在线教育市场规模达 3133.6 亿元，其中 K12 在线教育得益于覆盖的年龄阶段长，成为在线教育市场的重要分支之一。另一项数据显示，从 2017 年到 2019 年，K12 在线教育市场的渗透率由 4.70% 提升至 15.70%。

很长一段时间里，高途都荡漾在幸福之中。在上市后铺天盖地的媒体宣传以及对内部士气的鼓舞等各方面的加持下，高途的发展之轮继续飞驰，整个 2019 年下半年，其业务的发展都完全超出了资本市场的预期。

那真是一个朝气蓬勃的创业时代。移动互联网红利、人口红利、微信场景红利叠加，推动了国内国外不少大型互联网公司呈几何倍数的增长，国外有 Airbnb、Facebook，国内有美团、头条。只不过有些互联网公司在早期需要通过烧钱达成马太效应，但教育行业因为是预收费，且能通过和客户的高频互动形成更强的用户黏性，所以商业模型更好。

因为数据太好，陈向东每次都要求尽早发布财报，以便能更快地给予市场正向的反馈信息。他甚至提出可以适当浪费，要快速招聘进行闪电式扩张，以快速抢占市场。“团队伙伴都不敢，他们害怕，但我拍板说没问题，这个月定目标，下个月高一点儿，下下个月再高一点儿，真的是把我的冒险精神用到极致，也把机会抓得淋漓尽致。”他自认为做得非常完美，因为“真正优秀的 CEO 都是矛盾综合体，该谨慎的时候谨慎，该冒险时也得冒险，有时候不狂奔就没机会了”。

数据是最好的证明。2019 年，高途年度营业收入约 21 亿元，盈利 3 亿元。到 2020 年 1 月，上市仅 7 个多月，高途市值已达 81.57 亿美元，稳居美股市场上教育中概股的前三名，约等于新东方的 1/3、好未来的 1/4，二者当时分别已经上市 13 年和 9 年。

2019 年 11 月 21 日，高途增发 2070 万股 ADS 也完美收官，股价继续上涨，市值近45亿美元。有分析认为，高途当时增发创造了几个纪录：第一，中国ADR上市公司中，高途是2014年以来第一个实现在IPO锁定期到期前解锁并成功完成增发发行的公司；第二，自2019年6月6日成功登陆美国纽交所，不到半年时间，高途交易总额高达近5亿美元，是中国ADR教育公司规模最大的增发项目，同时也是2014年以来中国教育公司总融资规模最大的案例；第三，其价格比首次公开募股高出33%。

陈向东回忆说："我们上市之后做了一次增发，增发很成功，价格也不错。非常完美！一下把我内心的石头全卸下来了。"他关心的是："投资人投你那么多年，像启赋资本也没多少钱，这样帮助人家赚一部分钱是对的。"

临近年底，12月21日，高途宣布副总裁张怀亭因个人原因离职。截至当日收盘，张怀亭身价达到3亿美元。这一"造富神话"一度引发业界关注。但那只是个起点，后来高途市值达到最高时，陈向东也感叹："怀亭身价最高100多亿呢！"

2020年2月以后，陈向东不再参与任何具体的业务会议与决策，而是只想3件事：第一，怎么能不做决策，但同时确保下面的人做的决策是对的；第二，公司经营哲学的持续建立与巩固；第三，如何激励最重要的人。

在此前公司的新春年会上，他向全员发问：2019年我们已经做到优秀了，2020年能从优秀到卓越吗？

第五章

企业再造：每个糟糕的日子都是黄金般的运气

世界上只有一种英雄主义，
那就是认清生活真相之后依然热爱生活。
——罗曼·罗兰

那些糟糕的日子，
对一个伟大的公司而言，
是黄金一样的运气。
每一个糟糕的日子都是在锻炼你，
都是在帮你挑选人才、纯净文化，
历练你的战略方向和战略定力，
这很美妙。
——陈向东

01 遭遇做空，不期而至的“体检”

“投资人突然意识到：哇，原来投资教育领域也是能赚钱的……资本市场让人有一种‘忽如一夜春风来，千军万马涌进来’的感觉。”2006年9月7日新东方在美国纽交所上市后，俞敏洪曾如此分析当时的情形。令他始料未及的是，几年后，“2012年7月，我一觉醒来突然发现新东方受到了浑水公司的攻击。”

13年后，历史在在线教育领域重演。高途上市并成为第一家规模化盈利的在线教育公司，使得全世界的投资人突然发现，在线教育巨额亏损的魔咒被打破了，此前不温不火的市场迅速被引爆。事后回顾会发现，随后几年，全国在线教育公司注册的数量翻了50多倍，全球的热钱纷纷涌进中国在线教育领域。

2020年开年后，中国教育类股票实现全面普涨。美股市场上，除了高途连连上涨，新东方、好未来也迎来历史新高，港股市场上的新东方在线涨幅也相当喜人。

前车之鉴，犹未远也。成为公众公司的高途，也必须直面资本市场的腥风血雨。客观地说，高途核心团队已经预料到了，只是这场暴风雨远比他们想象的更为猛烈。

2020年2月25日，高途收到了第一份做空报告。

此前，瑞幸咖啡已经“中招”。1月31日，知名做空机构浑水（Muddy Waters Research）发文，称收到一份来自匿名者的长达89页的报告，直指瑞幸咖啡数据造假，商业模式存在缺陷。瑞幸咖啡是那几年中国咖啡市场的一匹黑马，比高途略早一点儿，瑞幸于2019年5月17日在美国纳斯达克上市，截至当时已成为中国最大的咖啡连锁品牌，门店数量超过星巴克和咖世家（Costa）。而浑水更是大名鼎鼎，尤以做空中概股而为国人所熟知。

很多人对做空或许并不了解。实际上，做空只是美股机制下的一种常规操作。通常情况下，如果一家公司上市时股价偏高，就会有投资机构做空它，或许并没有什么依据，也不代表任何偏见，只是因为等这家公司的股价下降时，他们就可以获利。还有些做空机构会等到一家公司股票涨到很高时做空它，然后再去找这家公司的漏洞——毕竟在利益的驱使下，造假的公司不在少数——借此将股价打下来以赚取丰厚利润。事实上，新东方、好未来、东方纸业、辉山乳业、分众传媒、安踏体育等一系列中概股都被做空过，做空机构也的确屡屡得手。

2019年在资本市场上被称为“小年”，在美国上市的中国公司并不多，且体量普遍不大。市值超过百亿、股价增幅较大的，连高途在内，只有两家，所以，他们很容易成为做空机构的靶子。

但这两支股票的价格都在持续上涨，导致早期做空的投资人一直在亏损，赌注越下越大后，他们不得不采取进一步动作。早前，以做空中概股为人熟知的做空机构浑水（Muddy Waters Research）已对那家企业出手，高途知道迟早也会轮到自己。

沈楠老早就牵头成立了应对做空工作小组，包括财务、法务、投资者关系管理、内审内控、公关，以及大数据、业务等人员，基本覆盖了公司所有的相关角色。大家设计了应对流程，并提前演练了两三次，静待做空报告的到来。

靴子终于落地，陈向东很镇定。不过这家机构不是浑水，而是名不见经传的灰熊，其报告水平也只能用“很低”来评价，逻辑混乱，主观臆测的成分居多。

陈向东没有对外发声，“我们本身没有问题，现在一堆狗屎要往你身上贴，你还要去踩，那就把自己弄脏、弄臭了”。木秀于林，风必摧之，他觉得这挺正常。在公司内部提及此事时，他甚至表态：“感恩和感谢有这样的对手，他们在监督我们，让我们时时刻刻不能掉以轻心。”

但此后事态的发展出乎所有人的意料。4 月 2 日，瑞幸咖啡发布公告，承认虚假交易 22 亿元。消息爆出后，业界震动，媒体纷纷在问：谁是下一个瑞幸？

和瑞幸咖啡前后脚上市，共用一家投行，而且“业务增速差不多，股价涨幅差不多，市值差不多”的高途顺理成章地成了被怀疑的对象。

一起被盯上的，还有同为中概股的爱奇艺。4 月 7 日，市场研究机构沃尔夫帕克（Wolfpack Research）表示“看空爱奇艺”：爱奇艺早在 2018 年 IPO 之前就存在欺诈行为，此后一直如此。他们估计爱奇艺将其 2019 年的营收夸大了约 80—130 亿元，将其用户数量夸大约 42%—60%。受此消息影响，爱奇艺短线跳水一度跌超 10%。做空机构浑水则称他们帮助了沃尔夫帕克调查爱奇艺。

获悉该消息之后，爱奇艺 CEO 龚宇愤怒地表示：“一定跟他们干到底！”

不容忽视的是，做空也是有资金成本的。此时，在长期的拉锯战中，空头机构的资金压力已经达到了一定程度，为求速战速决，它们开始扔出更多的做空报告，局面因此愈发紧张。紧接着，4 月 7 日晚间，好未来又自爆，称在公司例行的内部审计过程中，发现有员工对新推出的“轻课”（light class）业务的销售额造假。高途再次“躺枪”。

“所以说我们是中概股第一‘背锅侠’。”沈楠自嘲道。因为公司太年轻，资本市场上真正了解高途的人并不多，所以每逢中概股爆雷，高途股价就比当事公司跌得更惨，沈楠形容那段时间的状态是“被放在火上来回煎烤”。

再然后，意料之中，浑水也下场了。

从做空报告的质量看，浑水的水平确实更高，看上去逻辑分明，分析很有道理，连沈楠第一次看时都有点儿蒙。她找来技术和业务运营的伙伴看，才发现是浑水不懂双师大班课机制中的大小班切换。这也是让陈向东感到愤怒的一点：“难道他们完全不知道大班和双师是怎么回事吗？这些机构不应该被惩罚吗？还有段录音说采访了一个前经理，我们听了几分钟就知道是假的。如果这个人能找到，我们立马指控他做伪证！”

但不管真假，都不能否认浑水的巨大杀伤力。高途的投资人起初并没有慌，有些人还中途加过仓。但此时为确保自身安全，连一些长线投资人都开始纷纷离场。沈楠曾颇费苦心搭建起的优良股东结构，瞬间毁于一旦，这令她心疼不已。

不过，浑水这篇报告也堪称“出道即巅峰”，此后它又接连发布了多篇做空报告，但都没再引起太大的波澜，因为高途挺住了。

“那时的阵仗，其实比外部看起来要大得多。”沈楠透露说。因为当利益足够大的时候，做空机构有非常强的动力去把公司搞垮。他们专门雇用了一些人，天天去税务局、工商局举报高途，还建了一个专门的网站，发布各种各样的消息。做空机构还动辄给全球著名财经媒体主编发邮件，“揭露”高途，这让高途一时间成为全球“知名”公司。事后统计，这样的邮件累计多达几百封。

其实在做空事件中，做空报告往往只是导火索，由此引发的审计委员会和外部审计师的追加鉴证工作才是重点。他们可以获取公司全部的内部数据和文件，如果公司真有问题，就一定会在调查中暴露出来。而陈向东知道，“高途所有的数据都经过千锤百炼”，所以，他有底气正面硬刚。

自创办高途起，陈向东就将价值观看得“比天大”。公司转型后进行价值观升级，5 个词语中修改了 4 个，唯一没有变化的就是“诚信”。一个例证是，高途在创立早期曾有一位能力非常强也极其热爱公司的伙伴，为得到周围人的夸奖，上传虚假资料，虚构老师入驻。陈向东发现后，毫不犹豫地开除了他。

在他看来，不要说动手造假，哪怕想想都不行——O2O 大战时期，有一段时间高途的日均 GMV 数据被竞争对手超过，大家都很着急，有一位核心团队成员脱口而出“可以改数据”，也被清理了出去。

对于不诚信，陈向东态度明确：零容忍。这让他一向笃定而自豪：“在公司的发展历史中，我们没有做过任何假数据，我们是真正按照规则在做。”

原本自 2020 年 2 月起，陈向东便不再过多过问公司细节，他希望自己在公司走上正轨之后能从具体业务中抽离出来，更多考虑事关公司未来发展的大事。但因为公司被做空，他又开始盯更多的细节和数据。每天早晨，他都会召开会议，直播视频部负责人张弩按照要求，会在会前把前一天的系统并发人数、上课人数、课节数以及相关的数据分析，以报表的形式发给他。

“全都是真实数据！”张弩强调。高途的后台系统在最早搭建时其实预设了修改数据的功能，但接口从没有开放。公司转型聚焦 B2C 之后，张弩在精简系统时曾特意请示过陈向东：“要不要保留这个功能？”陈向东明确表态，必须全部砍掉。“不管欺骗谁都是作假！”所以公司被做空时张弩一点儿都不担心：“我们可以保证每个上来的人都是可被追溯的，我有点不理解他们为啥要做空。”

最终结果是，高途自 2020 年 2 月起至 2021 年 3 月，在长达一年多的时间里被连续做空 16 次，其市面上一度有超过四分之一的流通股都被人借去做空。但非常奇特的是，在浑水的第一篇做空报告发出之后，后续做空报告每发出一篇，高途股价就涨一轮。最高时，其股价比 2020 年初涨了四五倍，市值一度达到380亿美元（约合2457亿元人民币）。到后期，此事已完全没了热度，没人再关注。

被评价为"Too good to be true"(好得难以置信)的高途，终于自证清白。

"因为被机构频繁做空，公司省下5亿宣传费用。"陈向东在事后调侃。对内，他也觉得"这次做空给公司带来的价值何止10亿，伙伴会觉得真的要诚信，不诚信你早就被弄倒了"。

但教训反思也不是没有。

外界看不懂高途，其实很正常。因为那时它不仅连续6个季度营收增速高达400%以上，而且在行业普遍亏损的时候，还保持了可观的盈利。2020年第一季度，高途毛利率更达到78.2%，同期新东方、好未来这两大被公认的中国教育培训行业巨头，毛利率也不过50%左右。此外，高途也是罕见的只融了A轮就赴美上市的互联网教育公司，因为太快、太新，投资领域中很多人甚至都没听说过高途。

从这个角度看，高途作为后起之秀，根基并不稳固。可最初陈向东的想法是不接受采访、不沟通。因为他认为"质疑组织是社会常态"。直到事态发展得超出预期，他才开始反思："我应该更早、更主动和媒体、投资人沟通，开放数据。一个组织的生长需要时间，外在也会给内部更大推动力。"

沈楠的感受也类似。"长期看，高途被做空是不可避免的，因为只要市场上有超过三分之一的投资人认为股价高了，就一定会做空，对任何公司都一样。"她话锋一转，又接着补充说，"但作为一家新公司，我们最大的困境在于缺少强有力的人来背书。公司还是应该多交朋友，更开放一些。"

那段时间，陈向东也一度陷入焦虑，在斥责那些"无耻的报告"之时，他不得不亲自下场。2020年4月6日至6月7日，两个月时间，他在微博上发过10次反击做空的内容。

不过，或许因为公司经历的磨难太多，陈向东倒是没把被做空视为公司的重大危机。时隔3年后再提起，更是称其为“什么都不是”。

但实际上，这次漫长的被做空，给高途带来的伤害也是不容忽视的。

事件发生后，美国证券交易委员会（SEC）和高途聘请的第三方调查团队，对其展开了全面彻底的调查。他们把公司所有的电脑、手机等存储资料全部拷走，把公司所有的邮箱和底层数据查了个底朝天，而且还进行了各种用户访谈，团队也要随时接受各种各样的问讯。

其实陈向东也可以适当地说“不”。但他自我道德标准很高，坚信公司经得起查，所以几乎对所有调查需求都来者不拒。这让高途显得格外弱势，沈楠略有抱怨：“谁说想查就来查，这项工作一直在无穷无尽地进行。”

持久的调查，耗费了公司上下非常多的时间和精力，带来不可计量的解释成本，也让公司的财务工作举步维艰。季度财报已经不是想发就能发的，在发布之前要经过与内部审计师、律师及调查组等各个环节的沟通。“恨不得要打成百上千个学生的电话，查询听课记录，核对收款记录，把所有的东西都查个底朝天，才能允许发季报，比别人年审做的工作还要多。”

直到2020年11月，公司聘任的第三方专业顾问才发布自己的调查结果——未发现对公司历史财务报表有重大不利影响的证据。到了2022年10月19日，在做空事件几乎被业界淡忘之时，高途才收到SEC的调查终止信函，表示美国证监会对公司的相关调查已经结束，且基于已经获取的信息，不会对公司进行指控。事情至此算是终于画上了句号。

“他们近10年来很少给一个因为被诉造假的公司这样的终止函了。”沈楠说。

除了经济损失，高途在这次重大事件中的损失其实还有更多。

从业务角度看，2020年，原本正是高途发展的好时机——受环境变化影响，线上教育市场需求旺盛，伙伴经过几年的成长日趋成熟，上市后品牌影响力日增——公司原本该在这段时间聚精会神搞建设，但因为被做空，“大家不得不天天去回应这个、回应那个，说了别人还不信，各种审查的人过来找我们面谈，乱七八糟的事老多了”。周斌回顾说。

在这一过程中，组织也受到了另外一方面的极大伤害。高途员工持股比例较高，尤其早期伙伴每人手里都攥着不少股票。但公司刚上市时，其实并没有多少人膨胀。可被做空后公司股价不断暴涨，大家突然发现自己的身价开始迅猛攀升。大部分人还没见过那么多钱，因而不可避免地走向心态失衡。一个最显见的变化是，公司里谈论股票的人多了，谈论客户的人少了，大家不再那么精心地去钻研业务，专注于自己的成长，这让陈向东感到无比痛心。

2020 年 2 月的一天，高途的股价涨了 18%，有一个小伙伴还特意给陈向东发微信，说觉得特别开心。陈向东迅速发了一封全员邮件：“股价一晚上涨了 18%，不代表你的奋斗和才华一个晚上多了 18%；跌了 18%，也不代表你就蠢了 18%。”

此事发生之前，陈向东曾筹划捐出 1000 万股股票，设立一个基金，利用资本市场的钱为中国教育做一些更有意义的事情，但因为被做空，他没法卖股票，构想化为了泡影。

与此同时，先后经历 16 轮做空以及严苛而漫长的调查，高途此前坚持的黑暗森林法则被完全打破了，从学生人数真假，到办公楼地价，公司从内到外被扒得干干净净。如此的好处是，外界对公司更为了解，但坏处是公司从此也不再有任何秘密可言。竞争对手再也无须从侧面探听高途究竟如何做到了盈利，甚至可以说，高途的被做空打开了在线教育行业的“潘多拉魔盒”。环境变化以及热钱的疯狂涌入，共同铸就了在线教育行业当年的营销大战，也使高途在大战中陷入相对被动的状态。

不过，对于这次既在预料之中又超出预料的被做空事件，陈向东更愿意定义为“全面体检”。2021 年下半年，在内部的总裁面对面沟通会上，提及被做空时，他说：“我们在 6 岁的时候被一个全世界最苛刻的机构、最苛刻的公司做了一次全面体检。咱们懂得什么叫诚信，什么叫善良，什么叫真实。”他认为，如果高途要做一家百年公司，那么对于在 6 岁时发生的这一切，“都应该无限感恩”。

这次事件，还给陈向东带来一个额外的温暖收获。

在公司被做空的那段时间，女儿特别担心他。父女俩每次通电话，女儿都尝试安慰他。后来有一天，女儿在网上看到一篇做空报告，报告中说，通过调查，发现基本上没有学生使用高途课堂和跟谁学好课。她想了想，何不自己亲自调研看看？于是她选择在百度贴吧上，用同样的问卷发起一个调查，没想到收到 380 多人的填写反馈。结果显示，按上过在线课程的人数看，跟谁学好课和高途课堂在在线教育公司中的认可度分别排在第二、第三位。她马上打电话和父亲分享了这个好消息。听到电话中女儿那满是开心和喜悦的语气，陈向东仿佛能看到她兴奋到要跳起来的样子。

“那个瞬间我懂了，她是觉得她爸爸没有作假。”陈向东百感交集。趁此机会，他对女儿说：“你知道吗？人一辈子做一个好人，做一个真实的人，做一个值得别人信赖的人，做一个真正一辈子不作假的人，做一个一辈子宁肯人负我、不可我负人的人，做一个道德永远取高的人有多重要！”

这段小小的插曲让陈向东找到了另一种成就感。多年来因为工作繁忙，他陪伴孩子的时间非常有限，但是他发现自己至少做到了成为孩子的榜样。“我能够用另一种方式慢慢地走近她，我觉得这大概就是我能够找到的自我激励方式。”

02 “营销大战”的冷思考

除了被做空，2020 年还是高途完全脱离预期发展轨道的一年。其实不仅高途，回头看，这一年对整个在线教育行业来说，都是冰火交融、阴差阳错的一年。

2020 年年初，就在国人准备辞旧迎新之际，新冠肺炎疫情突如其来，各大学校不得不纷纷延迟寒假开学时间，居家上网课，这直接推动在线教育进入“高烧期”。

猿辅导的动作最为迅速。这一年的春晚，猿辅导作为新面孔亮相，成为历史上首家赞助春晚的教育公司，接着它又在寒假延长期内推出免费直播课，截至 3 月初，报名人数超过 2000 万人。一时间，各家在线教育公司纷纷跟进，多家公司都推出线上免费直播课，各种电视综艺节目也都成了抢手货。

第一枪仓促打响后，随着时间的不断推移，尤其是暑期的临近，市场愈发火爆。

每当社会发生重大事件，必然引发商业变迁。已经崭露头角的在线教育行业，成为投资人再度“押宝”的领域之一。

资本永远是把“双刃剑”。一方面，有了资本的加持，让在线教育行业的吸引力迅速被放大，成为资本、人才、技术、资源的集聚地，拥有了更为广阔的未来；另一方面，资本天然带有急功近利的属性，导致教育这个原本该慢工出细活的行业走向扭曲。

在资本的推波助澜下，市场果然热到沸腾，大家纷纷迈开步子，进行大手笔市场投放。大街上、地铁里、小区的电梯里、电视里、网络上，在线教育的广告铺天盖地。作业帮签约中国女排代言；猿辅导冠名《最强大脑》；有道精品课签约郎平、冠名《叮咚上线！老师好》；字节跳动旗下瓜瓜龙英语成为《乘风破浪的姐姐》广告主。QuestMobile 数据显示，2020 上半年，K12 在线教育企业平均营销投放同比增长 71.2%。仅 6 月，猿辅导和学而思网校的线上投放费分别达 4.75 亿元和 4.18 亿元；作业帮略低，也达到 2.2 亿元。粗略统计，整个暑期，在线教育投放最高一天达到 7000 万—8000 万元。[①] 据说，这一年，甚至有公司在市场投放上砸出上百亿。就连陈向东 70 多岁的父亲出门坐公交车时，都会充满担忧地给他发在车上看到的高途竞争对手的广告图片。

这样的竞争态势让一向坚定要盈利性增长的陈向东犹豫了。

行业内进行市场投入，其实早已有之。尤其 2019 年高途上市引发示范效应后，越来越多的在线教育公司开始挤进直播课这片几乎是唯一能看到盈利希望的新战场，进而也加剧了行业的营销战。

早在 2018 年，投资人就问陈向东：“人家拿 3 亿美元融资是不是会把你打死？”

到 2019 年，内部伙伴们也坐不住了，在总裁面对面沟通会上，有人表示不解和担忧：“我到处看到同业机构的广告，就是看不到我们自己的广告。”尤其这一年，微信已经开启对私域流量“外挂”的打击，有小伙伴因此一晚上就损失了 500 个学生。

---

① 《跟谁学至暗时刻　陈向东的长线王道与“豪赌”之思》，作者于揽山。

重重压力之下，陈向东仍坚持“踏踏实实做自己”。“把一个学生服务好，至少要用 2000 块。拿 3 亿美元打仗，也不过约 20 亿元人民币，最多能免费服务 100 万人次的学生。中国有两亿中小学生，这只是很小的比例，你管他干吗？”

他甚至乐观地认为，参与的人多了，可以把市场培育得更好一些，而且市场那么大，高质量的玩家进来，大家可以相互学习，更好地成长。

在这段时间里，公司内外，陈向东无数次地重复“以慢致快，以慢打快；慢就是快，以慢制胜”“我们要敬畏学习规律，时间可以缩短，但是阶段不能跨越”“独特的技能能让你活一年，但是你踏踏实实地尊重规则，下笨功夫，能让你活一辈子”……

2020 年第一季度，高途的业绩依然足够给力：净收入 12.98 亿元，较上年同期增长 382%，实现连续 8 个季度盈利；正价课付费人次达到 77.4 万，同比增长 307.4%。在在线教育领域，按照营收额计，为行业第二；按现金收入和盈利以及增长速度看，都是第一。

在同行们焦虑流量、大手笔投入做广告时，陈向东简直是在“拉仇恨”。“教育就是拼质量，还是要找最好的老师，做最好的服务……斯坦福和哈佛会请明星代言吗？”

但等到暑期即将来临时，局面已走向失控。

行业几乎集体下水，全都在用亏损换取高增长，人人都在期待用短期的大投入换取长期的马太效应。高途已无法独善其身，再不投放，市场就要被抢没了。沈楠和陈向东出去见投资人时，受到的最多质问就是：“你们为什么要盈利呢？太保守了！”无论投资人还是内部核心层都普遍担心，当客户被抢走后，再往回抢会更难，而且高途虽有盈利，但额度并不高，2018 年利润只有 1500 万元，2019 年也不过 2 亿元。而当别的公司通过“烧钱”快速积累起百万量级的客户时，一旦释放，就可能在一个季度内赢得 10 亿量级的利润。

更何况，因为一直坚持不做大幅市场投入，“跟谁学好课”和“高途课堂”品牌缺乏知名度。与此同时，因为持续被做空，高途的声誉也多多少少受损，形势变得更加紧迫。

在“不投放就要掉队了”的呼声下，起初对营销大战感到不屑的陈向东，渐渐也无法保持淡定了。背负资本期许，遭遇空投质疑，高途虽然迟到，但终究还是加入了厮杀。

2020年暑期，高途课堂冠名东方卫视《极限挑战》，牵手浙江卫视《中国好声音》；跟谁学好课则与爱奇艺携手呈现《亲爱的小课桌》。跟谁学好课单月的投放费用很快达到一亿元规模。而公司内标的动辄高达上千万元的短视频投放合同，也让法务部负责人曾红军间接感受到了疯狂。

团队欢呼雀跃，许多人的反应是“咱们终于敢投了，这下没问题了”！

但那时，引流成本已经被炒得越来越高，而“烧钱”模式本就非高途所擅长，放弃原有优势后，团队在引流战略和战术上都出现了失误，很快便陷入了泥沼。

“那时我们做得不够好。”罗斌坦言。高途的流量获取是从微信裂变开始的，在模式跑通后，他们逐渐开始在微信生态内部做投放，运作逻辑相似，也是他们的强项。但到2020年暑假，当被裹挟着启动大规模信息流投放时，团队并没有构建起一个新的飞轮，而是依然沿用了原有模式。

罗斌虽然出身于百度，但当年百度还没开始做信息流，因而他的认知还停留在搜索时代。团队则是精于微信体系，对信息流投放几乎一无所知。正如很多公司都想效仿高途做微信引流，可总沦为照猫画虎一样，在对信息流投放的研究和操作上，高途同样也“没有积累，没有足够的迭代，没有足够的专业度”。

祁秀平也承认在对竞争战略做取舍时犯了错误。高途的最大优势是做私域，在私域领域的玩法几乎炉火纯青，但他们并没有把这个优势挪移到抖音、快手等短视频平台上，只因为比起直接投放，后者想要运营出效果要慢得多。“我带的跟谁学好课团队，在2020年暑假打的是失败的。”祁秀平坦言。他甚至将之视为自己十几年职业生涯中最挫败的时刻，“很丢人”。

其实一直到2020年第二季度，跟谁学好课团队都在业绩高增长的同时保持了大幅盈利。但进入暑期投放后，团队很快陷入狂热状态。虽然祁秀平当时强调必须保持依然有15%的营业收入是来自私域的，但已被冲昏头脑的团队对此选择了忽略。“别人都打得热火朝天，我们还坚持搞私域、做IP，来得及吗？”

如今回忆起来，祁秀平大感痛惜：“当时如果坚持做，今天我们在短视频领域很可能会像当年在微信公众号一样，构建起大量的矩阵。”但凡事没有如果，而今高途在短视频阵地上最大的一个号是陈向东的个人抖音号，还是他在2023年初才开通的。“从今天推论来看，我们是犯了一个很大的错误。哪怕我们跟随对手，也依然应该保持自我的特色，有自我的判断，但当时我们太狂热了。”

犯错总要付出代价。

且不论K12，仅以跟谁学好课的成人英语团队为例。这是个被陈向东赞誉为“神奇”的团队，2020年2月，在只有百人的情况下就做到1.3亿元的月度营收，人均产能超过100万元，ROI（Return On Investment，投资回报率）大约为4——尽管比2018年的10下降了不少，但还可以接受。但到了2020年第四季度，这个团队的人数有所增长，营收却下降到3000多万元，ROI更是降到了1.6。

在这种情况下，连续9个季度盈利的高途终于扛不住了。

2020年第二季度，高途营业亏损1.608亿元；第三季度，尽管营收同比增长252.9%，但亏损高达9.325亿元。市场惊呼：高途最终没有创造奇迹！

陈向东对外宣称“我们之前是首单就要盈利，现在更多考虑的是用户生命周期，以及在战略投入期的时候我们可以忍受亏损”，但他的内心是痛苦而焦虑的。因为他觉得形势太不正常了，可又无能为力。

他也预见了肯定会亏损，但没想到会亏损那么多。“大家都使劲花钱，这个局面我都不想去回想。”当然，他更没想到战争的结局，最初他判断大战一年到一年半后就会有结果，他对在线直播双师大班课的模式依然看好，认为竞争只会淘汰效率低的公司，未来行业会有千亿美元市值的公司出现。但他期待中的情形并未发生。

他大概同样没想到，除了亏损，营销大战还使公司走向失焦。原本高途最为强调教育的本质，大家开会讲得最多的是怎么找好老师，如何做好课程，怎样提供好的客户体验。如今开会则有一大半时间都在讨论流量。

这使团队的注意力大大分散。落实到具体的业务动作上，主讲老师的招生课越来越多，而且必须讲好，因为这事关流量和转化，甚至一度，学生上正价课时，发现还不如之前听的招生课质量好。投入暴增后学生规模急剧扩大，也使学生分层问题变得越发突出，而高途当时还并没有为此做好充分的准备，依然在采用无差别的教学方式。

吴辉当年正在武汉运营中心担任数学学科的二讲老师负责人。在他的记忆中，2020 年是特别忙、压力也特别大的一年。他在 2017 年 9 月高途刚刚组建二讲老师团队不久就已经加入，曾在北京任物理和数学二讲老师组长，算是团队中的老手。但在这一年他还是感到了不适应。“一直在要求速度，无论招聘、培训还是续班，做什么事都特别赶，很多时候来不及规划，还有的时候规划了也会被快速的变化打乱。”吴辉说，“比如学生量爆了就赶紧补人，甚至我们都没有时间去关注服务质量，而仓促找来的人参差不齐，离职率也比以往要高。”

技术团队更是陷入“被推着走”的状态。经常是一觉醒来，直播间突然涌进来 100 万人。这给系统带来了极大的挑战。每天，他们耳边都充斥着各种信息，有建议，抱怨也不少。二讲老师本来就忙乱，日常工具台用起来还不顺畅，到了续班期，系统出现问题导致家长报名报不上，更让他们急火攻心。发展到后来，压力巨大的技术团队已经失去了判断力和思考力，每天只是机械地招人、干活、补 bug、上线，完全没有时间和精力做任何沉淀。新人来了更是连磨合期都没有，直接上手干活。

因为忙乱，大家不得不推迟下班时间。当时，有位干部凌晨 2 点多走出公司，用手机随手一拍，画面就像是交通拥堵高峰期一样，都是加班到深夜的高途的伙伴们叫的车。

回想起来，对很多人来说，那都是一段痛苦的经历。

更重要的是，巨额的市场投入还导致了内部的巨大浪费。到 2020 年 11 月，高途的单个学生引流成本已经达到 1500 元，是前一年的数倍。但因为考核指标不同，负责做流量转化的销售部门从来不知道成本到底是多少，面对充足的流量供给，无人珍惜。

新冠肺炎疫情虽说推动了在线教育行业的发展，但也给这一行业带来不少问题。

行业分析师于盛梅曾做过总结，疫情下的居家模式带来了一时的流量暴增，但也透支了未来的成长性，反而加剧了机构间的流量争夺，进而演变为一场“烧钱大战”。

祁秀平的观点与之高度一致。他认为，按规律，教育市场至少需要 3 年周期，企业恰好可以运用这 3 年时间，持续优化教学产品和服务，夯实自身的组织能力。但疫情之下，用户因为没有选择，不得不选择线上学习，因此 3 年被压缩到一年之内，行业竞争也提前化。

在线教育行业的所谓巨头，其实大多从来没有盈利过。但因为疫情，带动了热钱的涌入，而且有高途珠玉在前——高途当年因为被做空，阴差阳错下市值高到离谱——所以也使行业巨头的估值水涨船高，相应地，融资额度大涨。以成立于 2012 年的猿辅导为例，在 2020 年之前，猿辅导已融资 7 轮，总计融资金额为 5 亿多美元，但仅 2020 年一年，其融资就达到 3 轮，总额超过 35 亿美元。

事后统计会发现，2020 年全球教育投资大约有 80% 都流向了中国，总计达 500 亿元，超过了行业前十年的融资总和。这简直令人难以想象！

互联网行业有句俗语——“开着飞机换引擎”，形容在快速发展中自我修正。而在祁秀平看来，2020 年的在线教育行业，已经是坐在火箭上，根本来不及换引擎，只能被迫卷入，被动应战。那时行业内的很多公司还没上市，不需要出示财报，只忙着抢学生数量，大家相互抄袭，完全陷入同质化竞争。

就连广告代理商也学会了偷懒，2020 年年底至 2021 年年初，他们将一个创意复制到多个广告上，由此还导致包括清北网校、作业帮、高途课堂及猿辅导在内的 4 家机构共用一个老者做广告的事件，后被监管机构处罚。

看上去，疯狂的投放带来了节节攀升的学员数量，但真实的情况是，因为各家疯抢，导致行业整体续费率降低，大量学生在几个机构之间来回转换，推动获客成本持续攀升，并没有所谓的赢家。

所以，在祁秀平看来，平台化的竞争是非常有益的，比如淘宝、京东、拼多多之间的竞争。但在品牌化的竞争下，意义则并不大，因为用户对品牌的认知不是仅仅靠“烧钱”就能“烧”出来的。

还有一个问题是，在互联网行业，即便“烧钱”也并不稀奇，但多数时候是到最后“烧”出两个寡头，然后再合并，比如美团合并大众点评。但教育行业并没有。互联网基因和教育基因在这个行业发生了激烈的碰撞，导致难以产生“武林盟主”，每个人都觉得自己有机会笑到最后，大战迟迟无法收场。直到 2021 年上半年，陈向东期待的休战都没有发生。

不过很快，牌局就要被外力叫停了。

03 “双减”让教育回归本质

2020年结束后，陈向东按惯例做复盘。他给自己打的分数是不及格。“2020年是做得特别糟糕的一年……真是狼狈极了，很多决策都是不对的。”

但其实客观地说，这一年，高途纵然有失误，整体上也算可圈可点。从被动的角度看，这一年有被持续做空并卷入营销大战的双重压力；从主动的角度看，公司新开设了包括济南、西安、太原、武汉、杭州、成都等多达11个城市运营中心。但就是在这样多线并进的同时，陈向东还主导高途做了第二次聚焦，进行了品牌升级，并且在重重干扰中力推团队回归教育本质。

2020年9月，高途宣布将跟谁学好课的K12业务聚合至高途课堂，共用品牌“高途课堂”。跟谁学好课和高途课堂双品牌运营的历史至此宣告结束。

原因是多方面的。首先就是行业竞争已经进入白热化阶段，无论是从品牌推广还是内部人员的匹配及动作上，都不能允许公司再分散资源，造成浪费；其次，经过3年的红蓝军并行，两个团队的运营模式都已相对成熟，在打法上的差异化越来越少，当二者趋同时，赛马机制也就失去了意义。

此次整合让高途的业务布局更加清晰：专注3—8岁少儿教育的小早

启蒙，专注K12业务的高途课堂，以及专注成人业务的跟谁学好课，三大产品品牌各自聚焦不同的细分市场。

彼时，启蒙教育因自带流量蓄水池功能，已成为在线教育的“必争之地”。斑马、瓜瓜龙、好未来、VIPKID等都在更早以前就推出了AI启蒙课，已经发展到相对成熟的阶段。高途算是起步较晚的追随者。学龄前孩子的特点决定了高途必须放弃最擅长的在线直播双师大班课模式，而要更多专注于AI互动的设计，这显然需要技术支撑，卢佳由此成为最佳的担纲人选。

卢佳是公司技术团队的女将，性格活泼，知识面宽广。她人虽年轻，却是互联网老冲浪人，几乎是所有网站的用户和会员。她也出身百度，先是负责凤巢商业产品，后来在做百度教育时接触到教育行业，燃起了对在线教育的兴趣。张怀亭第一次带她去小咖啡馆见陈向东时，她只觉得这个教育大佬话不多、很低调，但因为非常认可“在教育领域里要发挥好老师的作用”这个理念，她早早就加入了高途做产品负责人，工号47，高途各种系统研发她都参与过。

组建小早启蒙后，卢佳将重点放在了课程内容的开发和设计上。比如语文课程，就是把阅读和口语表达及看图写话作为一个链条来做完整的设计，经验证效果不错。但作为后来者，小早启蒙想追上其他头部品牌也并非易事。

成人教育，特别是职业教育，那时正沐浴在政策的春风中，同样是在线教育发展的肥沃土壤。在这方面，祁秀平是专家，此前他所带领的跟谁学好课除了K12课程，还有相当比例的成人课，包括考证、以技能培训为主的职业教育，以及运动健康、家庭教育等兴趣素质类教育。这些领域的发展，来自陈向东秉承的原则——要在阳光灿烂时修屋顶。在高途2019财年的财报中，相关业务营收占比已达到17.9%。

外界对高途此次聚焦目的的解读是：既要保住高途课堂的江湖地位，又要向新业务要想象力。而经此变动，原两大品牌的主讲名师、二讲老师、教育教研体系全面打通，不但通过资源整合节约了成本，提升了效率，还进一步激发了组织活力。

与此同时，高途仍然在围绕教育本质下功夫。2020 年下半年，陈向东在内部提出“回归初心”。在年底的高途课堂品牌升级发布会上，他正式提出“大班主讲，小班二讲，个性体验”，意为通过最好的老师，来教授学生精准的知识和精准的方法，同时通过“第二主讲”，用小班的形式服务学生，让学生感受到更多个性化的教学和服务。这一年，“去销售”和“去销售化”成为公司的新口号，核心思想就是，每个角色在做任何产品前都要自问：这个动作是对公司有利还是对客户有利？只要对学生和家长没帮助，一概删除替换。

“归根结底就是弱营销、重服务。”付力总结说。

这一年，面对内部“业务拽着组织跑”的情况，陈向东还加大了组织能力建设的力度。

首先要解决的就是干部问题。自公司上市后，团队规模迅速扩大，2019 年年底，员工人数突破 6400 人；2020 年更是一举突破 2 万人。规模迅速膨胀的同时要求相应的干部体量，但因为周期太短，公司的干部体系尚未成型，也没有形成系统化的人才梯队。

此外，团队规模的快速扩张也不可避免地造成文化的稀释。尤其新入职的伙伴，好多都是冲着高途上市公司的名号来的，高薪也是吸引他们的一个重要因素，要说对教育的热爱，就未必了。

身处高途二讲老师的聚集基地，郑州运营中心负责人全娟有时会到各个楼层转转，这在高途内部叫“闻味道”。从大家脸上的表情、一些细微的行为举止上，她明显地“闻”到，比起老伙伴，新伙伴身上已经没有那么强烈的公司文化烙印了。

为解决诸如此类的问题，陈向东将公司 2020 年的战略定为“招聘为先训为先”。时任高途人力资源部负责人的赵航棋还记得，这一年，高途发起了“飞途计划”，不惜重金从外部引进了不少干部，也招聘了大量二讲老师。同时，还加快启动了培训的马达。

年初，陈向东提出公司的工作哲学“开心工作，幸福生活”，并对此做出独特的解读：工作犹如游戏，核心特质是两个，一是要好玩，二是要赢。好玩就一定要开心，开心就要把心打开，让爱永远在，而想要赢，就要利他，要真正服务好学生和家长。利他是福分，福分如果能够幸存下来，就叫幸福。他一遍又一遍地强调：“我们如果只注重结果的话，其实是没有结果的，我们必须从过程出发，才会有一个好的结果。”

百家核心学习群继续加大学习密度，除了集体读书，11 月底，陈向东还亲自率 70 多人的团队前往华为大学进行了集中学习。而在执行层面上，培训也已成体系。这让当年加入团队的何志欣“感触巨深无比”。她此前在学而思和爱学习都工作多年，但依然无比震撼。“高途的文化线、业务线、管理线——3 条培训主线基本上贯穿了一个伙伴在公司的整个生命周期，而且培训的持续度和投入度都是我以前从来没经历过的。”

此外，陈向东还加大了总裁面对面沟通的密度。希望通过对不同入职年限的伙伴进行全方位覆盖，让信息快速无边界流动，以“对抗熵增”。这些沟通全文都被汇集整理起来，形成《心流》系列，和《我们》《心语》等，一起构成公司的文化系列书籍。

年底，陈向东为公司制定了 2021 年的战略规划，核心是“狠抓质量，尊重伙伴”。相较于 2020 年，他有意让公司慢下来，希望能在各方面都有更多时间去积累和沉淀。让问题真正涌现出来，并通过对高标准的坚持和自我批判，让组织更加充满活力。

当时，行业“营销大战”激战正酣。有一天在和一位伙伴边走路边沟通时，陈向东偶然一瞥，看到一只鸟从眼前飞过，他瞬间想到的是：“如果我们无路可走，那我们就展翅高飞。”

就在这样的调整和期盼中，又一个春天到来了。

2021 年 4 月 22 日，公司宣布统一聚合品牌名称为“高途”，原成人业务品牌“跟谁学好课”更名为“高途在线”，并推出全新品牌口号“人生向上有高途”。

在这次品牌战略发布会上，陈向东还没忘念叨：“我们认为，在线教育的核心算法，是持续培养有爱的好老师的能力。”

先前，随着“减负”要求的提出，校外培训机构蓬勃发展，各种乱象丛生，国家多次进行整改。到 2018 年，教育部对校外培训机构的整改已更进一步，国务院办公厅印发《关于规范校外培训机构发展的意见》，明确规定：证照不齐将被终止培训，不得聘用中小学在职教师，培训进度不得超中小学同期，培训结束时间不得晚于晚上 8 点半，不得一次性收取时间跨度超过 3 个月的费用等。

在这次严格整改中，部分教培机构被停学整顿，但这并没有阻止 2020 年在线教育营销大战的到来。

2021 年 3 月 26 日，一份《关于教育部“双减”试点工作座谈会精神的情况汇报》在网上流传，并引起教育中概股的大震荡；5 月 21 日下午，中央全面深化改革委员会会议审议通过《关于进一步减轻义务教育阶段学生作业负担和校外培训负担的意见》，强调要明确培训机构收费标准，加强预收费监管，严禁随意资本化动作，不能让良心的行业变成逐利的产业。

资本闻风而动，纷纷离场，教育领域中概股接续下挫。

也是从这时起，陈向东有了一定的心理预期，并马上宣布关闭小早启蒙业务。因为《中华人民共和国未成年人保护法》已通过立法表示 3—6 岁不能够进行学科教育，而且，他也再次感到公司业务过多，需要进一步聚焦。

2021 年 6 月 16 日，高途成立 7 周年之际，其在郑州的中原总部大厦——一个能容纳 8000 人的办公区域建成启动。能为家乡做点儿事情，是陈向东一直期望的。但站在现场致辞时，他的内心除了喜悦，还涌动着多种复杂的情绪。高途的愿景是成为令人尊敬的教育机构，但何其难也！

“今天国家在规范教育培训行业推出的方针，我认为是势在必行，因为确确实实教育培训行业有些机构不争气。某种意义上讲，我们自己其实也不争气。”他说，“‘令人尊敬’这4个字背后是对我们人生的拷问，是我们人生的持续修炼的目标。”

很快，历史性的时刻到来了。

2021年7月23日中午，陈向东收到朋友转发的一份文件。这份文件，是中共中央办公厅、国务院办公厅印发的《关于进一步减轻义务教育阶段学生作业负担和校外培训负担的意见》，俗称“双减”文件。文件要求从严审批机构，学科类培训机构一律不得上市，并强化培训收费监管，限制业务开展时间等。

7月24日晚，中央电视台《新闻联播》正式播报了这一文件，教育行业的“双减”时代正式来临。

7月24日陈向东在下午3点59分走进“无”会议室召开业务经营例会，他没提前和任何人商量，直接宣布了自己的决定。公司紧急通知全国各地城市运营中心负责人7月26日到北京开会，宣布将原有的14个城市运营中心裁撤掉11个。

接下来，公司将所有经理和总监级干部分为11组，每组3到5人，奔赴11个城市运营中心。31日，所有前期准备就绪后，大家统一行动，一天之内就将人员遣散包括设备回收事宜全部处理完毕。

在各组干部分赴全国各地之时，陈向东留在了北京总部。大多数时候，他都在一个人不安地踱步，后来他决定，要给大家写封邮件。7月30日晚上11点多，这封内部信发出，在信中，陈向东对不得不离开的伙伴们表达了感激、愧疚和不舍之情，文字中充斥着歉意、难过、伤心。“在高途的日子，就是我们的生命啊，就是我们的成长啊，就是我们的青春年华啊。”

这一天，也是陈向东认为自己迄今为止最痛苦的一天。在做出决定时，他的内心满是撕裂和煎熬，以致和伙伴谈起时数度流泪。“很多伙伴第一份工作就选择了高途，他们因为相信高途，热爱教育，加入我们，但是我们并没有做得很好。”他说，“我觉得这份痛苦可能会伴随我一辈子。”

流泪的何止他一个人。从管理层到一线，伙伴大面积离职，总要吃个散伙饭。有些伙伴在散伙饭后心里难受，相约去 KTV 唱歌，然后突然有人惊呼“Larry 发邮件了”，大家瞬间安静下来，都去看邮件，看完个个泪流满面。

除了郑州、武汉、成都，高途的另外 11 个运营中心，在 8 月 1 日前全部完成了关闭。

此前坐满了人的办公区变得空旷，但员工的朋友圈像是提前约好了似的，出奇地一致：一位名为高媛的伙伴 2016 年曾在公众号发过一篇《梦想与荣光》的文章，此时被刷屏。还有人在笔记本上写下：“丈夫志四海，万里犹比邻，我们顶峰再见。”

也有的人连再见都没来得及说。因为暑假正值续班期，留下来的二讲老师一边带着离职伙伴转来的学习群，一边还要忙自己的续班。哪怕要撤离，也要站好最后一班岗，把手头的学生维护好，这是他们的第一反应。

得知这些消息，陈向东一次又一次热泪盈眶。

这次人员变动，让高途从 3 万人缩减为不到 1 万人。不过，尽管前途未定，也有不少人坚定地选择了留下来。何志欣曾在一年后回访过自己部门留下的伙伴，“双减”后有两三个月，他们的月度绩效只有两三百块钱，她问大家为什么留下并坚持挺过来？很多人的回答是一样的：相信相信的力量。在他们看来，教育这件事本身一定没有错，而且，在长期的文化浸染下，“我”已经变成了“我们”，让他们难以割舍。

离开的人，也并非如想象般满腹抱怨。张弩就是在这次裁员中离开的。此前他率领的视频直播团队已经达到 130 人的规模。他先是亲手裁掉了五六十人，然后再把自己裁掉。但他并不埋怨公司。“用户数量减少了，各个岗位自然就减少了，如果我们离开对公司的成本结构有很大的帮助，或者说能帮助公司顺利活下去，我觉得是非常好的事情。”

在这段艰难的调整期，陈向东把世界上比较知名的、经历过重大转型的公司 CEO 写的书都拿出来，看看他们在那个时候都做了哪些事。其中，他最经常翻看的是《创业维艰》。这是硅谷资深创业者本 · 霍洛维茨（Ben Horowitz）的创业史。在书中，作者回忆起做 CEO 的 10 多年，记忆最深的就是经常半夜坐在床边发呆，有时候一个人哭的场景。陈向东以此做自我鼓舞和自我激励。他连问自己 3 个问题：1. 这些外在的变化可控吗？答案是不可控。2. 可控的是什么？只有自己。3. 明天会更好吗？人类文明几千年，曾发生过那么多战争和灾难，但我们不是仍然一代比一代好？

陈向东内心那种潜藏的力量再次被唤醒。“把‘小我’放下，真正进入到‘大我’状态，你会发现，明天的太阳还照常升起。如果明天会更好，我们为什么不努力改变自己，以配得上明天的美好？”

他想明白了，“双减”政策提的要求，实际正是教育的本质和商业的本质对行业提的要求，换言之，“双减”只不过是一个外推力，而当从内审视组织时就会发现，真正从内部打破的鸡蛋，才能够孕育出新的生命。

04 第三次创业，坚持长期主义方得始终

当然，组织的成长总要具化到其中每一个人的成长，创始人本身的成长更是重中之重。团队在快速奔跑时骤然刹车，规模从 3 万人骤减到不到 1 万人，在如此重大的变动下，任陈向东再乐观理性，也绕不过心理调适期。但同时，心里又有一个声音告诉他：这是最好的历练时机，抛开其他，首先要关注自己的内心，心一旦安静下来，一切就都理顺了。

2021 年过完十一长假，陈向东开始感到“豁然开朗”。

10 月 14 日，重阳节这天，他带着核心骨干们（BOC 成员），特意找了一个风景优美的地方——云南大理，召开业务经营例会，会议连开 4 天。大家讨论了公司战略，确定了未来的方向。

“2014 年 6 月 16 日我们开始第一次创业；2016 年 12 月 31 日应该是我们启动第二次创业的日子；2021 年 7 月 31 日，则是高途第三次创业的起点。”

每逢重大节点，陈向东必定会从调整价值观入手，这次也不例外。“公司的初心和精神内核是不变的，但为了活下来，价值观要根据时代和市场的变化不断修正和重新定义。”10 月 28 日，大家一起将高途的价值观升级为 3.0 版本——“客户为先、诚信、担当、协作、创新”。对应 2.0 版

本的“成就客户、诚信、务实、进取、合作”，在坚持诚信的前提下，更强调把客户放在前面，也更尊重年轻人的表达习惯。同时，更多提倡在拥抱变化中创新，以及跨团队的协作。

11月28日，高途首次提出了公司宗旨“以学习者为根，以好老师为本，改善永无止境”。在陈向东看来，这既是高途文化的精髓，也是第三次创业的指南针。

远离竞争的喧嚣，真正静下心来，让他的思考得以更加深入和系统化，此后他如同一位高产作家一般，又相继推敲、总结出“OVMOM”方法论及“PRDDHERR”知真思维模式。

陈向东认为：“‘第三次创业’必须从团队心智模式的变化和升级开始。”

“OVMOM”即承担拉齐认知、校准目标、明晰路径、确定规则、严格执行、紧密跟盯、激励伙伴、达成目标的功能。包含Objectives（目标）、Values（价值观）、Methods（方法）、Obstacles（障碍）、Measurements（衡量标准）。秉承“OVMOM”方法论，在做一项工作时首先要确定目标，并思考为了实现目标，必须遵守的价值观是什么，实现目标的方法是什么，障碍是什么，并为目标设置衡量标准。

“PRDDHERR”知真思维模式更是陈向东多年历练后输出的精华。详细展开就是Problem Catch、Real Problem、Deep Thinking、Diversified Communication、High Quality Decision Making、Efficient Execution、Retrospection and Introspection、Refreshed Yourself，每组词首词的英文首字母连起来为“PRDDHERR”。捕捉问题是起点，之后要找到真问题，同时进行深入思考，再进行向上向下和同级沟通、对外对内沟通等多样化沟通，从而做出高质量的决策，然后高效执行，并通过回顾和内省，最终实现自我刷新。较之被广泛认同的PDCA循环[Plan（计划）、Do（执行）、Check（检查）、Act（调整）]，“PRDDHERR”知真思维模式更多导向在不确定情况下的一种自我迭代认知，更强调将外归因转向内归因。

“OVMOM”方法论及“PRDDHERR”知真思维模式的提出，是陈向东多年积累认知的喷涌呈现。他早就想做，但“之前真的不懂，搞不出来”。而现在带领高途经历过两次生死攸关的大考后，他的思路打通了。

此后，“OVMOM”成为高途统一运用的思维工具和协作语言。业务经营例会上，每个人都按照“OVMOM”汇报，效率大大提升。陈向东很开心：“只要组织里的伙伴在关键事件、关键行为上的思维模式是一样的，最后产生的力量和信赖就会超越想象。”

与此同时，陈向东也在紧锣密鼓地进行业务结构的调整。继关停小早启蒙并裁撤了 11 个城市运营中心之后，高途率先全面停止信息流投放，并迅速将 K9 学科类培训业务剥离到非营利性培训机构“途途课堂”中去，上市公司主体则逐渐将业务重心转移到大学生和成人教育、素质教育、职业教育和数字产品等方面。

为摸索出最合适的路径，2021 年 9 月至 2022 年 11 月，在一年多的时间里，陈向东主导高途进行了 4 次组织结构调整。

第一次调整被陈向东明确地定位为过渡期。在该次调整中，他将非 K12 业务每条线都单独设为一个部门，为的是将组织扁平化，以便能更快地听到业务一线的炮火，迅速捕捉市场机会，以及更准确地观察和评估每一位核心业务干部，为后续决策做准备。此次调整共形成 10 个业务部，比如二部财经项目，三部考研项目，四部出国留学项目等，其中六部虚位以待，因为他想将“6”这个吉利的数字留给未来表现更好的分支业务。

试跑 5 个月后，2022 年 2 月，高途启动第二次调整，根据各部领头人的优势，对部门进行整合，原 10 大业务部重组为 6 大业务部。又 5 个月后，陈向东再次将用户群体趋同的部门进一步整合，形成大学生和成人成长学习业务线、高中生成长学习业务线、X 成长学习业务线，前两者分别由祁秀平、许翔统筹管理，X 成长学习业务线则归拢了前两条业务线之外的所有业务，由陈向东亲自带队——他需要通过这个过程来了解业务的各种流程，并从流程改造和改善方面进行提升。

到 2022 年 11 月，已经心中有数的陈向东主导了组织的第四次调整。核心是对 X 成长学习业务线进行拆分，其中的国际教育业务线归到祁秀平团队，创新业务线交由伍新春负责，同时陈向东还找来多年前的老部下罗沫鸣，担纲小初学生成长学习业务线负责人，他自己则从中跳脱出来，设立美好生活业务线，并亲自主抓。

至此，高途第三次创业的组织调整基本落定。用小伙伴的话来形容就是“脱胎换骨”“重获新生”。

高中业务一直是高途的优势业务，许翔谦虚地将其归为外因。高中市场规模有限，且渗透率已经较高，因而此前行业普遍将重兵投入在小学和初中业务上，相对来说，高中市场的厮杀不那么激烈。而从内因上看，高中学科更强调名师，这一点恰是高途的强项。

大学生和成人教育、职业教育等，也是高途耕耘多年的领域。此前 K12 业务迅猛发展之际，高途也从未停止过对第二增长曲线的探索。以 2018 年为例，当年公司总体利润只有 4000 多万元，陈向东拍板把其中一半都拿出来做了创新项目。其中 BabyABC 在后来变成了小早启蒙，又在“双减”前关停，还有一些项目也失败了。但语言培训创造了奇迹，在营收占比和人均创收这两个指标上一度创造了内部最高纪录。

相较于 K12，职业教育和成人教育各个细分品类的市场规模确实小得多。但如果能占到一定比例的市场份额，发展空间也不容小觑。沈楠曾在财报中援引中国教育部和独立第三方发布的数据，2022 年中国基础职业教育市场规模为 2507 亿元，到 2026 年将达到 3445 亿元。尽管外界质疑这些领域已经过度饱和，但陈向东认为，市场总需要颠覆式的创新者。

担纲大学生和成人成长学习业务线负责人的祁秀平已经找到了方向。“‘双减’前和‘双减’后，思考是完全不一样的。”他说。“双减”前大家的思维是在做流量生意，而“双减”后，团队回归到商业本质，开始从客户定位入手来一层一层地剥。以瑜伽课程为例，究竟是为爱好者做兴趣课程，还是定位为给瑜伽从业者开课，是两个完全不同的视角。此外，就职业培训而言，20 年前一个年轻人集中学习一段 C 语言的编程课，就能找到高薪工作，但如今这个时代显然早就过去了。

最终通过细分，大学生和成人成长学习业务线，将客户聚焦于那些真正想通过学习改变自己命运的人，因为只有这样的人愿意付出一定的成本和代价，简单的知识付费并不能满足他们的需求。换言之，这部分人群的需求更为刚性。

当然，和 K12 相比，成人和大学生业务的客户群分散，且周期短，如考研之类更是“一锤子买卖”，因而对产品竞争力构成了极大的挑战。祁秀平给出的解决方案是个性化。高途在过往以在线直播双师大班课见长，但随着“大班主讲，小班二讲，个性体验”的升级，已经逐步可以做到由众多二讲围绕主体课程体系进行承接。二讲老师不仅能根据学生的特点将大班划分小班讲小课，还能为学生提供情绪价值——共情和鼓励，并为学生进行更为长远的职业规划。祁秀平认为：“在大学生和成人业务上，点燃兴趣、培养习惯、塑造品格依然适用，只不过是做了另外一个形态的转化。”

此外，素养类业务，或称之为 K12 非学科类业务在高途整个盘子中的表现也相当亮眼。这包括编程、国际围棋、象棋、人文素养以及科学等。为满足客户的学科类自学需求，高途还推出了智能数字产品，有伴学机、翻译笔等硬件，也包括学习类的 App，目前，该项业务由伍新春牵头。虽然整体来看该项业务需要比较长的培育周期，但也展现出了很好的苗头——“双减”后，作业帮的主要方向就是做教育智能硬件产品。

技术出身的伍新春，很是善于带领团队将在技术上积累的优势挪移到业务上去。比如在推出大学生搜题 App——考途之后，只用了一年半时间，月活用户就达到数百万规模，成为行业第二，且有望冲击第一。

在叫停大规模对外投放后，高途在这样的自有引流工具上下了不少功夫。除了考途，还开发了高途雅思单词 App 等，高途的主体 App 中也添加了不少功能和小程序，以提高获客后的留存率。

“双减”之前，高途曾有一些运营中心在进行短视频领域的私域探索，其中有些已小见成效。但裁撤匆忙，小型的成功经验还未被复制，便随着中心的解体而消散了。“双减”后，留下来的 3 个运营中心又把这项工作重新捡了起来，经历不断试错，如今已摸到了门道。

如果说“双减”后，高途在业务上的核心目标是摸索出更适合市场的方向，那么，其职能部门的核心工作就是迈入全面系统化阶段。

从 2014 年创立到 2021 年，7 年历程中，高途一直在不停地奔跑，不断遭遇大坑小坑，从坑里爬出来还要继续跑，从来没有喘息过。这导致团队在很多时候都是靠长期的肌肉记忆做事，同时，很多问题也因企业的高速发展被“解决”或被掩盖了。

如果要描述那时高途的发展状态，焦虑、着急、兴奋、疲惫一定是关键词，但在 2022 年年初，陈向东在全体伙伴会议讲话中，出乎意料地写下了一个大大的“静”字。也是在这一时期，高途这个走过高密度创业历程的组织，开始修身养性、休养生息，全面修炼基本功。

“比如人力资源，你说过去几年有建设吗？有，但又没有。”周斌评价说。长期的宣贯中，团队对招聘和培训的重要性，对以身作则做管理已经达成了充分的共识。但在公司高速增长时，有的伙伴 3 年不涨工资都没有问题，因为股票在涨；管理者也无须多么优秀，因为他无须自己爬楼，而是有电梯。可是当公司发展放缓时，此前不成为问题的问题都会暴露出来。

2021 年 6 月，张如国加入高途。张如国是人力资源领域的资深人士，早期曾在清华紫光任职，后被陈向东引入新东方工作 14 年之久。离开新东方后，他还曾在朴新教育任上市领导小组副组长。入职高途后，他先以专家身份做组织诊断和咨询，3 个月后，开始分管集团的一系列职能部门，其中最核心的是组织部和人力资源部。

组织部是当时刚刚成立的新部门，主抓高途后备人才梯队的培养、部门编制设定以及干部调配。“现在，我们对干部的界定、识别、培养都已形成了体系化的定义，同时在标准上获得了大家的共识，在编制上形成了控制体系，干部调配也更加得心应手。”张如国对自己的工作成果感到基本满意。

2022年，高途做了两期“真班”“善班”“美班”培训，即是进行后备人才培养的具体举措。其中，“真班”是为从现有伙伴中选拔后备主管；“善班”则是从现有的主管中选拔后备经理；“美班”针对现有的经理级干部，为的是选拔后备总监。两期培训覆盖总人数达到486人。通过培训，既能让更多人得到机会，同时也是对现任干部的敲打——别骄傲、别懈怠，替补人才已整装待发。

在常规人力资源工作上，“双减”后的高途选择制度先行，《高途人力资源部制度汇编》手册随后出炉。这是高途基于自身发展阶段和业务情况，并参照外部标杆经验做出的综合手册。根据新制度，高途过往的优势项进一步得到有效强化，比如招聘和培训。在薪酬激励上则更加规范，建立起考核体系。以往高途在薪酬上一度对标互联网科技企业，如今则更多回归到对标教育行业。2022年，高途所有核心管理团队都签订了《目标责任书》和《薪酬确认函》，年度奖金严格据此发放，而不是搞多么炫酷的概念。一言以蔽之，全面回到盈利性增长的路径上来。

在后台系统上，陈向东亲自布置，要求进行全面归类和整合。

早前产研团队一直被业务推着跑，“双减”后又因为人员骤减——从几千人变成了几百人，而一度忙于救火。“业务端反映的成百上千个问题，我们要集中在两三个月里解决掉，接手的服务数量比团队人数还要多。”卢佳回忆说。她在“双减”后负责产品和设计工作。但就是在一片忙乱中，产研团队还是把所有系统都梳理了一遍，并通过合并把系统整合到几个关键的业务上。在此过程中，业务部门也贡献颇大。“双减”后他们终于有精力对工作流程和方法加以系统总结，并传递给产品和设计团队，再经由研发团队迭代到系统中，让系统能够真正成为日常运营的抓手。

系统整合的效果堪称惊人。以前二讲老师需要同时用到内部的七八个系统，但如今基本只用一个内部的 EES 系统（教学服务效率系统，Engagement and Efficiency System），再加上企业微信就可以，使用门槛大大降低。相应地，之前一两百人的系统运营团队（POC），经过整合后缩编至只有 7 个人，小团队采用在线值班加线上答疑的方式，足以响应全国各种各样的问题，由此也带来业务端和产研端的双重成本下降。

当然，在客户层面，陈向东反而更加严格。安丽莎负责的客服中心，最大的变化是从以往的支撑业务咨询，转换为倒逼服务质量改善。陈向东要求客服部门每周都做数据周报，同时将投诉电话的音频打包发给他，他亲自听，遇到他认为的怠慢客户的情形时，则会放到业务经营例会上播放。2021 年夏，他甚至要求各部门负责人亲自到客服部接听电话："听听你的客户是怎么骂你的，自己去处理各自部门的问题和投诉！"

2022 年 1 月，客服部牵头做出《高途投诉管理办法》，不但对投诉性质做了划分，而且设置了相应的处罚机制。最高一次处罚上千元，视情节性质，有时除了伙伴本人，伙伴以上两级还要同罚。陈向东亲自带领 X 成长学习业务线期间，也被连带罚过。此外每个季度，客服部都会给所有业务一号位做一次客户投诉案例的语音分享，并负责拿出相应的解决方案，再给业务伙伴做培训。"全程公开透明，不管你的位置有多高，客户骂你，你就要听着，无论多难堪都要接受。"

刚开始客服部门压力很大，担心大家会抵触，但有了陈向东的坚定支持，难度大大降低。虽然安丽莎在此期间摘得"公司最令人'闻风丧胆'的女人"桂冠，但坚持一年下来，成效确实显著。到 2022 年年底，客服投诉量已经从月度几千例下降到百例，随之而来的是客户表扬认可的增多。

与客服部类似，财务部也从此前的支撑角色开始走向强管控。高途第一次将全面预算管理彻底加以贯彻执行。“现在业务部门的算账意识提升了很多，这也是内外部环境的共同作用，这其实就是补课。”沈楠说。

这一年，邓弘被调任至教学质量部，公司的教学质量体系也正式搭建起来。

在此期间，邓弘把大约三分之一的工作时间都花在了看课上。“我基本上看了全世界的课程，知道什么样的课程是好的。”这其实很枯燥，但邓弘坚信并坚持，“我知道它是高杠杆，这个东西你不钻下去不行。”知道什么是好的以后，先测量，再反馈，之后做调整，成为邓弘的三步法。

此后，老师每上完一堂课，教学质量部都会对老师进行评分，并给老师反馈。同时团队还独创出“10步备课法”，将备课的精细化程度更进一步，再通过磨课进行主题培训。老师的行为规范和流程设计也被固化下来。

作为高中业务线的老师，周帅对此感受明显。“我们现在构建的是一个更加完整的全流程的学习服务体系。以前老师负责招生和讲课，二讲负责后期服务，大家各自发挥。但现在从家长接触到我们的第一步开始，我们之间就会有一个相对来说更加顺畅、彼此不割裂的联系。”

总之，“现在公司就真的像一个公司，更加有序了”。对于高途如今的变化，周斌如此评价。以前公司发展太快，组织能力追不上。另外，在那种膨胀状态下，业务部门具有绝对的话语权，视一切要求为限制，但现在不一样了。他观点鲜明：“对于一个教育公司来说，我不认为天天翻倍成长就是优秀的，反而是每年能增长30%，但能够活一百年其实挺优秀的。”

这也正是陈向东反复强调的长期主义。

2022年6月，高途迎来8岁生日之际，陈向东接受了《21世纪经济报道》记者的采访。提及近一年来的调整，他说：“那些糟糕的日子，对一个伟大的公司而言，是黄金一样的运气。每一个糟糕的日子都是在锻炼你，都是在帮你挑选人才、纯净文化，历练你的战略方向和战略定力，这很美妙。”

05 新成长元年，走在真善美的路上

这世上的许多事情，在发生的当下和事后回想时，都会有完全不同的体悟。

2021 年政策调整，加强整改，让整个教培行业迅速降温。这一年，大幅裁员和股价暴跌构成了行业的主要图景。从年初到年底，几家美股上市公司股价断崖式下降，其中好未来股价跌幅达 94.13%，新东方跌幅 88.37%，高途跌幅最大，达到 96.09%。

折腾这么多年，似乎转瞬成空。但陈向东不这么想。他认为“我们撞到了一个千载难逢的大机会”。

因为政策的巨变，资本逃离了教育行业，同时，这也在客观上形成了对行业人员的一次清洗。一些此前只为赚钱的人离开了，“在线教育开始进入拼质量、拼质量、拼质量的时代”。

这正是教育人所期待的。

“我们确实没想到‘双减’政策那么严，但响鼓还要重锤敲。教育本是天底下最神圣的行业，之前路子走偏了，而现在真正做教育的人反而会坚守。”张如国说。他在“双减”前已经有了预判，但他曾经历了两次大手术，于生死之间思考生命的本质，确认自己热爱教育行业，也更敢于面

对不确定性的挑战，相信短暂的挫折后行业仍有很大的空间。因而即便形势严峻，他还是毅然决然地加入了这个队伍。

另一位老教育人、教龄比团队很多人年龄都大的马力仲，在描述自己听到“双减”消息的感受时，则用了3个形容词：“突然”“预料之中”“欣慰”。突然自不必说；“预料之中”是因为任何一个行业迟早都需要规范；“欣慰”则在于，“在一条大街上，你卖的东西是最好的，结果因为涌进了许多乱七八糟的商店让你的店被湮没了，现在终于有部门来清理这条街，作为卖得最好的店家，你当然开心了”。

相比这些老教育人，年轻的付力并不讳言曾陷入迷茫，尤其在他亲眼见证许多老师的职业生涯被迫戛然而止时。但当想到自己在做主讲老师那段时间收到的大量感谢信——它们来自大江南北的无数学生，他又坚定了许多。“还是要做教学，还是要做管理，还是要在行业里边去深耕。”付力现任高途高中部教学教研负责人，无论再忙他都会抽出固定时间和伙伴们一起打羽毛球、打篮球，用体育精神去给伙伴们传递出一种与众不同的“坚持”力量。他也经常念叨自己喜欢的那16个字：“物来顺应，未来不迎，当时不杂，既过不恋。”

但要说高途最独特的人，当属高福厚。当“双减”后公司宣布只保留郑州、武汉、成都3个城市运营中心时，他的第一反应是：“无论发生多么大的变化，人都是第一位的，只要人对了，再变化也不怕。”他当即和太原中心团队沟通，得到一致响应后，给陈向东写下请战书，要求保留太原中心，团队工资砍半，如果一年后亏损，则由高福厚个人承担。“咱们也不是没创过业，即便卖烤串，咱们也能做到山西第一！”他的激情和韧劲儿又被激发了出来。

太原中心因此作为特殊个例得以保留。前两个月特别难，但通过多角度的创新探索，从2021年10月起，他们逐渐找到了路径，目前有些方法已经复制到其他城市。而在此过程中，太原中心还给公司培养出不少骨干。

“将军不是培养出来的，是打出来的。”高福厚为此无比自豪，“现在整个团队都越来越从容了，包括我自己。高途股票最高的时候，其实我突然迷茫了，当时每天还读读《道德经》进行自我安抚，但今天经历一些磨难之后，反而对未来更确定。”

周帅就更有趣了。2020 年整个暑假，他都待在郑州，和二讲老师们一起做续班招生，办公区在高途大厦的 16 层。因为人数众多，每次等电梯都要等很久，晚上上课时，周帅喜欢和伙伴们一起爬楼梯上去。大楼新建，还没装修齐全，好多楼层的步行楼梯间都没有灯，几个人在黑暗中就着手机的一点儿亮光拾级而上，爬到 12 层正疲惫不堪时，前方突然亮了，但再上一层又重新陷入黑暗。直到来到目的地，打开楼梯间的门，办公区一片灯火通明。好一个“楼暗灯明又一层”。而今回想几年来的历程，周帅认为这个从黑暗到光明，又到黑暗，再到光明的爬楼经历就是最好的写照。

正是在“双减”之后，行业内大多公司都停止招聘之际，陈向东为高途“抄底”了十几位非常重要的干部。他认为：“在别人认为最难的时候，其实是练兵的最好时机。”

和高途在 2016 年年底经历的至暗时刻相比，“双减”带来的冲击看似更巨大，其实性质完全不同。2016 年时公司要人没人，要钱没钱，商业模式不确定，生死难料。而在“双减”时，从外部看，教育行业进入有序发展的黄金期；从内部看，商业模式早被验证并创造过行业奇迹，团队人才充足，而且账上有 30 多亿元现金，足够支撑公司进行三五年的探索。这保证了高途能够保持信心，回归初心。“作为创始人，只要公司能活下来，所有的难都不是难。更何况，大家都重回起点，做教育、提升组织能力都是我的强项。”陈向东说。

所以，整个 2022 年，高途的主基调是休养生息，修身养性。休养生息意为对外要静下来积累力量；修身养性则强调要反观内心，自我批判。

陈向东在内部多次提到《大学》里的一段话："大学之道，在明明德，在亲民，在止于至善。知止而后有定，定而后能静，静而后能安，安而后能虑，虑而后能得。"

"这就是U字形。"他边比画边说，"知是知道，知道最终是什么，知道你什么地方不做了。比如我们提出要盈利性增长，不浪费了，然后一旦知道停止，你就会定下来，但定下来之后还会因为惯性晃一晃，再之后慢慢静下心来，平稳喘息，站住。"知止定的过程，就是从U字形左侧的最高端到达最底端的过程，然后会从最底端再沿右侧攀升至最高点。"一旦心静下来，你就可以和整个宇宙对话了，发现前面有蟋蟀在叫，布谷鸟飞走了，有一个老人在那儿晒太阳。"他展开丰富的想象力，"心静之后才能真正把心安放下来，思虑会更加周全，最后会得到你想要的东西。"

因为特别喜欢这个U字形，陈向东给团队画过很多次。他也在反思，认为自己在"知止定静安虑得"上有点儿后知后觉。虽然小时候调皮挨了不少打，但总体上他的成长过程顺利，获得的正反馈居多，因此有时不太容易理解别人，会觉得怎么有人能这么笨？怎么有人居然会迟到？但也许是年龄到了，阅历也到了，他终于能够将多年输入和磨砺积累下来的认知打通，构建起属于自己的成体系的方法论。

"双减"后，陈向东还调整了自己在团队培训上的侧重面，从更多做全员整体培训变为更倾向于最核心的干部培训。从2022年8月初起，他开始跟直接对他汇报的层级进行每周一对一谈话，每人每次40—60分钟，每次交流时，他的第一句话总是问对方上周平均每晚睡了几个小时——"双减"后陈向东破天荒地提出要给重要干部制订一个健身计划和休息计划，虽然并未实际推行，但其思想转变可见一斑。张如国就是在这样的号召下一年多时间减重30斤，每周至少锻炼3次，每次锻炼一个小时以上。

"每个人的身体状况是不一样的，我是农村孩子，我再怎么熬夜加班都没问题，但是用我的状态要求大家真的不合理，也不公平。"陈向东自我批评说，“高途发展到今天，如果特别重要的干部还在拼工作时长，那大概率就输了。”

如今他更希望的是：“一群向往美好的伙伴，在一起，创造美好，成为美好。”

“向往美好”是起点，“成为美好”是终点，“在一起，创造美好”则构成了从起点到终点的过程。“向往美好”是高途的使命——让学习更美好；“成为美好”是公司的愿景——人人乐用的终身学习服务平台；过程就是“我们”的行为和价值观——客户为先、诚信、担当、协作、创新。

他还喜欢用另一种方式表达同样的意思：真、善、美。真就是起点，美则是每个人穷极一生所追求的幸福。从真到美，靠的是善，也就是利他。所以，“向往美好”就是真，“成为美好”就是美，“创造美好”就是善。

“创业 9 年，我个人的成长真的非常大，包括对行业和市场的洞察，对于创办新业务的知真，尤其是对自己的人生定位、人生意义和使命的认知更加清晰、更加坚定。”

如今看，2022 年确实是高途新成长阶段的元年。

这一年，高途捋顺了业务结构和组织结构，取得了不错的业绩——据高途财报，2022 年高途实现营收 24.98 亿元，净利润 1317 万元，上年同期为净亏损 31.04 亿元；非美国通用会计准则下净利润 1.36 亿元，上年同期为净亏损 27.58 亿元。截至 2022 年 12 月 31 日，高途持有的现金及现金等价物、受限资金及短期投资总计 37.438 亿元，比 2021 年年末增加 0.727 亿元。同时公司预计，在 2023 年将继续实现全年盈利和规模化正向经营现金流。

更重要的是，在每个关键的业务板块上，陈向东都寻觅到了合适的领军人物。

大学生和成人成长学习业务、国际教育业务线由祁秀平主抓，他既对相关业务非常熟悉，同时作为一位成熟的管理者也不惧再次从小做起，将业务逐渐发展壮大；高中生成长学习业务由许翔率领，这位在高途内部成长起来的优秀干部年轻有为，无论对业务的感知度还是投入度都可圈可点，他也坚信“人生是个长跑，只有持续地吃苦才能有持续的成果”；创新业务交给伍新春，这也是一位长期主义的践行者，且善于创新；小初学生成长学习业务则由罗沫鸣担纲。

罗沫鸣最早是湖北大学的老师，早年陈向东在开创武汉新东方学校时和他相识，将其正式拉入新东方，作为年轻干部加以培养。几年后罗沫鸣离开新东方去了尚德教育，又于 2014 年受俞敏洪所托回归新东方接手泡泡少儿，成效喜人。2018 年，他开启了自己的创业旅程，但在几年后因受环境变化冲击而放弃。

陈向东了解罗沫鸣，其具有较强的战略思维和组织协调能力，善于做企业优化和升级工作，因而向其发出了加入高途的邀请。

陈、罗相识多年来，即便不共事时，沟通也很频繁。所以，罗沫鸣没多想就放弃了原本出国读博的计划，于 2022 年 10 月加入高途。在见习了一个月后，他本想选择国际教育业务，他认为以自己的阅历和经验，可以把这项业务做得小而美，但陈向东把他派到了小初学生成长学习业务线。

罗沫鸣几乎没加反驳就接受了这一安排。“他不用说服，他说我不适合。”提及此，他又大笑，“理解也要执行，不理解也要执行，一边理解一边执行，一边执行一边理解。原先我当他助理的时候，他都是这样跟我们说的。”其实本质上是因为，做过 CEO 的罗沫鸣能够站在全局想问题，他知道小初学生成长学习业务对稳定高途全局的重要性。

至此，整个高途的每块重要业务都已安置完毕，陈向东得以抽离出来，聚焦到他认为的其他阶段性重点工作中去。

如果非要以一个具体的时间点作为区隔，那么这一天是2022年11月16日。

第六章

不是尾声：面向未来做决策

对未来的真正慷慨，
是把一切献给现在。
——阿尔贝·加缪

我带的管培生也都认为做不成，
我笑了笑，
你看，
这就叫文化。
——陈向东

01 “拉总”来了！又一个划时代的机会

“失败你也是跟着陈向东失败的！这个牛吹出去你值多少钱？”2023年3月21日，陈向东在跟高途佳品一位年轻主播一对一沟通时，忍不住发火了。

这位主播当时问他：“高途佳品万一做不成怎么办？”

对眼前的年轻人，陈向东有着怒其不争的惋惜。“你想他跟着陈向东干了几年失败了，他出去值多少钱？那值钱大了！你想想这个道理。”他连连叹息。

不过，年轻主播的沮丧，也不无道理。

一切，要从3月20日说起。

当天早例会上，有人问陈向东，是不是要把高途佳品抖音直播间的福袋停掉？这个决策，只有“陈经理”能够拍板。

在这之前，陈向东认真研究了高途佳品3月18、19日的“寻味佳品，溯源海南”之旅。熙熙攘攘的直播间，挤了两三千人，频繁点赞，跟主播互动，定时抢福袋。但结果是，热热闹闹的场景，跟高途佳品的出货量几乎不成正比。按照抖音直播带货的公示：这两天的出货量分别是73件、66件。而在平时，直播间出货量一般还能维持在80—100件。

这让对数据一向敏感的陈向东开始反思，他后来说，冲着福袋涌入直播间的应该不是精准用户，“最后导致一个虚假的人数，导致人数推荐不精准。推荐是白推荐的，他不买货，最后你数量起不来”。所以，他对团队提出，从海南回京后，要把福袋停掉。

停掉福袋，停止投流，对从今年春节开始发力的高途佳品直播间而言，无疑是一场灾难，抑或大型“翻车现场”。当天，任凭年轻的主播们使出浑身解数，自嘲、讲课、唱歌、跳舞，以及回忆励志人生、来一段脱口秀，直播间人数还是“义无反顾”地迅速掉到 100 多人，有时甚至连 100 人都不到，跟春节之前持平。

于是，一些小伙伴心态崩了。

除了那些对未来流露出迷茫、怀疑、焦虑的，还有些年轻主播在跟陈向东面对面沟通时“哭得稀里哗啦的”。

不过，陈向东很坚决。

也难怪小伙伴们会反弹如此剧烈。带队去海南的周帅说，回到北京，大家都特别累。睡到第二天，“我老婆跟我说：‘你昨天晚上说梦话了。’我是一个不说梦话的人啊。‘我说了什么你还记得吗？’她说：‘你说“我们来看一下，我们来卖一下小芒果”。’她就拍拍我，‘睡觉。’我就接着说梦话：‘我们来卖一个小睡觉。’”他笑笑，“所以脑子里面可能这些东西会更多一些。”

周帅还同时兼着高中业务线数学老师。今年春节，寒假班刚结束，陈向东委婉地问他愿意不愿意尝试一下高途佳品的直播，他说自己“特别愿意尝试”。

其实，周帅不知道的是，当时，陈向东正为组建高途佳品的团队发愁。

高途佳品成立于 2022 年 11 月 16 日。12 月 24 日，高途佳品首播。

与之相应，12 月 28 日，陈向东“临时决定”开始做自己的抖音号。不过，这之前、这之后，周围的人对此表现出莫衷一是的迥异态度。他自己对此也一度非常排斥。

罗斌劝他："（高途佳品）你别做了，包括抖音号也别做了，抖音很难做，万一进去做不出来怎么办？"怕他固执己见，罗斌还重重地加了一句，"千万别做了！"

跟罗斌态度截然相反，罗沫鸣从2022年10月18日入职高途就力劝道："Larry，你应该做抖音，你自己个人要做抖音。"

不过，陈向东断然拒绝，"这跟我个人价值观不合"。

对陈向东再熟悉不过的罗沫鸣倒不觉得意外。"结果，他后来自己冲进去的时候，比谁都快。"

果然是快，无论做个人抖音号的决策、启动、执行还是上线，甚至涨粉都飞快。2022年12月30日，开始录制；2023年1月6日17:26，"高途陈向东"的第一条视频上线。

"拉总"来了！他的第一条视频就挺火爆：高途被做空16次后，陈向东变"拉总"？他面对镜头侃侃而谈，说高途不断被做空，股价却不断上涨，于是有人认为背后有人在拉升；自己的英文名字叫Larry，有人发音不清楚，把"lai"发成了"la"。第一次被人叫"拉总"时，他还特别气愤，后来投资圈的朋友在聊天时也这么叫他，慢慢也就释然了，"可能是大家在讨论的时候的一个话资吧"——很多人或许并不知道，他用的英文名字，其实是他儿子的。

开弓没有回头箭。就像陈向东回复罗斌的那句话："爬着跪着也得往前走。不行？我学！"

但身为高途创始人、董事长兼CEO的陈向东没料到，当他兴冲冲地找高途的管培生，委婉地试图说服对方加入高途佳品时，对方反问："你就那么不看好我？"

陈向东赶紧说："看好。"大概实在是怕他挂不住，对方补了一句："能不能再给我几个月时间？"

陈向东心知肚明：人家还是愿意做原来的项目啊！

跟当面的婉拒不同，好多小伙伴私下的态度就更直截了当。“他们私下也说这事做不成。第一，Larry 都那么高的位置了。第二，这件事别人都做那么大了。第三，我们现在也没什么差异化。”

对此，陈向东更愿意从企业文化的角度进行反思。“很有意思的，我带的管培生也都认为做不成，我笑了笑，你看，这就叫文化。”他觉得，高途的创业故事，正在被年轻人淡忘，好像那个故事很遥远了。

“但是，当大家都不看好这件事，还能够做出一些起色的时候，文化的价值就大了。我觉得创新就落在创始人的行动上，落在创始人的日常当中，落在创始人的心灵深处，落在创始人天天强调的真正的信仰里边。”

反思归反思，行动上丝毫没犹豫。

1 月 17 日，陈向东还拦下了打算坐飞机回杭州过春节的蔡卫星——高途教学质量部负责人，让他帮着做主播培训。

蔡卫星倒是不含糊，最关键的是他也有充分准备。他提前两个月就开始关注直播带货，尤其是主播培训场景了，并且还看了 200 多个卖品的案例，“因为我知道我们的业务未来是要做这个事的”。

在高途佳品迅速组织起来的上百人的初始团队中，老将钱杨算是“主动投奔”的。2022 年 4 月，钱杨从高途离职创业，他想通过抖音直播的方式做运动健康方面的尝试。不过，这种尝试没能持续太久，等他发现高途推出“高途好物”的时候，就马上敏锐地觉察到：可能有一份新的事业可以尝试了。于是，他跟陈向东交流过几次后，把公司一关，就回来了。他回归后的身份是高途佳品供应链负责人。

他的这个决定，倒也不是盲从。首先，既然自己创业都做抖音直播，那证明他对这个赛道是没有疑虑的。其次，他很看重的是陈向东的亲力亲为。钱杨说：“一号位的亲力亲为跟亲自下场，这是我们跟其他的所有号最大的不同。Larry 现在至少有 70% 的时间放到佳品这里了。”并“亲自去开了一个抖音号”，“然后还连播 15 天”。陈向东 4 月初再跟人谈起这事时，说自己近 90% 的时间都已经投入到佳品了。

压力还是真切地落在陈向东这里。在停掉福袋导致直播间人数大幅缩减之后，他的脸上又起了一串的小红疙瘩——按照常识，这是因为精神紧张、压力大导致免疫力下降，诱发了湿疹之类。上一次满脸小疙瘩，还是在 1 月底，春节期间。

唯一能让他觉得安慰的是，尽管停掉了福袋，但卖货量并没有减少，而且用户越来越精准，甚至开始正增长了。

但考验仍然层出不穷。

对于自己倾注大量时间“拼凑”起的这个百人团队，陈向东认为，依靠自己创办高途近 9 年时间沉淀的 3 样“法宝”，要让团队运转起来应该得心应手。谁承想，完全不是那么回事!

他的 3 样法宝包括：第一是把高途近 9 年的知识、经验、方法、流程、系统、原则构建起来了。“这些东西可以完美地迁移到高途佳品。”第二是在创办高途过程当中沉淀的这一套人才体系、人才队伍。“今天我可以很自豪地讲，高途佳品整个人才密度是很高的。”他认为这可以支撑高途佳品接下来的发展。第三是在高途创业当中，“我的成长，我的认知”这个很重要。

信心满满的陈向东，在 3 月 23 日跟高途佳品内容团队开会时却不留神“翻了车”。按照他的要求，当天早上 8 点半开会，结果不少人竟然迟到了。

要知道，当年陈向东在新东方做执行总裁时，哪怕董事长俞敏洪迟到了他也照罚不误。

于是，陈向东按照自己的“惯例”，要求迟到的人站着开会。“因为我也是站着讲的，站那儿其实不丢人。”

令他始料未及的是，有的小伙伴受不了了，在他讲完之后，就有一个年轻伙伴提出要离职。这位年轻伙伴的理由看起来也蛮充分："第一是觉得这是一个临时通知的会议；第二是有的人生活习惯、生物钟没调过来，很多人也很少在这个点起床。"尤其是刚来公司3天，就被CEO抓包迟到了。

"挺好玩的。"陈向东略微自我解嘲说，"然后我就跟我们的干部讲，你跟他聊聊天，第一，告诉他我们的文化是什么，我们是伙伴文化，Larry也站着，让你站着其实你也是CEO的待遇了。第二，不会因为你一次迟到就会定标签了，就认为你不靠谱了，我们看的是长远。"不过，他也做好了准备，"我觉得人性好的东西就在那儿，你要么去用心选择这样好的人，要么就得静待着这个人的变化。包括管理干部，一方面你说我会不会有点儿焦虑？肯定会有，但是另一方面我在焦虑的瞬间告诉自己：就这样吧，天塌下来反正有个子高的人顶着呢"。这么看来，陈向东是不是也被动地有点儿阿Q精神呢？肯定有啊，但在他看来，似乎也没有更好的办法。

很显然，团队的磨合、共识的达成，都非一日之功。

共识方面，典型如"高途佳品"名字的由来。在定名之前，陈向东发动团队积极想名字，大家七嘴八舌地想了几十个，"最后我说大家投个票，其实我心里面已经很明白了"。

难道不担心浪费大家的时间吗？当然不。在他看来，这恰恰是在不断讨论和头脑风暴中达成共识。2022年11月15日深夜，他辗转难眠，还在思考名字的事情。想到16日凌晨，陈向东从床上坐起来，自言自语地说道："价值观出来了，这个口号出来了：为家人，做佳品！"事后，"人家说你们好牛，为家人，做佳品，这个怎么创意出来的？瞬间就出来了"。

每每回忆及此，陈向东还是觉得"蛮美妙的"，他意识到，战略不是讨论出来的，战略是共识出来的。"你光讨论你自己都不知道方向往哪去，你再讨论，每个人都不一样的。你当CEO，你进到办公室的那一刹那，你要讨论解决问题，大致上是有想法的，你不可能那么完美，但大的方向肯定是不会出问题的。”

这就是陈向东的直觉。这种直觉，无论在他确定高途在线直播双师大班课的方向，还是IPO时的定价，抑或是看一个人、做一个决策，都会突发奇想地冒出来。奇妙的是，事后证明，完全正确！

陈向东曾专门分析过“CEO的直觉”。他认为这是基于长久的实践训练而进化的一种能力。“直觉蛮重要。你的时间效率提升的唯一方法就是你要依靠直觉，训练直觉。”

他自己尝试连续直播15天的“推书不卖书”，也是一种严苛的训练。

2月16日，直播第一天，你能明显感觉到他也紧张，甚至手足无措，语无伦次，完全没有平时那种自信，以及流利的表达。

不过，直播没过3天，那种隔着屏幕都能感受到的紧张感就不见了。到后面几天，他挥洒自如，左右逢源，俨然一个“直播达人”。

显然，他希望年轻主播们也经历这样的修炼过程。在停掉福袋时，他就表示，把福袋停了，人数少了，但是卖货的量没减少，用户画像也精准了，按照抖音的算法逻辑，“我觉得再给我们两个礼拜（时间），慢慢使用户画像精准一点儿，让他们再练练基本的能力，现在还是能力不够”。

这一次，他的直觉还是对的。4月2日，高途佳品诞生百日，高途佳品直播间重新恢复热闹场景，人数一度达1330人，年轻主播的巨大热情让人隔着屏幕都能被感染，重要的是，直播间人气一度冲到“食遍天下小时榜”第四十六位。

不过，Larry可不能像年轻主播们一样欢天喜地，对于高途佳品的未来，他的想法异常坚定：持续迭代！按照他的构想，再过两三个月，在完成“从0到1”的初创后，他应该找到一位高途佳品的掌舵人，去进行“从1到10”的跨越。时不我待！

02 旁观陈向东：初心，运气，自律精神

1. 回不去的潭上村：贫瘠，但不缺营养

跟俞敏洪一样，陈向东也是苦出身。

前者在母亲的督促下“断农根”考进北京大学，后被北大处分一怒辞职创业；后者则通过自我激励“跃龙门”，几经辗转，最终考进中国人民大学。

陈向东自称出生在“河南省最穷的一个县、最穷的一个镇、最穷的一个村子、最穷的一户人家”。当他听闻我们要去探访，也兴奋了半天。他最后一次回老家都是5年前（2018年）的事了，“当时就待了十几分钟”。

从洛阳龙门高铁站驱车向西北约90公里，就到了他的家乡，新安县石井镇潭上村。这是一个掩映在山与山之间的幽深谷底的小村子。

村西头的庙还在，不过已经在村民捐助后翻新了大半，两间新平房连着一间破旧的土坯房，只有被新烧制的红砖雕顶着的黛色房瓦，还有一丝庙宇的痕迹，否则不留神会误以为是普通民居，香火也不旺盛。村里的老人陈军带着老伴中午回村转转，他极力让我们把庙里庙外都拍拍照，“拍拍这个碑。那边还有一个。横在地上的也拍一下”。他边努力用让我们听得懂的本地话指挥，边得意地笑，回过头跟表示不解的老伴说：“好好宣

传宣传，香火才会旺。”说完笑笑。

“咱这村以前叫回家庄，有985年历史了。这庙可也几百年了，以前很大，东厢房、西厢房，有好多和尚姑子。”老人说完感叹一句“人家（陈向东）这福分，都是老天注定的”，一脚油门，缓缓启动三轮车，“突突突”地回新潭上村了。

非但庙，整个村子也特别沉寂，甚至破败。2002年，因为黄河小浪底水库移民，这个不足30户居民的小山村，被搬迁到了2公里以外的石井镇（2010年石井乡撤乡建镇），只留下经历20余年风吹雨打的窑洞及破落的民居，还有弱小的陈向东当年“逞能”挑水差点一头栽进去的那口深井，陈向东的呱呱坠地及异常调皮的童年经历，连同他爬过的那些笔直挺拔的大树、电线杆，也被封存于此。

只有身临其境，才能深深体会到刻在陈向东内心深处的这一连串的“穷”字。

陈向东曾讲过这样一段经历：小时候，调皮的他偷偷溜出课堂，到大树下玩耍，莫名其妙就病倒了，得了脑膜炎。妈妈抱着他去村里看医生，医生也很无奈，双手一摊，说：“这孩子可能不行了，准备准备吧……”无助的妈妈抱着他回家，一路走一路号啕大哭。

置身潭上村，你才明白这个场景真的令人绝望：想要抢救一个危在旦夕的孩子，村里的卫生医疗条件近乎零，稍微严重过头疼脑热的病都无法医治；乡镇稍好一点儿，但要徒步翻过那座小山；如果想去新安县城，更是不知要翻过多少座山，越过多少座岭。

如今，陈向东老家所处位置早就被改成了养殖场，搭起一溜蓝色的大棚顶，用来养羊。站在接近村东头葱葱郁郁的麦田边，向南望去是连成片的小山，平缓的地方有树有梯田。陈向东爷爷的墓地，就在梯田深处，掩映在青葱的松柏间。他的邻居张殿明指着远处感叹说：“你看，就在那里，那树可茂盛了！”

在陈向东的记忆里，爷爷非常喜欢读书，非常喜欢！但爷爷只有一本孔子的书，翻了一辈子，都翻烂了。

不过，尽管对爷爷的感情至深，但陈向东并不知道爷爷的墓地在哪里，他不敢直面爷爷已经离开自己的现实。他宁愿将爷爷那双多才多艺、温暖有力的大手，连同爷爷给他讲过的所有故事，都沉淀且封存于心灵最深处，不被打扰。

两三公里之外。如今的石井古镇中心区，经过工业化的洗礼和城镇化的改造，早已脱胎换骨。

紧邻镇中心北边，是迁移而来的新潭上村。成百上千的村民，21 年前告别山沟沟里的破落民宅，甚至窑洞，搬进了整齐划一的宽敞住宅。离镇中心近，他们出门踩一脚油门，就可以去赶大集。

穿过大集，就到了石井老街，如今被改造成了古香古色的文旅一条街。石井镇源起的那口井，也被开发成为景点，再点缀上"青石凿井"的美丽传说：古时此地大旱，水源奇缺。当地一善人出资雇工匠打井取水，以救苍生。挖至地下四五米深时，工匠们发现下面竟是整块青石，根本不可能打出井来。善人于是承诺，只要继续往下挖，每挖出一升石子，就付给工匠们一升工钱。最后，工匠们竟然在青石板上打出了一眼清冽的甘泉井。

陈向东如今跟人讲要一心一意，要专注的时候，常以挖井为例，跟这个故事也算异曲同工。"我小时候特别贪玩、调皮，我父亲一直说：你得一心一意，不要三心二意。我父亲还会讲一个故事：一个人去挖井，挖了七个地方没挖出水；另外一个人傻傻地在同一个地方挖，但却挖出了水。这个故事我父亲给我讲过几十遍，印在我脑海当中了。"

紧邻石井，就是石井中学。2021 年，身价一度达到数百亿的陈向东捐了几百万将其重新修缮，学校也更名为"高途石井中学"。校门口，还立起一块大石头，写着硕大的"道"字。那一年陈向东对《道德经》比较痴迷。他曾这样描述："2021 年，有一天我们团队在北京植物园搞团建，我到得稍微早了一点儿，刚好看见曹雪芹故居，里面有一个卖书的。进去之后，看到的第一本书就是老子的《道德经》，翻开之后就把我彻底击中了，于是买了下来，后来用了6个小时一口气读完了，读完之后畅快淋漓，觉得每句话、每个字，好像能够懂它的意思了，那种美妙感还是非常好的。”

从石井镇沿着崎岖的山路一路曲折向南40多公里，就到了新安县城。

陈向东第一次搭乘大货车改造的公交车（按照他的挚友李元星的描述，所谓公交车就是大货车车厢搭上篷布，摆上长凳）前往县城时，已经14岁了。那是1985年，他考中了洛阳市第一师范学校（新安分校）——那一年，比他大9岁的俞敏洪已经大学毕业，并留在北大教书了。

毕竟是孩子第一次真正出远门，妈妈心里舍不得，提着姥姥前几天送来的几个苹果去送他。等他们坐上车时，刚好同村的一位老奶奶带着小孙子也在车上，看见他们拎着苹果，小家伙就闹着说“奶奶我要吃苹果”。

陈向东不假思索，拿着一个苹果就送过去，“来，给你”。老奶奶很不好意思，说：“小孩闹人的，不用不用！”陈向东坚持说：“给他吧！”老奶奶说：“要不你就切一小块给他就行了。”陈向东还是坚持把一个苹果全给他了。

“那时候苹果都得用来换钱的，谁都舍不得吃。”陈向东回忆说。

半年后，放寒假的陈向东回到村里。“我妈说，向东你还记得你当时乘车去学校，那个小孩子想吃苹果的事吗？我说我知道，我给了他一个苹果。她说你知道吗？那个老奶奶回来之后就挨家串户地去说，人家向东好，人家向东善良，我们家小孙子想要个苹果，闹人，给他一块就行了，向东非要给他一个苹果。你看，就是一个苹果，人家老奶奶念叨你半年。”

这个贫瘠的潭上村，一直指引着陈向东。“今天我也不知道要到哪里去，但是我大概知道要把农村那种真诚、那种善良、那种乐观带到无限的永远，能够跟更多人分享。”

有时深夜难眠，他会陷入沉思。“有很多画面，很多瞬间，它给你营养，给你做人的道理。后来在工作当中也是一样的，我觉得如果你能够把很多东西去跟别人分享，并且很多东西是非常珍贵的分享，最终你会得到更多。”

2. 人生哲学：“大运气”与“配得上”

“我自己如果今天还算做出了一点儿成绩的话，我觉得所有的都是运气。”

运气这个词，几乎每次跟陈向东聊天，他都会提及。即将52岁的他，在总结自己前半生时，把一切经历与选择、考验及成功都归因于“运气”，理由在于“这个世界上但凡成功的人，他们最后都会把成功归结为运气”。

他认为自己也有着“七大运气”。

第一个运气，是他的父亲。“我的小学老师是我父亲。我父亲本应该去上大学，他怎么可能去教小学？”后来，陈向东还经常跟父亲说，“爹，可能就是老天把你派过来让你教你儿子的。”

那时候，他觉得父亲“好悲惨”，想考大学，却在命运的捉弄下回村教书。

后来，父亲终于考上大学，去洛阳读书了，结果家里农活没人干，地撂荒了，没钱了，断粮了。陈向东忍不住抱怨：“人家家里都有爹，人家的爹可以在家里帮忙干活，陪着孩子，结果你这个爹就不见了，去读书了！”

如今想想，他说：“我父亲今天也蛮骄傲的。我觉得我好幸运，我的第一个大运气难道不就是我父亲？”

还有一件事，让陈向东对父亲有了更深刻的认知。这些年，父母是跟他住在一起的。创办高途以后，一向忙碌的他更加忙碌。2020年冬天的一天，70多岁的父亲问他北京哪所牙科医院最好，陈向东问要不要帮他找个医生，老人连说“不用”。后来，母亲告诉陈向东，父亲晚上七八点吃完饭，自己一个人跑到北大口腔医院门口排队，大冬天的，排了一个通宵，终于挂上了号。

“我很惭愧。”陈向东说，“另一方面我也感受到了很多的温暖，以及父亲的疼爱。老人有什么事也不愿打扰我，能够让我更加专注、专心地工作。”

第二个运气，是上师范。上师范之前，父亲对他的教导一直是：“穷山沟里出凤凰，上大学、上大学！”事到临头，又是父亲自作主张把他的志愿改掉，不让他上高中。“拥有的时候你不会感到珍贵的，失去之后则会倍加珍惜。”所以，3 年师范，陈向东活成了自己想要的样子。

更让他念念不忘的是，那时候北京来了一批支教的讲师团。时至今日，跟陈向东一起上师范的李元星都记得，“他们标准的普通话，高雅的气质，优雅的风度，不凡的谈吐”，不知不觉间“改变着我们的人生”。陈向东后来经常自问自答：“陈向东，你的 14 岁在哪里？在师范！然后你碰到了北京的老师，你心中每天张望的，一个是你的家乡，一个就是北京！每天就想着北京，想着一定要到北京去！那时候根深蒂固刻在骨子里了。”

第三个运气，则是他 17 岁时到新安县铁门一中教书。“我们那个学校当时也不怎么样，但是校长非常优秀、非常有激情、非常投入，最后我们这个学校就硬生生成为全县最好的学校。”陈向东立刻找到了自己的奋斗目标，“那时候我就跟校长比赛，校长早上几点起，我一定比他起得早；校长晚上几点睡，我就比他睡得还晚；校长中午午休，我坚决不午休！”

陈向东人生中的第四个大的运气，是他在中国人民大学求学期间遇到自己的导师高成兴教授（著名世界经济学家、中国人民大学国际经济系原系主任）。“我的导师人特别好，他把学问做好的同时，也活成了一个特别乐观的好人。所有人跟我导师交往后都说：‘你导师就是人好，那么善良！’并且特别重要的一点是，他特别乐观。”即便高老师在弥留之际，仍不忘鼓励陈向东坚持创业。

第五个运气，就是在新东方遇到了俞敏洪——确切地说是他自己两次上门“堵”住了俞敏洪。“他的见识、他的阅历、他的商业判断，很多东西我肯定是在新东方学到的。我进新东方的时候才 200 来人，离开的时候有 3 万多人。那真是一个伟大的时代！那时候我才 28 岁，然后 43 岁离开新东方。后来想想，那是一个多么多么陡峭的成长，那是多么多么地如饥似渴，那是多么多么幸福、兴奋、激昂、激情的时光！每天都是向上的，每天都是充满着无限未来的！”

第六个运气，移动互联网时代来临之时，陈向东选择了创业。“我觉得我如此幸运才撞上这个伟大的时代。”他经常跟高途的伙伴们如是说。

第七个非常大的运气则是，“2016 年我们就进入了至暗时刻，账上没什么钱，经历了一个真正的生死考验”。再后来，则是 2021 年 7 月的“双减”。“现在想想，我觉得也是好大的运气。因为你看，任何一个伟大的企业被重塑、被再造，都是要经过至少两次危机的。”

当然，你也可以认为，陈向东所说的这些“运气”，是他对人生转折一种更积极、更乐观的表达方式，甚至心理暗示，而不单单是人们所理解的运气。

既然有如此之多的大运气，那就需要“配得上”。至少陈向东自己，是一直在努力“配得上”的。

在公司内部，他跟上上下下的沟通中，“配得上”随处可见：“我巨大的担忧和焦虑是，我们的努力能够配得上这么多优秀伙伴的信任和选择吗？我们的努力能够配得上这么多的学生和家长对我们的选择和相信吗？”

在做自己的抖音号和高途佳品这件事上，“配得上”也发挥了作用。

“如果在一场伟大的商业变革、伟大的渠道革命当中，这个机会我们没有准备好、没有抓住，一旦错失这个机会，对公司来说是不负责任，对投资人不负责任，对小伙伴们不负责任，对核心骨干不负责任，对自身的生命也不负责任。所以，我觉得很多时候核心点是你要对得起，你要不辜负，你要配得上，你必须去重塑、刷新你的认知模式！”

3. 强大的自律：面向未来做决策

“除了工作、工作，陈向东哪有什么爱好？”陈向东在青腾大学的同学、轻松集团董事长杨胤曾如此调侃。陈向东自己也笑笑说：“好像确实没啥了。”

不过准确地说，除了工作，陈向东确实还有另外一个爱好：读书。

自律如“苦行僧”般的陈向东，也曾被自己的太太多次问起：“陈向东，你就不累吗？每天晚上睡那么晚，早上起那么早。”他回答：“如果你有一个热爱的事情的话，你还会觉得累吗？”

跟很多为别人打工时“摸鱼”，自己创业时摇身变成“拼命三郎”的人不同，陈向东的自律，是一种多年的习惯。

当年在新东方，陈向东每天早上 7 点多去公司，晚上两三点才睡，坚持了十几年。“为什么俞敏洪说新东方如果有一个人比他勤奋，那就是我呢？我真的是那么多年就这么过来的。全国出差，一年出差 100 多次，到地方开第一个会、第二个会，带着员工出去吃夜宵，吃到夜里一两点回来处理邮件，早上 6 点爬起来到公司。我不是为了他，也没有人逼我，那是我的生命。”

创业后，他依然是这种状态。他是那种一旦工作就如拉满了的弓弦一样的人，没给自己留太多余地。

他的勤奋及自律，在企业家圈子里也是出了名的。

2021 年 4 月 8 日，在高途遭遇一轮又一轮做空时，做空机构灰熊还曾发布一份报告:《德勤无法签署跟谁学年度审计的 7 个原因》。灰熊认为:“德勤应该会在 2021 年 4 月 30 日对跟谁学发布的 2020 年年度报告和财务报表发表意见，即使是发表意见，对德勤来说也是一个严重的错误。跟谁学的问题太明显了。”不过，结果令灰熊失望了。4 月 27 日，跟谁学（GSX）

更名高途（GOTU）后发布 2020 财年经审计财务报告，这份 2020 年年报是德勤出具的内部控制有效、标准无保留意见年报。当时，跟陈向东相识多年的优客工场创始人毛大庆不由感慨：“你说向东天天那么辛苦，还要来来回回跟这些人斗，真是心累啊！”

除了勤奋，生活简单自然、不破坏既有规则，也是陈向东多年努力保持的习惯。

2015 年 3 月高途宣布融资 5000 万美元，一时业界轰动。之后，他打电话邀请我们去午餐。跟印象中一些企业家丰盛而讲究的午餐不同，聊了一会儿天，他说：“走！咱们去吃饭。”兴冲冲带着我们在前台旁边排大队领盒饭。领完盒饭，他又开始找会议室——他那时连自己的办公室都没有。如今也只是拿一间会议室充当“临时办公室”。会议室有几位年轻人，看他和客人端着盒饭进来，就识趣地出去了，他反而显得有些不好意思。更不好意思的还在后面，还没开吃，他说自己 20 分钟后还要赶着出差，去机场，然后劝我们别急，“你们慢慢吃完再走”。

对于财富方面，他更是表现出强大的自律，当然他也不可避免地经历过较少的“虚荣时刻”。

经常看他抖音号的人，会注意到他那条腰带，扎了 10 多年，都磨掉了皮。

2003 年，他被提升为新东方的副总裁，他那时候还扎着一条用了十几年的腰带。有一次开完会，一位从斯坦福留学回来的老师看见他的腰带，就忍不住批评他：“陈向东你好土！”

后来跟俞敏洪开会，陈向东还专门问：“俞老师，你觉得我这个皮带怎么样？”俞敏洪回答：“就你这皮带能怎样？咱们两个都是一样的土，都是农村孩子。”

2005 年去哈佛商学院读书时，班上一位艾默生的高管也嘲笑他的腰带太土，还专门带他去波士顿一家最好的店里买腰带。“到了皮带店的时候，我一口气买了 3 条皮带，从来都是舍不得的，一条皮带 200 美元，我都吓呆了。现在那些皮带还珍藏着，舍不得系。”

第二年新东方上市，他跟几个副总裁在纽约第五大道逛街时，再次遭遇“群嘲”。他们问他：“你这个包太土了！什么时候买的？”陈向东回答：“大概八九年前了。”“多少钱？”“30 块钱。”于是，大家强行把他的包给扔掉，逼着他买了一个新的。

如今回想，他会自嘲：“我发现人在某一个时间点上，或多或少都会有那种虚荣心，反正我是有过的，过去之后觉得挺好玩的。那就是真实的我，但是后来慢慢地，到我今天这个状态上，我跟别人比啥呢？我需要说我很有钱吗？我需要说我精神很富有吗？不需要吧。”于是，他坦然地系着自己那条四五十块钱的腰带。

不只是腰带，创业这些年，陈向东一向的打扮都是牛仔裤、运动鞋，连那双 100 块钱的皮鞋，也只在 IPO 敲钟时穿过。最近，他干脆常常穿着带有“高途佳品”字样的 T 恤衫。“穿工装的‘选择成本’最低。”他自嘲。

让李元星记忆深刻的一个片段是，上师范的时候，陈向东能在单杠上来回翻动，运动自如。即便如今，陈向东玩单杠也没问题，“我现在还能拉上去。因为当年在农村的时候爬树，童子功练起来了”。

在保持勤奋及自律、读书及运动的同时，陈向东透露，自己还有个强大的习惯。“我每天都监督自己做重要的事，要做未来的事。一个真正好的 CEO，应该是面向未来做决策的，应该是面向机会做决策的。一定要面向自己清晰的方向做决策，一定要面对自己的高标准做决策。”

高途大事记

2014 年

6 月 16 日，高途的前身北京百家互联科技有限公司成立，入驻北京中关村软件园。

7 月，招募并打造了视频直播技术团队，成为在线教育第一家自主研发直播系统的公司。

9 月 22 日，跟谁学 PC 测试版上线。

10 月 22 日，跟谁学 App 安卓版上线。

11 月 5 日，跟谁学 App iOS 版上线。

12 月 22 日，跟谁学 PC 版正式上线。

2015 年

3 月，首次尝试 3000 多人在线直播互动课程。

3 月 30 日，“2015 品牌与产品发布会”在北京国家会议中心举办，宣布完成 5000 万美元 A 轮融资，同时宣布跟谁学 App 2.0 上线。

9 月，武汉研发中心成立并正式运营，开启全国研发人才的布局。

9 月，首次成功开设万人在线直播互动大班课。

11月5日，跟谁学 App 3.0 上线。

11月11日，获福布斯“2015 中国成长最快科技公司”称号。

12月19日，跟谁学商学院成立。

2016年

3月，孵化 K12 方向并以 B2C 为主导的在线直播大班课品牌“高途课堂”。

3月31日，“2016 新产品发布会”在上海国际会议中心举办，发布天校和百加宝。

6月15日，U 盟分销上线。

9月，金囿学堂上线。

10月，百家云上线。

2017年

1月，获首批“中关村前沿技术企业”荣誉。

2月，来师探索在线一对一课程，伴节课探索小学在线直播双师大班课。

6月，整合高途课堂、伴节课、学前创新团队、初中创新团队和高中创新团队，组建新的高途课堂，专注 K12 在线直播大班课。

7月，高途课堂建立专业的第二主讲老师团队，正式实施优秀资深老师授课、双师辅导的教学模式。

8月，拆分和剥离跟谁学所有 B2B 业务，全面聚焦在线直播双师大班课。

8月，组建“跟谁学好课”团队，除了 K12 在线业务，还开展了职业技能培训和成人语言培训等业务。

9月，首次实现单月盈利。

2018年

1月，获“北京市高新技术企业”称号。

3月，微师上线。

5月，跟谁学商学院更名成蹊商学院。

6月1日，公司第一个京外运营中心郑州中心成立。

2019年

6月6日，公司以当时的品牌名“跟谁学”在美国纽约证券交易所挂牌上市(NYSE：GSX)。

2020年

1月17日，成立济南中心。

1月28日，面向武汉中小学生捐赠20000份价值2000万元的寒假正价直播课。

2月6日，免费向全国中小学生提供小学一年级到高中三年级的全年级、全学科直播课。

3月24日，成立西安中心。

3月27日，成立太原中心。

4月1日，成立武汉中心。

4月30日，成立杭州中心。

5月，互联网及技术研发人员规模超过千人，并且持续加大科技力量的投入。

5月20日，成立合肥中心。

5月25日，成立南昌中心。

5月25日，成立石家庄中心。

6月12日，成立南京中心。

6月19日，公司市值首次超过1000亿元。

8月10日，成立天津中心。

9月，公司全部K12在线课程和服务，统一聚合至“高途课堂”品牌。

9月10日，高途课堂“渔公益”项目启动，面向贵州省赫章县中小学教师提供价值1000万元的免费正价课程。

9月13日，成立成都中心。

2021年

1月8日，成立长沙中心。

4月22日，“从此高途——高途品牌战略发布会”在北京国家会议中心举办，宣布公司统一品牌为“高途”。

5月6日，高途股票代码由“GSX”变更为“GOTU”（高途）。

5月16日，整合成立北京中心。

5月24日，高途与中华少年儿童慈善救助基金会结成“公益战略合作伙伴关系”，设立“中华少年儿童慈善救助基金会高途课堂专项基金”。

6月16日，高途家庭教育研究院成立。

6月16日，高途与中国青少年发展基金会签署公益合作协议，双方结成“公益战略合作伙伴”关系，共同发布“高途课堂乡村教育扶持计划”。

6月25日，高途与中国下一代教育基金会达成公益合作，共同设立“中国下一代教育基金会高途课堂公益计划”。

7月21日，河南省郑州市遭遇特大暴雨灾害，高途宣布创始人陈向东捐赠2000万元，用于灾后学校重建。

7月30日，积极响应“双减”政策，公司决定只保留全国14个中心的郑州、武汉、成都中心和作为创新试点的太原中心。

11月15日，高途宣布，为严格落实国家关于义务教育阶段“双减”

政策的各项要求，高途将于 2021 年 12 月 31 日结束在中国内地义务教育阶段即小学和初中阶段的学科类校外培训服务。在此期间，高途将一如既往全心全意地为在读的学生和家长提供保质保量的学习服务。

2022 年

5 月，高途考研首发《高途大学生考研白皮书》，重磅升级大学生业务的“同心圆 4.0”教育产品生态体系。

7—9 月，高途联合中国青少年发展基金会共同举办的“高途乡村教育扶持计划”启动，举办了 3 期“希望工程·高途乡村小学校长培训班”，高途主讲老师深度参与其中，进行免费授课。

11 月 16 日，高途旗下直播电商平台高途佳品成立。

后记/为什么陈向东及高途的故事值得挖掘?

如果想要观察近10年的中国商业史，陈向东及其创办的高途是不容错过的案例，其独特性不仅在于其几度遭遇重创又几番起死回生，也不仅在于其在资本市场创造的那些纪录及遭遇16轮做空而屹立不倒，亦不仅在于其对商业模式的探究及对企业文化持之以恒的迭代升级。

某种程度上，恰恰是因为他们一段时期内过于低调，让外界忽略了他们本该具有的象征意义及社会价值。

好在深埋的金子总会发光。这也正是我们撰写本书的初心所在。还有什么能比在一个流行所谓“躺平”的年代，发现一群孜孜以求创造美好的人更值得记录的呢?

陈向东本人，以我们对他长达9年的旁观来看，是一个高度自律且勤奋的人，这一点，几乎也是他所有朋友及同窗、同事的共识。他对财富别无所求，奉行“财散人聚”的理念。重要的是，“向东整个生命就是一部令人感动的奋斗史”，俞敏洪曾这样评价他。

难能可贵的是，他能够在9年的创业过程中，成功地把“我”变成了“我们”。几乎所有接触过高途的人，印象深刻的或许都是这个“我们”的勤奋、热情、激情及开创性。

陈向东对此也颇为欣慰。他曾感慨，在过去的近九年间，高途花了几百亿才有今天，才有了这支近万人的团队，才有了高途如今的系统、原则、文化。“这很不容易的！”

在前期采访过程中，我们接触了伴随陈向东走过不同时期的30余位采访对象，无论其讲述的往事，还是其所思所想所感，抑或其待人接物的方式方法，均能充分地验证这一点。

当然，人无完人，陈向东也有他认知的短板及局限性。

熟悉他的人会认为，他更善于“对内”管理，而在“对外”方面尚不能游刃有余。这当然跟他在新东方历任副总裁及执行总裁，作为“二号人物”，多年从事内部管理的经历有关。尽管他在那期间不断自费到哈佛大学等世界顶级商学院潜心学习，但并未完全打开他向外的那扇门。

基于此，在企业遭遇重大挫折之时，陈向东对内首先会“路径依赖”地选择重回一线，对外则不交往、不沟通。在一个信息高度透明且充分流动的时代，这样做固然能保持低调，也能在短时期内构建“黑暗森林法则”，但却不利于重大危机的化解，更不利于外部信任的建立。在遭遇做空之时，还要耗费更多时间和精力“补课”。

也因为如此，高途遭遇过不少“趟坑”经历。尤其在建立起强大组织能力及执行文化之后，其战略选择就显得更为重要。这一点，我们认为陈向东在新东方时期的首位助理罗沫鸣的说法不无道理。

在罗沫鸣入职高途一个月之后，他曾跟陈向东有过一次对话。

“大概一个月之后，Larry跟我聊，问我看了公司有什么感觉。我就客观地跟他讲，高途的核心竞争力还是很容易看出来的，因为我原来在外面也看，进来看了以后更印证了我的想法。我说高途是一家组织能力和文化基因很强的公司。某种意义上这些伙伴们其实是非常能打的，但这其实是把双刃剑，就是因为你能打，所以你的战略选择很重要。一旦选错方向，你会错得比别人更远，因为你的执行力特别强。所以我说，我们在做战略选择、做组织架构的变化、做市场关系设计的时候一定要慎重。为什么？因为它带来的伤害会比其他公司都大。像新东方是很慢的那种状态，所以有些冲击对新东方没有那么大的影响，它其实是活得最好的。”

在跟陈向东多次深入沟通的过程中，非常令我们感动的还有他对家人的深厚感情及无私付出。

当他讲起自己跟爷爷的往事时，情不自禁当场落泪。看得出，这位慈祥而自律的老人，当年对于儿时的陈向东而言，既是生命中难以磨灭的骄傲，亦是自己人生的奋斗目标。

对于自己的父母，陈向东更是很早就构建起一种长情的陪伴。

小时候，陈向东过于调皮，他总把母亲的镜子打碎。当他看到别人的妈妈梳头可以照着完整的镜子，而自己的妈妈只能用几块碎玻璃拼凑起的镜子时，瞬间触发了他的愧疚感。“那时候我就想，陈向东，有一天你得有点出息，有出息的时候给妈妈买个好镜子，有出息的时候让妈妈过个好生活！”那时他不过八九岁。

谁能想到，这句话他至今已践行了几十年。1996 年，陈向东就把自己的父母从贫瘠的潭上村接到新安县城。等到他 2002 年在北京买了大房子之后，父母更是多年跟他生活在一起。一个流传稍广的桥段是：母亲要把他家游泳池填了种菜。最终，游泳池就真的填上了，两边种菜，中间支起一个篮球架，他的父亲没事就打打篮球。

陈向东感触最深的则是，每天早上 7 点多一点儿，母亲会把可口的早餐端到他的卧室，看着他一口一口吃完——这种源于亲情的温情时刻，是陈向东奋斗历程中非常必要的点缀，也可以理解为他常年如一日充满能量的源泉。

对于自己的子女，陈向东既有过幸福时刻，也不可避免地“碰过壁”。

其实，许多企业家都在子女叛逆这件事上无能为力。不难理解的是，他们把大量时间都放在公司管理上，对子女的陪伴及关注本来就会少很多。

尤其是，一个企业家动辄管理成千上万人，但当他发现“管不了”自己的子女时，沮丧及挫败感会油然而生。

这两年，陈向东也一度遇到类似的难题。

他喜欢读书，他也希望自己的儿子多读书，不过一开始，这并不被理解。“去年我儿子回来，还说：‘爸爸你读这么多书有什么用？你这个公司能做好？’今年回来之后就不一样了。‘爸爸能不能给我买几本书？’”

你能感受到他内心的喜悦。这期间，处于青春期的儿子“叛逆”了，一度令他非常挠头。最终，他用积极的沟通引导化解了父子间可能的矛盾及冲突。2022 年，他史无前例地飞了 4 次美国，都是为了儿子而飞的。

如今，他又可以跟儿子敞开心扉：“如果有一天你也想达到老爸的境界，跟老爸一样，你就要认认真真读几千本书。你可能比我聪明一点儿，但你比我聪明太多我也不相信。至少我读了 3000 本书，你可以读 2000 本。”——这种源自亲情的天伦之乐，也是他奋斗过程中至关重要的组成部分。

即将完成写作之时，一场沙尘暴席卷中国北部的大部分区域。这不由得令人想起，十几年前，一位著名的企业家曾经呼吁：“企业家要努力让社会空气湿润一些。”如今看来，这一呼吁不仅重要，而且必要。我们也希望多多挖掘类似陈向东及高途的故事，他们的奋斗绝不止于自身的奋斗，而是能在沙尘来袭之际，构建起更多的绿洲。

此书在写作过程中，得到了太多人的支持及帮助，我们对他们表示特别的致谢！

特别鸣谢名单：

慕云五（帆书）、王勇（资深媒体人）、于美瑾（财视传媒）、李梁（财视传媒）、张鹤泸（中国传媒大学）、张艾瑛（资深媒体人）……